# 彼得·汉德克
在路上，向着第九王国的方向

[奥] 法布延·哈夫纳 // 著

贾晨　崔涛涛 // 译

人民文学出版社

著作权合同登记号 图字 01-2021-5067
Fabjan Hafner
Peter Handke. Unterwegs ins Neunte Land
Copyright © by Paul Zsolnay Verlag Wien 2008
Chinese language edition arranged through HERCULES Business & Culture GmbH, Germany
Simplified Chinese Translation Copyright © People's Literature Publishing House, Beijing, 2021

图书在版编目（CIP）数据

彼得·汉德克：在路上，向着第九王国的方向/（奥）法布延·哈夫纳著；贾晨，崔涛涛译. —北京：人民文学出版社，2021
ISBN 978-7-02-013156-3

Ⅰ.①彼… Ⅱ.①法… ②贾… ③崔… Ⅲ.①彼得·汉德克—传记
Ⅳ.①K835.215.6

中国版本图书馆 CIP 数据核字（2021）第 264678 号

责任编辑　欧阳韬
装帧设计　黄云香
责任印制　宋佳月

出版发行　人民文学出版社
社　　址　北京市朝内大街 166 号
邮政编码　100705

印　　刷　三河市鑫金马印装有限公司
经　　销　全国新华书店等

字　　数　330 千字
开　　本　880 毫米×1230 毫米　1/32
印　　张　10.125　插页 3
印　　数　1—5000
版　　次　2021 年 12 月北京第 1 版
印　　次　2021 年 12 月第 1 次印刷

书　　号　978-7-02-013156-3
定　　价　58.00 元

如有印装质量问题，请与本社图书销售中心调换。电话：010-65233595

目 录

引言 ··· 3

第一章 离乡 ·· 1
1 引言 ··· 1
2 贴近理论:从斯洛文尼亚到法国 ··································· 6
3 生平故事的痕迹与影响 ·· 11
    以家为原点 ·· 11
    芦苇丛里的那个男人 ··· 18
4 尝试着通过典范去控制世界 ······································ 21
    违背现实 ··· 21
    有关方法的探讨:联想 ··· 23
    同语言告别 ·· 25
    界线 ··· 29
    异乡、界外、没有关联 ··· 30
    通过他者抵达自我:走很长的路回家 ························· 36

第二章 启程——往家的方向 ······································· 43
1 十九岁少年的一封信 ··· 43
    越过语言的河流译出 ·· 46

叫出它们的名字（我直呼你的名字） ………… 47
　2 大黄蜂（1966） ………………………………… 50
　　童年风景中最初的语言 …………………… 56
　　喋喋不休地诉苦 …………………………… 59
　　通过"重现"向逝者致敬 …………………… 61
　　地名的魔法 ………………………………… 62
　　纽带、交织、和谐 ………………………… 64
　　传承问题 …………………………………… 69
　3 无欲的悲歌（1972） …………………………… 73
　4 错误的举动（1973） …………………………… 80
　5 真实感受的时刻（1975） ……………………… 83
　　解放与支持 ………………………………… 89
　6 世界的重量（1977） …………………………… 90
　7 缓慢的归乡（1979） …………………………… 98
　8 圣山启示录（1980） …………………………… 102
　9 孩子的故事（1981） …………………………… 111
　10 铅笔的故事（1982）、关于乡村（1982） …… 114

**第三章　译事：从最初的斯洛文尼亚语译入
　　　　　背负历史重担的德语** ………………… *121*
　　弗洛里安·利普斯 ………………………… *122*
　　古斯塔夫·亚诺斯 ………………………… *128*
　　踏上重现之路 ……………………………… *133*

第四章　在故乡（世界历史的暂停） …………… *138*
　1 痛苦的中国人（1983） ………………………… *138*

2 去往第九王国(1986) … 149
  向往之地 … 151
  开路者,魔法师和守护者 … 170
  在幻想的南方 … 174
  另一种语言 … 175
  童年的那些词汇 … 177
  肖茨·柯巴尔 … 179
  格里高尔·汉德克 … 182
  斯洛文尼亚民族 … 184
  中欧 … 188
  词语同一 … 191
  梦与表象 … 193
  写作语言:家乡 … 198
  两本书 … 200
  受外界控制,却不被动 … 202
  瓦伦西亚国际文学奖 … 203
  斯洛文尼亚语文学 … 206
3 缺席(1987) … 210

第五章 失去故乡 … 216
梦想者告别第九王国(1991) … 216
中欧现实 … 227
1 我在无人湾的岁月(1994) … 246
2 黑夜离家(1997) … 257
3 筹划生命的永恒(1997)、独木舟之行(1999) … 260
4 图像消失(2002) … 265

  5 愤怒与秘密(2002) ………………………………… *276*

第六章　归乡再无可能? ………………………………… *283*
  摩拉瓦河之夜(2008) ……………………………… *283*

附录:作品名缩写索引 ………………………………… *294*

唯有通过虚构,所经历的现实才能被倒逼着回到真实。

——赫塔·米勒

彼得·汉德克一开口,南克恩滕人讲话时拉长的元音,难以察觉的小舌音和软化的辅音就共同讲述着起源于斯洛文尼亚语的音色。

引　言

　　彼得·汉德克于1942年12月6日(圣尼古拉斯日)出生于奥地利南克恩滕州的格里芬。在那里,除德语外,斯洛文尼亚方言(也)是当地的日用语。尽管多数当地人都掌握这门方言,但这并不意味着人们都在使用它。究其原因,不仅是因为斯洛文尼亚人在纳粹时期遭到了迫害,而且在更早以前,即早在1920年的克恩滕州全民公投时,多数当地人就已经在思想和情感上认同德语。至于他们用来咒骂和歌唱的那门语言,则在他们心中被淡漠。因此,当汉德克的外祖父格里高尔·肖茨·沃戈·温德(Gregor Siutz vulgo Wunder,19世纪时,Siutz也写作Sivec)为塞尔维亚-克罗地亚-斯洛文尼亚王国(后改为南斯拉夫王国)投票的消息被传出去之后,他便收到了死亡威胁。汉德克后来讲,外祖父共有三个儿子,大儿子名叫格里高尔,是家里最后一个有觉悟的斯洛文尼亚人。据说,由于他当时在斯洛文尼亚的东北部城市马里博尔的农业学校进修,因此很快就将国内的动乱引入家中。再后来,他和三弟汉斯作为纳粹国防军,战死在第二次世界大战的战场上。二儿子名叫乔治,又名尤勒,在二战后成为了企业家,但很快就遭遇曝光,因为他的财产来自于对犹太人的"雅利安化"。汉德克的这位舅舅后来成了奥地利右翼政党自由党地方议会的议员。

战争中遇难的格里高尔舅舅是汉德克的受洗教父。后来这一角色又由汉德克的姨妈乌苏拉接任。舅舅带给家庭两方面的遗产：其一是他遵照前线规定使用德语撰写的信件，其二是他在马里博尔用斯洛文尼亚语写下的水果种植记录。前者留给了二弟乔治，后者则留给了从小到大一直对这个舅舅十分崇拜的外甥汉德克。因此，在汉德克眼中，缺席（Abwesenheit）与重现（Wiederholung）形影不离、不可分开。外祖父虽然不善言辞，但他的故事却对汉德克影响颇深。祖孙俩一起做农活，一起探索并发现格里芬及其周边：尽管仍有遗憾，但这样的童年生活也算是天堂一般。在孩提时代的汉德克眼中，外祖父和他缺席的儿子格里高尔共同决定着一切，他们共同掌控着这物质世界上的所有东西。

格里高尔（它是作品《大黄蜂》《真实感受的时刻》《关于乡村》《去往第九王国》和《我在无人湾的岁月》中所有主人公的名字）这个名字很容易使人联想到汉德克在乡村中度过的童年，而并非联想到犹太作家卡夫卡。这位在汉德克出生时就可能已经离世的舅舅，以及这位一直陪伴汉德克，直至他进入语言世界的沉默寡言的外祖父，两人拥有着一个共同的名字——格里高尔。

汉德克始终善于从自身的直接经验出发去认知世界。这些经验源于他同世界各地传统的接触与碰撞，也掺杂着身边媒体日复一日灌输给我们的信息风暴碎片。例如，"Zimmermann"这个多意概念，既指涉汉德克的外祖父以及耶稣的养父约瑟夫的职业，即木匠，同时又是出生于美国明尼苏达州德卢斯城的民谣艺术家罗伯特·艾伦·齐默曼（Robert Allen Zimmerman）的名字，他又名鲍勃·迪伦（Bob Dylan）。每当研读《圣经》，遇到能够四重阐释解经的地方时，汉德克都至少将它划分成三重层面来进行阐释：日常生活层面，高雅诗歌层面，平庸大众层面。

汉德克的祖辈们长眠于格里芬的斯蒂芬特墓地——那里葬有他的外祖父母、姨妈和在战场上牺牲的两个舅舅（对于他们的缺席，人们只能去怀念）。汉德克的母亲、妹妹们和继父也埋葬于此。母亲一方的祖辈们都是斯洛文尼亚人，但是汉德克的亲生父亲恩斯特·施恩勒曼（Ernst Schönemann）——一位受人尊敬的先生，和继父布鲁诺·汉德克都来自德国东部，曾作为纳粹德国国防军的士兵驻扎在克恩滕州。这样的出身背景奠定了汉德克的文学创作：在巴黎市区附近的沙维尔镇，他使用生还者的语言将逝者拉回现实，这甚至可以被视为汉德克崇拜祖先的证据。

小说《大黄蜂》（1966）中的诸多现象、许多物品及虚假的表象和余痕引人入胜，或许正因为此，第一人称的叙述者才不得不失明，并将他记忆中的亲身经历与书本知识混淆起来。和所有的处女作相同，汉德克的这部作品带有明显的自传色彩：在战争中出生，恐怖与暴行，逃亡与寻找，遗忘与回忆，它们贯穿于整部作品之中。在心灵的眼睛面前，那些看似支离破碎的残缺慢慢成为一幅马赛克画面。由于沉迷于诸多空洞且无意义的现象、形式和画面，叙述者将炸弹和大黄蜂混淆起来，并难以区分其远近。在格里芬的斯蒂芬特教堂里，在大声吟唱斯洛文尼亚人受难祷告词的朗读声中，昆虫和轰炸机都被抛到脑后，好似一篇客观的自然科学论文，它的透视没影点必须集中在歌德的《亲和力》和阿兰·罗布-格里耶的《为了一种新小说》的传统之中，集中在荒谬和非理性之中。作品中细致入微的描述令人最终欲罢不能，语言所重现的只是日常概念的集合。

在小说《大黄蜂》中，叙述者提到了一系列虚构的地名，其中有一个叫作格鲁登（Gruden）的地方，它使用了汉德克的出生地格里芬（Griffen）的首字母G，又与邻村的鲁登（Ruden）拼接，形成一个新的单词。在斯洛文尼亚语中,首字母小写的单词 gruden 一方面暗指汉德克的出生月份 12 月,另一方面也有乡土和乳房的意思。同时,在低地德语和中部德语里,Grude 还有灰烬和遗骸之意。

但是,叙述者将斯洛文尼亚语视为一种"外来方言",以此刻意保持与这种方言的绝对距离:除了外来与陌生之外,与地方方言扯上关系的这个事实也令叙述者感到十分厌恶。这种主动要求保持距离的态度,决定了汉德克 1957 年的自传性文章。汉德克在其中回忆了自己在坦岑贝格读天主教寄宿中学的时光,在讲到他的斯洛文尼亚同学时,人们得知这位向来我行我素的青年,生平唯一一次加入了一个多数群体,并怂恿少数群体离开农村并加入他们这个多数群体。此处不容漏掉的是,汉德克在小学阶段学习了六年斯洛文尼亚语之后,从高中六年级(约高二或高三)开始,坚持要将斯洛文尼亚语从必修科目改成选修科目。

汉德克反复强调,斯洛文尼亚语曾是他最初的语言。再后来,年幼的他随家人搬迁到继父的故乡城市柏林并在那里居住,因此德语成为了他的创作语言。在乔兹·斯诺伊关于"斯洛文尼亚作家的德语元素"的观点中,汉德克被判定为一位需谨慎阅读的作家。对于汉德克而言,斯洛文尼亚语更像是一种类似于雅克·德里达所说的"先前的语言"(Vorerste Sprache)。而"斯洛文尼亚文化",即雅克·拉康所说的"对象物最简单的初始"(Objekt klein a),亦指替代物和替代者,则代表着一种对已逝去之物的纪念,或者说一种对无法再实现之事的无限向往之情。如果要在汉德克最喜爱的词汇中找出两个斯洛文尼亚语单词,则一个是向往(hrepenje),另一个是乡愁(domotožje)。不知人们对此会不会感到惊讶呢?它们代表着汉德克文学创作中的向心性和离心性的趋势特征:启程(Aufbruch）和归来（Wiederkehr）。甚至汉德克同斯洛文尼亚语的离与合也需要从该角度进行理解。这种离合互动与往来的高潮出现在二十世纪八十年代，即他的四部曲《缓慢的归乡》中，那是汉德克在奥地利生活的那段时光。（由于去了国外，汉德克躲过了义务兵役。后来又因超龄，所以无需再次服役。此外，那时他的女儿阿米娜应该正在一所德语中学读初中。）这位格里高尔的后人首先聚焦于他的舅舅。将其比作是对《卡斯帕》里面的咒语"我想变成那个曾经的别人"（Th 97）的自传性反映也绝不为过。但是，只有将两个格里高尔结合起来，才能够得到一个完整的画面。格里高尔舅舅（他甘愿当一个农民，却被强行征兵派上了战场）背井离乡，而格里高尔外祖父留在了故土。在一个相同的名字里，寄托了两个彼此截然相反的人生。

小说《短信长别》是一部集旅行小说、成长小说、教育小说和侦探小说于一体的作品，记录了一段婚姻破裂的故事。通过这部充满影射意味和情感交织的作品，汉德克将他的试论模式推到了极致：整部作品的结构层次分明，内容饱满，有血有肉。《无欲的悲歌》（原书名是《生死疲劳皆随意》*Interesseloser Überdruss*，在付印的最后时刻才更名为《无欲的悲歌》）以一种看似事不关己的第三方的冷漠视角记录了母亲的自尽，但由于小说与风靡一时的自传性作品的潮流相违背，因此它的政治和社会批判性被低估。整部作品既是一种控诉，也是一种诉苦。但这一点容易被忽略，因为作品在事实呈现上既客观又毫无偏袒，也无意去追责任何人或事。在这部作品中，汉德克甚至也以一种中立的方式，将他本人的斯洛文尼亚身世首次公之于众，对于一个斯洛文尼亚裔的奥地利克恩滕人而言，这样的做法或许已经称得上勇敢无畏了。斯洛文尼亚语甚至在德国的首都柏林——这座以沼泽来命名的城市，和一些别的大城市一样,柏林建于沼泽之上,而沼泽在斯拉夫语中写作"barje"——斯拉夫语曾经还证明过自己的作用,那是在逃离由苏联占领的东柏林时,母亲所掌握的斯拉夫语言知识不仅很重要,它甚至还挽救了一家人的性命。

汉德克依然始终聚焦于客观事物,停留在事物的表面,避免触及深层次和心理。在作品《左撇子女人》中——即在这部被视作是对《短信长别》进行"重复"的作品中——《无欲的悲歌》中的那个母亲的人生故事得以修正,对于事物表面的关注趋势也达到了高潮。因此,有人这样认为:汉德克写的作品极其容易阅读,却也非常难以理解。……他很乐意重拾旧题,并把旧题的效果置于新的认知与方案之中,继而重新进行考量。在他三部作品——《守门员面对罚点球时的焦虑》《痛苦的中国人》和《真实感受的时刻》——之中,作家变换地处理着始料不及的谋杀主题。在《守门员面对罚点球时的焦虑》中,守门员无缘无故的杀戮,像极了加缪的《局外人》;在《痛苦的中国人》中,一个被强制度假的古典学者在一场冲动中杀死了一个喷涂纳粹万字符标志的人;对《真实感受的时刻》中的那位名叫格里高尔·科士尼格的英雄而言,能够改变他一生的谋杀终究未能实现。在《真实感受的时刻》之后,汉德克彻底告别了卡夫卡,告别了这位"永远的儿子",但他依然在小说的作品名中引用卡夫卡的日记。相反,在《左撇子女人》中,汉德克决定引用歌德。科士尼格的身份(至少从名字上判断)是一个克恩滕普通农民的儿子(汉德克也十分乐意这样称呼自己),很显然来自南克恩滕,因为他容易使人想到位于双语城市罗森塔尔的玛利亚朝圣地玛丽亚·埃伦德。在奥地利无人不知的他,在作品故事开始时,冲着一名抵抗运动战士墓碑前敬献的鲜花踢了一脚。然而,在他经历过"顿悟"(詹姆斯·乔伊斯)并且进入"另外一种状态"(罗伯特·穆齐尔)之后,他才能够和他的儿子返回到作案现场,讲述他所经历的故事。同年,即1975年,汉德克在纪念奥地利签署国家条约二十周年的电视演讲中,呼吁在南克恩滕树立双语路标。在戏剧《错误的举动》里,汉德克集中阐述了政治与文学艺术间的互动和制约关系。这些便是汉德克的"内心世界"。1991年,他在《梦想者告别第九王国》中旗帜鲜明地表露出自己的政治立场,由于公开支持南斯拉夫,因此招致了很大一部分读者对他的反感,甚至在非文学领域,汉德克也成为众矢之的。

与此同时,在文学交流方面,汉德克积极而热心地为柳贝利通道两端的奥地利和斯洛文尼亚牵线搭桥。1987年,汉德克成为斯洛文尼亚科学与艺术学院的通讯会员,并将这一身份保留至今。他还翻译了斯洛文尼亚作家弗洛里安·利普斯(Florjan Lipuš)和古斯塔夫·亚诺斯(Gustav Janus)的作品,并将两位作家推荐给苏尔坎普出版社。而此前,他们无论是在各自所在的文学领域,还是在克恩滕的斯洛文尼亚群体中,都未曾受到过太多的关注与认可,更别提在自己的斯洛文尼亚祖国的关注度了。但是,在汉德克眼中,这两位叙事文学作家是"他所见过的独一无二的天才",是他来自坦岑贝格的熟面孔。在利普斯的作品《寄宿生贾兹》(*Der Zögling Tjaž*)中,重要的素材一部分来自对1968年克拉根福神学院和维也纳科洛丹斯洛文尼亚学生公寓里的学生运动的回忆,另一部分则来自利普斯与汉德克在天主教寄宿中学共同度过的那段时光。另外,亚诺斯是汉德克翻译得最多的作家,他的四部诗集译本便是强有力的证据。由于汉德克的翻译贡献,斯洛文尼亚文学在二十世纪八十年代的克恩滕迎来了前所未有的繁荣,但很快也就到达了巅峰。有趣的是,在两国的文学交流中,对斯洛文尼亚文学的认可最先来自德国,之后才是斯洛文尼亚对自己文学的觉醒。

很快,四十四岁的亚诺斯获得了普雷森奖(Prescren Preis)。2004年,这个在斯洛文尼亚共和国文化艺术领域的最高荣誉奖也降临到了利普斯的头上。而在此之前,自从《寄宿生贾兹》的德语译本(由汉德克和他的斯洛文尼亚语老师共同翻译)在1981年出版以来,利普斯就已经相继荣获了一系列的奥地利文学奖项。

汉德克还提到了另外两位斯洛文尼亚籍的作家和诗人,按照汉德克的理解,他们都属于边缘作家。两人分别是普·沃兰茨(Prezihov Voranc)(1893—1950)和斯雷奇科·科索维尔(Srecko Kosovel)(1904—1926)。汉德克将沃兰茨——这位《铃兰》(*Maiglöckchen*)和《野生之物》(*Wildwüchslinge*)的作者——视为来自克恩滕密斯河谷地区的普通农民的儿子,但他却很少提及沃兰茨的其他多重身份,如政治出版人、宣传鼓动者、共产党干部、职业革命者,以及他曾身陷纳粹集中营的经历。同样,汉德克认为左派的未来主义者、具有开创意义的诗集《整整》(*Integrale*)的作者斯雷奇科·科索维尔也不值得一提,但他为这位来自家乡喀斯特地区的英年早逝的斯洛文尼亚诗人感到惋惜。可以说,让汉德克感到触动的并不是诗人先锋派早期的诗歌,而是那贫瘠和近乎无声的地貌风景。不光是雪地,甚至连高原在他的眼中也好似一张白纸,象征着无法被扼杀的重新开始。上面提到的两位作家和诗人都能够唤起汉德克的故乡情结,沃兰茨可以使他忆及自己的外祖父,而科索维尔让他回想起格里高尔舅舅。

当《痛苦的中国人》中的政治话题结束之后,汉德克便将另一项计划付诸实践,为他的四部曲《缓慢的归乡》做好充分的准备:第一步,一个作家以自然形式归乡的故事(《缓慢的归乡》);第二步,借助雕塑艺术观察自然流派(《圣山启示录》);第三步,讲述女儿的生活故事(《孩子的故事》),它的叙述磅礴而简练,以古希腊罗马时期的历史编纂者为榜样,将注意力集中在不显眼的旁枝末节和被忽略的边缘现象上面,集中在难以被发现的美之上。他以这种方式完成了自己对一个"历史的另一面"的构想;最后,一个改头换面的陌生者(《关于乡村》)返回童年时的村庄,和自己的胞弟争夺父母留下的遗产,并最终以放弃遗产,将所争夺的房产转赠予胞弟的方式结束了这场风波。在这四部曲结束之后,童年王国之《去往第九王国》的素材已经准备就绪。

爱马人——菲利普·柯巴尔(Filip Kobal)的名字菲利普源自汉德克母亲的祖辈,与沃戈(Sivec)同义,可翻译成"灰色的马"——而姓氏柯巴尔的意思则是"叉开的腿",即两条腿各放在一边。主人公菲利普·柯巴尔翻山越岭来到第九王国,来到这个某些地方看起来和斯洛文尼亚这个国家颇为相似的王国。和汉德克年纪相仿的主人公菲利普,与其说是汉德克的双影人,更不如说是他的镜像人物,因为他沉默寡言的父亲也是斯洛文尼亚人,而他性情爽朗乐观的母亲同是德国人。他还有一个迷惘的姐姐,一家人住在林肯贝格村。虽然距离格里芬以南不足几公里远,但是林肯贝格村明显要比格里芬更加斯洛文尼亚化。自从全民公投——那时,画家佐兰·穆希奇的父亲是一名教师——以来,格里芬日渐德国化的趋势愈发明显。那句被反复引用的神秘话语"我和镜子中的我同属于这个民族"在上述事实背景下变得简单而易懂了。菲利普在1960年高中毕业以后,并没有像大多数同学那样去古典教育的故乡希腊周游,而是选择追随自己在二战中失踪的哥哥格里高尔的脚步,一头闯进了当时还是社会主义国家的遍地灰白的北南斯拉夫。他没有选择那条由纳粹集中营关押的犯人修建的柳贝利隧道,而是选择了罗森巴赫附近的铁路隧道,仿佛这样可以使他可以再一次经过产道,然后开始焕然一新、自由自在的生活似的。穿过边境后,在着装整齐划一的人群中(无论是服务生还是边防战士),菲利普又再次认清了自己。在重金属之城耶森尼克(Jesenice),在这座距离田园风光十万八千里的遥远城市里,大到失去美感的五彩缤纷的斑晶笼罩在清一色的单调色中,他感觉到那么一丝难以磨灭的美。然后他继续穿过沃凯因,这里的风貌像是他所来自的克恩滕地区的翻版,只是更加年轻,更加远离文明的困扰。菲利普的下一站是柯巴里德,它是第一次世界大战中最血腥的战场之一,并凭借海明威的《永别了武器》(*A Farewell to Arms*)进入世界文学。在意大利语中,卡波雷托这个城市名所意指的,正是别的地方使用滑铁卢一词的含义:代表着彻底的、毁灭性的失败。这些历史事实是大多数人都知晓的,但叙述者并未因此而停止叙述,并且在同一个地方找到了一座模范之国的痕迹,曾经的"柯巴里德共和国"。它的确存在过,在二战中仅存在了几个月的时间(有人还说,汉德克原则上反对这样的斯洛文尼亚国家)。在斯洛文尼亚沿海地区的历史上,有一位农民起义的首领叫作格里高尔·柯巴尔,他被菲利普视为自己的祖先。菲利普在他身上,以及在类似的现象中总能看到哥哥的影子。然后菲利普只身前往喀斯特地区,它的很多特征都显示在其德语和斯洛文尼亚语的名字中。在一处石灰岩的天坑里,他认为待在那里甚至可以躲避核打击。然后,他继续穿越斯洛文尼亚的边缘地带。在马里博尔的果树学校,他发现了一座碑文,而这也同样适合他的哥哥。这样他就拥有了写作的素材,于是他便可以回家了。克尔凯郭尔曾写过一部题为《重现》(*Die Wiederholung*)的作品,当中的英雄在追寻爱人的路上最终回到了上帝那里。在这位丹麦的哲学家看来,回忆指向过去,因此会痛苦。而重现指向未来,故令人感到幸福。菲利普所面对的既有外表,即所见,又有内心,即每一个单个的人。他的斯洛文尼亚就是他梦寐以求的第九王国。那些把作品仅仅视作旅行游记的读者（包括推广作品的出版社），其想法实际上是错误的。与其说柯巴尔是语言行家和自然科学家，不如说他是恋人和诗人，在马克斯·普赖特尼克1895年版的《斯洛文尼亚语-德语大词典》的帮助下，菲利普探索着斯洛文尼亚世界。斯洛文尼亚人关于出生和死亡的语言描述令他感到赞叹。一种文字——要不是因为白纸黑字，他一定会怀疑其真实性——吸引了他的注意力（完全受德里达式结构主义的影响）：他凝视着眼前近乎空无一人的自然风光，有意识地陷入到这个史前文明的世界里，心灵逃离到了神佑群屿（虔诚的天主教徒知道这个地方，一个没有生物栖居的岛屿），这个历史上从未有人涉足的地方。这样的斯洛文尼亚是独一无二的乌托邦，令人神往，使人充满幻想，任由人在各自的想象中布景。

在《去往第九王国》这部小说中，读者能够阅读到人物在穿越当时的南斯拉夫时头脑中几乎所有的想法，包括一切质疑，抑或是某些虔诚的想法。汉德克也因为《去往第九王国》这部小说获得了斯洛文尼亚的瓦伦西亚国际文学奖，它是表彰中欧作家在文学领域杰出成就的重要奖项。但是在颁奖时，令在场的人感到惊讶和愤怒的是，汉德克把中欧完全贬低为一个纯气象学的概念，他既不愿意融入黑金色哈布斯堡怀旧主义者的队伍，也拒绝加入由米兰·昆德拉（为加入法国籍而放弃捷克籍）所打造的忧郁悲观主义者团体。汉德克认为，这种有问题的（特别是在斯洛文尼亚人面前，温和地讲，如后母似的）历史团体原本就不应该存在。再往后，随着欧盟的不断扩张，中欧这样的提法总归也已经过时了。

汉德克还没有在《去往第九王国》中步入家门，就在小说《缺席》中又一次踏上了旅途，踏上了去往梦幻世界的旅途，这一点能

13

够在公开的底稿和这个"童话"的剧本里得到证实。作品中，白发老人、游戏者、士兵和一个美人各自单独启程，但很快却彼此相遇，这是多么偶然。然而当长者逝去，犹如消失在空气里之后，其余三个人才懂得适应这种新的变化。因为这一缺席，找寻——他们所宣称的目的——才终被提上日程，这听起来是不是足够自相矛盾（或者说：足够辩证？）。长者离去所留下的空缺（Leere）拥有具体的轮廓，这种空缺能够突然就被实实在在的东西填满。读者唯有将《去往第九王国》和《缺席》当作一个硬币的两个面，方才能够准确地理解两部作品。

在《再次献给修希底德》这部作品中，汉德克利用自己所发明的一种独特的记录故事的方式，再一次拾起了《孩子的故事》。有趣的是，里面所收集的很多超短故事都发生在克罗地亚（而不是前南斯拉夫的其他国家），其中的一个故事值得拿出来进行纲领性的梳理和介绍：《试论使用一个故事替换另一个故事的驱邪术》。作者描写了鸟的飞翔和下班后的生活，并且只是极其顺便地提到，并没有进一步细致地描写里昂火车站附近的特米努斯宾馆，它在二战时期曾是对克劳斯·巴比施行酷刑的地方。还有几行字提到了伊齐厄（在战争结束前夕被杀害）的儿童、燕子、下班后回家的工人，以及伴随着远处黄昏里孩子们熙攘声的日落。汉德克将这些场景和故事拼接起来，使它们彼此面对面，但并不对它们进行解释和评价。这样的处理方式也出现在《试论点唱机》里面，来自整个南斯拉夫的青年们在喀斯特齐声高唱歌曲"噢，南斯拉夫"：这是在表达怀旧还是讽刺？是一种幻想还是某种征兆？抑或都是？或者都不是？汉德克将答案留给了读者。

理解汉德克的困难和挑战在于熟悉汉德克的所有作品，只有这样，才能够在作品之间进行互文式阅读。一部作品中的诸多暗示与影射,往往在阅读了另一部,甚至后来的某一部作品时才能辨别并读懂。汉德克这位"狡猾"的作家似乎想通过这种方式,让读者始终对自己的文学创作保持关注,而这一点也同样适用于他的翻译创作,上至他翻译的古希腊罗马戏剧及法国当代文学,下至莎士比亚及沃克·珀西。

在《独木舟之行或者关于战争电影的戏剧》中,旅行从埃摩纳村到锡尔米乌姆,也就是从卢布尔雅那(斯洛文尼亚)到斯雷姆斯卡·米特洛维查(塞尔维亚),搭乘的老式车辆来自卢布尔雅那沼泽地干栏式建筑时代,就如在斯洛文尼亚首都自然博物馆里面所见到的那种。这个剧本本身就是一个艺术失败案例:这部如标题所示的电影并未真正被拍摄,而是所选的演员角色(剧本原本所讲述的正是选角色)撕掉了自己的面具,从各自的角色里走出来,回归到他们真实的生活。人们在吃喝时走到一起,犹如享受上帝的恩餐,犹如巴尔干铺张浪费的筵席。因此,汉德克的每一次塞尔维亚旅行——不仅仅是字面意义上的——都经过了斯洛文尼亚。他的塞尔维亚语水平在后天不断学习提高的斯洛文尼亚母语的帮助下提高,后者是他缺失却又反复出现在他面前的第一语言。在他使用德语写作了很多年之后,每当斯洛文尼亚语回荡在他耳边时,依然是那么熟悉而自然。作为外祖父母在家中和教堂里的生活语言,斯洛文尼亚语令汉德克难以忘怀,语言的意思可以被忘记,但是用这个语言所讲出来的声音则令人难以忘怀。这或许正是他喜欢斯洛文尼亚语的喋喋不休又感人至深的原因吧。在给母亲的一封信里面,十九岁的他讲到自己在收音机里听到了塞尔维亚语版的莫什科夫斯基的歌剧《鲍里斯·戈杜诺夫》,同时在想"上帝保佑你"(Herr erbarme dich)这句话假如用斯洛文尼亚语讲出来的话,那么听起来将会是什么感受。早在那时,汉德克就开始对礼拜仪式中的斯洛文尼亚语感到陌生了,后者又进一步出现在泛斯拉夫场合中,出现在众所周知的极力摆脱理性干预的音乐和宗教里。

围绕着作品《梦想者告别第九王国》和众多塞尔维亚游记(由于前者引发了丑闻,因此只有它被翻译成了斯洛文尼亚语),评论界曾展开过数量众多且内容详细(甚至能够成卷地计算)的讨论。因此现在正是时候,对所有这些相关的文献进行不带着愤怒、没有主观偏好地阅读:将它们视作对缺乏支持者的一方的正直的,即使并非总是使人愉悦的支持,并报以虔诚的愿望,借此为恢复和平共处而贡献力量。如果再回过头来看,那么有些观点就开始变得经不住推敲甚至容易被洞穿,特别是当一些人把这些游记——受作家的启发——当作短篇作品来阅读,而不是将它们和文学作品区别对待。

汉德克的长篇叙事诗《我在无人湾的岁月》,是他迄今为止文学创作的总括。在经历了一个突如其来的意外而导致的变形(与卡夫卡式的变形截然相反)之后,一个讽刺且嘲讽的叙述者出现了,他的幽默能力惊人。在通往遥远的避难地的途中,格里高尔·科士尼格梦到了他在远方的七个朋友,他们"周游世界",正好途经他所在的城市,并且最后去往他郊外的住所拜访他。虽然直到此时,作品才交代了他来自南克恩滕村庄林科拉赫的这一身份事实,但实际上,科士尼格已经在作品《真实感受的时刻》里面出现过了。科士尼格认为,出自那一片区域并从事文学创作的人似乎有些过多了,而这也正是对来自邻村林肯贝格的菲利普·柯巴尔旁敲侧击般的讽刺。如果说德语和斯洛文尼亚语在林肯贝格村早已经成为家常便饭,那么很显然,小村庄林科拉赫还是斯洛文尼亚语的天下,这一点只要人们亲自去往当地一看就会明白。如果人们试图在当地寻找书中所描写的纪念相逢与和解的樱桃树,那么这样的寻找纯属徒劳,因为有人在那片贫瘠的土地上曾做过实验,樱桃树根本无法在那里生长并开花结果。和菲利普·柯巴尔一样,格里高尔·科士尼格对斯洛文尼亚同样了解颇深,他去过很多城市,如普图伊、皮兰、什科菲亚、卢布尔雅那和马里博尔。在德拉瓦河桥的中央,返回克恩滕的必经之路上,他认识了书里的女主人公,这个前女国王美人,同时也是演员和守林人。

出于唤起共鸣性经历的考量,汉德克在他迄今为止最厚重的作品《图像消失》中,选择将斯洛文尼亚作为故事发生地:喀斯特客栈的住客花园。一半劳齐茨地区索布族血统、一半阿拉伯血统的女英雄名叫杜尼娅(它源于塞尔维亚语单词 Quitte,意为:榅桲),她曾经是电影演员,后来成了银行职员。她委托一个作家(类似于乌韦·约翰逊的《周年纪念日》里面的格西娜·克雷斯帕尔,二者的相似之处不仅限于职业)写她的故事,或者说写关于她的故事,故事必须从事实出发,但不一定非要如实汇报事实。如果想阅读类似的作品,进行扩展性阅读,那么可以推荐波兰的伯爵扬·波托茨基用法语撰写的作品《萨拉戈萨手稿》,想象力腾空贴地、穿山越谷后回到现实。那么,劳齐茨究竟又和阿拉伯人有什么关系呢?答案是:双数指向它们共同的第三方,即斯洛文尼亚。于是一切便都回到了原本就分配好的位置上。在全知性视角的讲述下,"我"提出对自己权利的伸张,就像在卡夫卡的《审判》中最后一段里被删掉的那句著名且臭名昭著的句子,就像在《独木舟之行或者关于战争电影的戏剧》里掉落下来的面具。所有强大而缺席的先祖们都被剥夺了战斗力,或者至少失去了效力。

汉德克在接受克拉根福大学的荣誉博士学位时所发表的致谢词,其主基调正是愤慨与沉重、疏远与亲密。他为维护斯洛文尼亚文化和斯洛文尼亚人的权利所做的努力,正是他获此殊荣的决定性原因。汉德克呼吁在座的知名人士和围观者,一定要铭记三位在克恩滕生活的斯洛文尼亚作家的回忆作品,它们是:安德烈·科克特对移民德国的儿时回忆,普鲁斯尼克·加斯佩尔关于克恩滕游击队反法西斯抵抗运动的集体叙事诗,以及丽佩耶·科雷尼克关于克恩滕游击队反法西斯抵抗运动的个人叙事诗。汉德克致谢辞的标题,很容易使人想到法国诗人和抵抗运动的战士勒内·夏尔,确切地说是他关于马基抵抗组织的文学创作。在几何中心,即高潮,以及《去往第九王国》的结尾都能看到这个连接词:"和"(und)。汉德克注重连接,句子之间的连接,人与人之间的连接,政治和诗学的连接,日常和历史的连接。一直以来,汉德克都在撰写一部反映生活在克恩滕的斯洛文尼亚游击队员抵抗入侵的故事。

在汉德克的近作、篇幅已接近长篇的短篇小说《摩拉瓦河之夜》(2008)中,很多叙述者一起,以同一个声音讲述了某个夜晚发生在某一艘停靠塞尔维亚的船上所发生的故事,其中的很多方面都融为一体:作品名和交通工具(船)既指明了故事发生的所在地,又交代了故事发生的时间,不是在河边的夜晚,而是在河面上的夜晚。波罗丁这个斯洛文尼亚语地名,既标志着故事的始末,又使人联想到"出生"这个概念。汉德克再次以半自传,或者说类似自传的方式回顾了自己的人生和创作,通过文学性的处理,两者虚实难辨。受蔑视的塞尔维亚人不缺乏果敢与谨慎的支持。汉德克处女作的诞生地——一座在克罗地亚亚得里亚海域中的岛(人们推测可能是克尔克岛)——以及在那里发生的风流初恋都被描写得特别亲切。斯洛文尼亚受到了含沙射影式的讽刺,被认为已经中欧化了。《去往第九王国》中被菲利普·柯巴尔视为理想藏身地,甚至能经受住核打击的灰岩坑,后来被证实是人工建造的,在斯洛文尼亚语中写作"Delena"。在小说的第九章节,其标题已经不再用第九王国(其斯拉夫中心在此期间已经明显位移到了斯洛文尼亚南部)这种叫法,而是重新使用了它旧时的斯洛文尼亚名字,即汉德克的出生地 Stara Vas(它对应的德语名字是:Altenmarkt;中文译作:阿尔滕马克特)的村子。这个地方似乎是一种双重影射,包括宣礼员和清真寺的宣礼塔,与乌兹别克斯坦的撒马尔罕存在共通之处,尽管有些自相矛盾,但这种叠加的陌生感有助于实现一种温和的接近和共处。撒马尔罕(Samarkánd)、阿尔滕马克特(Stara Vás)和萨马拉(Samará)——它们分别指绿洲城市、故乡村庄和意为"在交谈中度过夜晚"的阿拉伯语动词——三个词汇的音步存在一个共同点,即都包含三重 A:意味着新的开始和启程,那么,除了去往第九王国之外,还能上哪里去呢?

至此,斯洛文尼亚语被证实为一种贯穿始终的边缘现象,就像喀斯特地区渗漏的河水一样,很快就能在表面被察觉到,却很快又隐藏进作品的深层,继而成为主导和核心。汉德克这位不知疲倦的作家,始终关注着事物的交叉与边缘地带,并致力于将二者打通。

第一章　离乡

1　引　言

斯洛文尼亚语这一主题，似乎始终是贯穿于汉德克文学创作中的边缘现象。研究这样一位极其注重边缘现象的作家，有必要深入地研究其作品的上下文语境和创作语境。迄今为止，由于尚缺乏对汉德克的创作主题进行的全景式梳理，因此无论是围绕它所展开的辩论，还是单纯对汉德克的整体创作进行的权威论述，两者都显得十分多余。因此，作家生平经历与文学创作间的影响与交互关系，亟待遵照时间先后顺序进行详细地论述与整理。在资料来源方面，它要求研究者将不同质量、不同来源的一手资料整合在一起：文学的资料，随笔的资料，以及两种资料共同透露出的信息，它们彼此相互补充，互相印证，从而让信息空缺或自相矛盾变得不言自明，并最终逐渐自然而然地生成一幅完整而饱满的马赛克画面。在作者自述及其生平资料的支撑下，一个完整、简要而可信度高的全景式现状将得以呈现，它能够证明斯洛文尼亚语对于汉德克而言，并不单纯只是一个生活话题。

1942年,罗伯特·穆齐尔辞世。同年,彼得·汉德克出生。1966年,海米托·封·多德勒尔辞世。同年6月8日,汉德克的《骂观众》与公众见面。与此同时,他同年出版的长篇小说《大黄蜂》也一炮打响,这部出自一个剧作家的笨拙的副产品精准地触动了那个时代的神经。作为剧作家,汉德克的成就并未就此中断。他坚定不移地钻研着一种模式,一种能够尖锐地将言语与缄默置于他兴趣焦点的模式。在此过程中,有兴趣进行实验成为首当其冲的重点,而至于内容,则似乎成了可替换,却又无可奈何的不快之物。

G. 在形成时期,人们总是将批判因素置于首要位置:而这对您而言则完全不重要。

H. 的确,根本不重要。

G. 它单纯就是一场游戏,一场可以忘乎所以的游戏。

H. 是的,但它当然是处于掌控之中的。(ZW 125f)

上述观点似乎能够在汉德克的第二部长篇小说《推销员》中得到证实。在这部作品中,汉德克使用了类似于《预言》《卡斯帕》以及《内部世界之外部世界之内部世界》中的手法,努力将预先找到的素材拼接起来,这无外乎是一种传记式的解读方式。虽然人们在《短信长别》,特别是在《无欲的悲歌》里面可以发现有关汉德克生平故事的细节,但是作为典范的、普遍性的东西才能够被视为汉德克创作的巨大成就:侦探小说,旅行小说,女性传记。他通过系统性的表述,特别是《无欲的悲歌》中那著名的离题叙述——我就逐句把叙述女人生活的公共模式储备和母亲特殊的生活作比较(WU 40)——推动了这种阐释向前发展。如果继续再往下阅读——因为我平常都是以自己或者自己的那些事为出发点,伴随着写作的过程逐渐与它们脱离,最终任由自己和自己的那些事作为劳动产品或者货品渐行渐远(WU 41)——就可以发现汉德克的创作也许从一开始(或许从未中断过)就围绕着一个已知的、基于人物传记而可记载的中心所展开。

这一中心时常会被影射。位于空白中心的人物所代表的并非感知层面的不满足,借助留白,缺席变得具体而可感。汉德克"在短篇小说,即便是尚未完成,且特别是尚未完成的短篇小说,还有在梦中(B 8)而不是在回忆中'穿梭'与'流转'"——这是两个作家本人最钟爱的词。汉德克频繁使用的传记元素有意识地构建(重构)着自己的文学世界,而此时他注重的却不是试图来展现"现实是什么样的,或者曾是什么样的[,而是]究竟什么才是可能的"(Th 91)。他反复以隐晦的方式所讲述的故事总是围绕着儿童、厨房和教堂,即:先祖,最亲密的故乡,宗教。为了将这些概念集于一身,斯洛文尼亚语便成了最"接近创作"的语言,斯洛文尼亚包括南克恩滕,乃至大斯拉夫区域直至整个斯拉夫,它们加在一起就成了故乡,斯洛文尼亚人则逐渐成了母亲一方的先祖:先祖们生生不息的另一面;故乡的变迁,故乡特质的消失;后代已完全不再熟练掌握的、最世俗,却也超越世俗的语言。

如果说德语作为统治者和战争的语言背负着重担,那么斯洛文尼亚语则背负着粗野、被唾弃和衰落的负担。二十世纪五十年代,当隔壁邻国南斯拉夫的边境被打开之后,它便作为贫穷落后的共产主义国家而声名狼藉。在人们的传统认知中,通常所向往的南边国家是意大利和希腊。而处女作《大黄蜂》(1966)文稿的绝大部分是在克罗地亚亚得里亚的克尔克岛上创作完成的。诚然,夏天在这个岛上度假的确很实惠,但寄希望于前往更广阔的地域去探寻先祖,或许正是这一点决定了作家选择这个岛屿作为作品的诞生之地。

一开始，汉德克的确尝试摆脱自我，并与其保持着距离行进。在《大黄蜂》中，斯洛文尼亚语对汉德克而言是"外来的方言"（H 112），后来甚至是"难懂的语言"（W 194）。1968年以后，在诗歌与政治的关系逐渐成为受关注的焦点之后，对记录历史持保留态度的汉德克（后面对此将会进一步展开论述）也开始去努力追求客观。他仅仅进行描述，却不再刻意拉开距离。斯洛文尼亚语在《无欲的悲歌》中和世界战争以及逃离共产主义相关联，而在《真实感受的时刻》中则和宗教，并至少间接地和游击队员的反法西斯抵抗运动相关联。

伴随着四部曲《缓慢的归乡》的出现，汉德克转变了探索方向，开始探究自身的起源（Ursprung）。在四部曲的第一卷，即同名的短篇小说《缓慢的归乡》中提到了"相当军事化的南斯拉夫人民队伍游行，他的先祖也参与其中"（LH 206）。在《圣山启示录》中，那些反映他外祖父在1920年参加全民公投的段落，还有亲德国派的村民对此反应激烈的段落，都迅速在克恩滕给他带来了一个荣誉名："新斯洛文尼亚人"。在《关于乡村》中——这是舞台剧本少有的特例——出现了两处斯洛文尼亚（语）的痕迹。另外，这一时期他开始翻译坦岑贝格寄宿学校同窗的弗洛里安·利普斯和古斯塔夫·亚诺斯这两位作家的作品。

在《痛苦的中国人》中，业余考古学家、门槛遗迹研究者洛泽在下克恩滕的格洛巴斯尼茨镇的黑玛山上探寻拉丁语原形。借助菲利普·柯巴尔，汉德克让他童年的故事《去往第九王国》越过德拉瓦河，一路向南，发生在一个（今天仍然是）斯洛文尼亚的地域。短篇小说《缺席》讲述了一个去往斯洛文尼亚的朝圣之旅（柯巴尔在他的老家柯巴里德见到过这种乘坐大巴车的朝圣者），据作者口述,同名的"童话"(1987年版的书这样定义该作品的类型,这里暂且不去争论作品的体裁问题)据说发生在斯洛文尼亚和意大利的交界地带。汉德克对斯洛文尼亚边境地带——沃凯因、喀斯特、马里博尔周边——的甄别工作继续着。同时在文化的传播推广方面,斯洛文尼亚十分寄希望于汉德克,然而事实上这是很难实现的。

斯洛文尼亚,特别是它不太好客的边境地带,曾始终是汉德克心中——特别强调的——田园牧歌式的梦中王国,它是神秘先祖的祖国,是他第二童年所渴望国度的投影地点。有人谴责汉德克无视斯洛文尼亚现代化与城市化的一面,那是因为他们试图刻意曲解汉德克。斯洛文尼亚在汉德克的图像世界中拥有着重要的一席之地。或许正因如此,汉德克对世界历史的议论和贬损也出乎意料地损害了他本人的形象。他的斯洛文尼亚之梦最终被唤醒了,梦醒时分是1991年,当斯洛文尼亚宣布独立时,汉德克不得不与之挥手道别。之后他对斯洛文尼亚语的研究开始再次变得政治化——就像七十年代时那样。到了八十年代,汉德克对斯洛文尼亚语的认同成功地避免了他再一次与这门语言拉开距离。然而决定性的区别更在于方向:吸引汉德克的不再是克恩滕主流民族的德意志文化或者德国东部先祖,而是更南边的塞尔维亚人。

在后来的《图像消失》中,对汉德克产生吸引力的,除了塞尔维亚人,又新增了俄罗斯人和劳齐茨的索布人,总而言之即斯拉夫人。平行于东方世界的全斯拉夫世界的对立面竭力要求现实主义,诸如索布语-阿拉伯语这样的语言组合"完全不符合现实"(汉德克谈贝恩哈德,IBE 216),但这种语言组合本身却表达出了一种向往,它将最边远的东西集于一体,并使得对立的双方得以和解。在与阿多尼斯和德米特里·安娜利斯书信交往的后记里,汉德克将自己称为"奥地利-斯拉夫人"——类似于通信者的双重身份，如法裔阿拉伯人，法裔希腊人。并存与共存，这的确有可能实现。斯洛文尼亚语帮助他在故事中实现了诗歌与政治的和解景象：执着于创作的果断之人，克恩滕的斯洛文尼亚游击队员就是典范。

2 贴近理论：从斯洛文尼亚到法国

斯洛文尼亚哲学家斯拉沃热·齐泽克，同时也是马克思主义哲学和拉康哲学的追随者，他在谈到汉德克看待事物的方式和角度时曾这样认为：站立在故事之外，斯洛文尼亚在他那里不停地累积壮大，将"一种极端形式的种族主义"作为"愿望，把'他者'这种特殊形式的'真实'与不解进行明确"。他认为，让汉德克不满的是，"现实中的斯洛文尼亚拒绝以他在创作传说里所使用的那种方式来展现自己，于是这便打乱了他艺术创作的平衡"。拉康认为，在每个意义链条的末端都有一个"伟大的他者"（亦即"显著的主宰者"），他提出了象征系统，却将自己置于它之外。他能够成为受人崇拜的偶像，对此齐泽克这样评价："偶像代表一种谎言，他使得我们能够接受无法接受的真相。"至于此偶像是如何产生或者说如何制造出来的，他则解释道：

> 正是在镜像阶段他者的目光，正是那幻觉式的误识[……]所想象之物即基本幻想，它是我们的心理体验所无法到达之处，它撑开了幻想之伞，伞下的人们找到了欲望的对象。

上述幻想或幻象在想象中被证实，于是伟大的他者本身便存在缺陷，即"遭到了删除"（被打上了单划线）。幻想所展现的是一种尝试,一种填补伟大他者之缺陷的尝试。在拉康看来,欲望始终是他者的欲望,它既是他者的欲望,又是通过他者所实现的欲望,即"他者欲望的欲望"(LSV 21)。斯拉沃热·齐泽克认为,相信伟大的他者是一种真实存在,这种错误的想象会导致不同的问题和错误,特别是当这个他者从幻想层面过渡至现实层面时。幻想构建了欲望,提供了一个利用欲望的对象加以填充的框架。由于它们构成了主体欲望的原因,故原则上一切事物都可以成为"对象a",只要它们能够被纳入幻想中去。现实对象作为"对象a"同时又是"纯粹的当下",这本身是难以理解而毫无意义的,却正因此而显得很有说服力甚至被坚信。这时,"对象a"本身则无意、无语而缄默。它持续表明自己身边象征性结构化的环境存在缺陷,然而一直以来作为失去的对象却能够触发行动。它作为现实(纯粹的当下)对象代表一种没有任何意义的纯粹的存在。

至此可以说,符号代表性地指向空间和(或)时间里面的缺席者,此观点已不言自明。雅克·德里达认为,符号"展现的正是不在场且待展现的,以重复(引用、反复)为形式的双重加倍代表着符号的结构特征"。汉德克作品中居于核心位置的就是两部互为镜像且相互补充的双胞胎作品《去往第九王国》——该短篇讲述了寻找先祖和关于抵达的故事——和《缺席》——一部讲述先祖消失以后的故事。这种重合绝非偶然,其逻辑方面的合理性也令人惊讶。对汉德克而言,缺席者同时就是他者,并决定着他的动机,因为就连德里达也在他晚期的作品里显而易见地"坦诚它们与法国哲学家伊曼努尔·列维纳斯思想的关联,后者的核心就是他者关系。[……]并认为,每个决策都是我心中的他者所做出来的被动决策。"对象选择着观察对象的观察者,叙述由叙述者来讲述着,叙述者实质上充当着容器和话筒的作用。他者不停地离开自己,就像人们取拿鱼竿前挂着的鱼食。目的始终难以实现,却同时又始终就在眼前。用以描述这样一种始终处于未来的现象,其恰当的表述语料也始终处于正在到来的状态。唯独通过"将一种尚不存在的、永远都不会存在的语言翻译成一种现实存在的语言",方才能够对其做出描述。在构拟自己独特的未来语言时,汉德克将一个图像拿来作为参考标准,那个他基于先祖的语言及他童年的语言所勾勒出的图像,它仅仅与边缘地带,与下克恩滕所使用的斯洛文尼亚方言及如今的标准斯洛文尼亚语存在联系。特别值得一提的就是马克斯·普赖特尼克的斯洛文尼亚语-德语大词典,它是十九世纪末期、第一次世界大战人文历史浩劫之前的斯洛文尼亚语百科知识宝库,是汉德克最重要的参考书。通过翻译两位克恩滕斯洛文尼亚作家——汉德克迄今为止没有翻译过任何在斯洛文尼亚这个国家创作成的东西——与温习和巩固斯洛文尼亚语言知识并不矛盾:

[……]掌握不止一种语言,甚至同时使用多种语言写作(词首添音、翻译、转写)的人当然比比皆是,但是他们在做这件事情时,总会关注着一个唯一的、闻所未闻的语言。

《大黄蜂》的格言早就已经指出:叙述是改正历史的一种方式。作品里的斯洛文尼亚语仅仅只是一种礼拜仪式用语,一种圣人惯用的语言。"与上帝相反,圣人所指向的始终是先语言的东西,指向跃居一切范畴之外的、能够隐约所感的东西。"和圣人一样难以领会的是斯洛文尼亚的先祖。汉德克初次与圣人相遇时使用的就是斯洛文尼亚语。祈祷尤其令缺席的事实呈现于眼前。"然而这样一来[圣人]又一次显现。他者与陌生者,二者的真实性,通过时间的距离也足以体现出来。"因缺席而生的缺陷是现实存在的,缺陷由此变成了难以捉摸的他者。被抛弃的主体变成了有吸引力的自我。缺席者的祈祷旨在为一种代表性的、符号化的现实呈现创造可能:

> 现在除了他者的缺席已再没有另外的缺席了:他者在自我提升,自我却原地不动。[……]无处不在的自我唯独在面对无时无刻都处于缺席状态的对方时方才得以形成。承认缺席就意味着立即认可主体位置与他者位置的不可替代性。也就是说:"我被爱的次数(程度),要少(小)于我主动爱的程度。"

只有借助不复存在——"只有在失去以后,你才知道你曾拥有过"(You don't know what you've got, until you lose it.),正如被汉德克高度评价的约翰·列侬所唱的那样——方才能够清晰地呈现人们对人的需求:"对父亲或者母亲的依恋并不存在。只有当他们逝去之后,孩子们才知道多么依恋父母。"(GB 162)缺席者变成了心之所向的对象,成为了叙述的动因,成为了理想典范:

> 霍尔瓦特:让我们再回到缺席这个概念上来,正如《去往第九王国》中你的老师那样,缺席状态中的他曾是菲利普·柯巴尔的好同事。
>
> 汉德克:的确是这样,没错,他始终以缺席者的身份陪伴着菲利普。(NNL 88)

同样的道理也适用于《去往第九王国》里面失踪的哥哥,他同样也能被称为一种类型的人师:"即使已失踪,他却还是在菲利普的旅行中一路相伴:以一种前线来信的形式。"可以说,不仅仅在上述简短的访谈提问中,重现和缺席(在此处或许只是意外)的交叠受到了作家的明确认可。作品是医治缺席的一剂良药,然而,童

年图像令无形中的守护天使不仅在记忆中难以忘怀,而且在叙述中痛苦万分:

> 我让缺席者不停地谈论着他的缺席——一种空前罕见的情形。他者作为被谈论者是缺席的,而作为交谈者是在场的。

在一个插入句里,它或许出自汉德克本人,罗兰·巴特指出了关于缺席这场讨论的性别特点:"神话与乌托邦:原本就曾是这样的,即未来会将主体转变成包含着女性的自我。"亚历山大·韦德纳刻意嘲讽式的判断,即他在一个名叫玛利亚的母亲的儿子身上看到了圣母情结,由此一来,这似乎是一种善意:"彼得·汉德克是一位非常亲切的女性。"但这个观点反过来却落入性别的俗套,至少有一部分用女性形象对汉德克进行的评判显得似乎过于轻浮——除了母亲之外,还有《孩子的故事》和《露西和某物在森林》中的女儿们,以及《图像消失》里面的杜尼娅——令人惊喜的是,多亏汉德克本人对此表达了看法:"[……]虽然是一件显而易见的事情,但是没有任何人看出来这根本不是我母亲的故事[……]当然我也不可能知道这所有的事情,这明摆着就是我自己的故事,《无欲的悲歌》。"(ZW 225)福楼拜广为人知的自白,即认为自己与他的首部长篇小说里面的女主人公融为一体,似乎反而成了文学传说中浓重的一笔:"包法利夫人是我!我?!有人说这是我说的?!也许,或许吧……反正现在我想不起来了,毕竟说了这么多,也写了这么多东西了。"福楼拜后来的这部短篇小说《一颗简单的心》也是最初激发汉德克从事翻译的缘由(vgl. LIS 97)。汉德克以写作的方式"翻译"着女性,勾勒出了他关于女性的清晰图像,以此尝试着"从男性的心灵视角窥探神秘的女性形象。它也是一个'截然不同的他者',正如儿童形象那样"。

对汉德克进行评判时,应该尽可能地选择一个参照,特别是他在自己作品中所提到的那些参照,例如前苏格拉底哲学家,神秘主义者特蕾莎·封·阿维拉,约翰内斯·沃姆·克鲁兹;例如克尔凯郭尔,尼采,海德格尔;例如本雅明,拉康,罗兰·巴特。毕竟汉德克通过对这些思想家提出的概念和语言表述的引征,继续着自己针对社会现存讨论的批判性认识,这些自始至终都是他最关切的核心内容。假如有人因此就认为汉德克有意在哲学方面有所建树,那未免会有些不妥,因为他的兴趣点仅限于对哲学方法论的使用。

3 生平故事的痕迹与影响

以家为原点

同一个地点,不同的名称,正如在《图像消失》和《地下蓝调》中那样,其中的地点都是童年时的"下克恩滕边境地带"(HAS 5)。"按照家里的传统",所指定的教父需要同时拥有两个名字,一个德语名字,一个斯洛文尼亚语名字,也许传统里多次受洗的根源正来源于此。另外,不仅是地点拥有两个名字,而且汉德克的整个孩童世界都是使用双语命名的,不过在 1945 年以前,使用斯洛文尼亚语命名的称呼只允许在私底下使用。汉德克的继父,布鲁诺·汉德克,作为证人曾讲述过这样一个战争中的故事:"当我们在睡觉的地方吃饭时,他们开始在房间里做念珠祷告,使用的当然是斯洛文尼亚语。在当时,讲斯洛文尼亚语是被明令禁止的[!],但是对我而言完全无所谓,我并不狂热。"当时,边境还被认为是坚定且不可改变的地方,在新的当权者眼中,斯洛文尼亚人成了不安定因素,因此希望他们在视线里消失:"在这个多语言区域,当越来越多的人被拖去集中营以后,人们对于战争的恐惧在增加。"(HAS 9)尽管战火从未延伸到格里芬,但是斯洛文尼亚反法西斯抵抗运动的中心,拉旺特谷的索乌和克拉尔佩就在不远处。"后来,越来越多的铁托游击队员穿梭于这一带,与宪兵和战士产生一些小冲突"(HAS 9)。当时,好多南克恩滕州的斯洛文尼亚裔驻军家属都利用回乡度假的机会,特别是在他们的家属在以迁出转移为名义,但事实上被驱逐出境的情况下加入了游击队。战争的原貌作为处女作《大黄蜂》的小说标题有着它自己的出处:"这一时期连炸弹也开始从天而降,甚至在汉德克的出生地老市场。"在那时,只要缺乏与游击队员建立联系的勇气或者可能性,那么家里的"德意志帝国的子民们"就会遭到更大的质疑,哪怕是书面形式的、一丝一毫的冒险行动都是不会被允许的。布鲁诺·汉德克曾回忆到:"您的弟弟汉斯在度假结束前的最后一个晚上待在家里,对我显示出极大的蔑视,表示他完全无法忍受家里这个愚蠢狂妄的北德人,这是他后来给姐姐玛利亚写信时讲的。"在南克恩滕的农村一带,讲斯洛文尼亚语的往往都是那些不(愿)属于当地族群、与之保持距离或者与之敌对的人,因此斯洛文尼亚语过去是、现在也被当作在孩子或外人面前使用的一种私密语言。布鲁诺·汉德克的生活因此也受到了影响:"作为一个柏林人,一个完全不会讲,也听不懂斯洛文尼亚语的'愚蠢狂妄的北德人',他在双语的格里芬村庄被排除在外,甚至连小饭馆里茶余饭后的交流都没有他的份儿。"(HAS 46)

无论是1920年的全民公投,还是自此往后的人口普查,抑或是去格里芬墓地随机统计下墓碑上的碑文,所有这一切都显示出,斯洛文尼亚语在格里芬的地位微乎其微,所占比重几乎可以忽略不计。在1989年6月的笔记中,汉德克记下了斯洛文尼亚语在他的家乡村庄里消失的事实:"在九十七年之后,斯洛文尼亚语消失了,它同时宣告了这个Stara Vas① 村的逝去。"(GU 412)

　　这种发展演变终究都汇入了缺席。伴随着这种形式的缺席,刚出生的彼得来到了名字的帝国:"出生两天以后,按照当地的习俗,婴儿在格里芬斯蒂芬特教堂接受天主教受洗,并得到了彼得这个受洗名。由于教父格里高尔·肖茨作为士兵上了战场,故他的位置由妹妹乌苏拉,即受洗儿的姨妈接替。"(HAS 7)女性在这里首次(往后则经常是这样)代替了他者,代替了缺席者。这种由于临时应急而顶替位置的情况很快就被证实成为常态,因为"[母亲]两个兄弟后来都战死沙场:年纪长一些的名叫格里高尔,年纪轻一些的名叫约翰内斯"(HAS 9)。接替逝去的儿子及父亲角色的人是格里高尔·肖茨(1886—1975)。因此,《去往第九王国》问世的1986年正值外祖父100周年诞辰,在时间上这绝非偶然:"在所有的亲属当中,最令彼得·汉德克尊敬的那位就是他的外祖父格里高尔·肖茨[……]外祖父是一个私生子。生前,外祖父丝毫不避讳提及自己的斯洛文尼亚裔身世,甚至对此还感到十分自豪。"(HAS 11)在面对原生家庭缺失这一事实时,汉德克平和而坦然,如果使用当下委婉的说法来表述,那么汉德克的家境"贫寒而糟糕"。他出身于毫无出路且绝望的普通农民家庭,一个靠节俭和虔诚度日的家庭,一个社会地位低下、民族身份边缘化的家庭。汉德克在贫乏中练就了一种图像观察的能力,他善于抓住那些不显眼、容易被忽视,却又在顿悟时刻能凝练并凸显出事物本质的东西。所谓极其的空洞(Leere)也完全可以从字面意义上去

---

① Stara Vas 斯洛文尼亚语,可直译为"老村"。

理解。

诚然,汉德克心知肚明,接受更好的教育有助于他脱离那个不止在空间上原本并不怎么大的家庭,但他从来都不会避开自己的家庭出身不谈。在文学创作中,他总是反复地拾起这个话题,因为"这样的出身令汉德克主动地感受到了认同"(HAS 11)。他的生平故事所开始的地方似乎并没有任何属性,于是他自己将其称之为"来自没有起源的出身"(GB 16)。这种(纯字面意义上)属性的缺席是汉德克从事文学创作最本质的驱动力之一,这样一来,必须先得给先祖们赋予相应的属性。肖茨(Siutz)这个姓氏,斯洛文尼亚语写作 Sivec,所指的是一种颜色即灰色。根据杜登德语词典释义,它使人联想到无望和不确定性。而在斯洛文尼亚语中,它至少指团扇荠和灰霉菌或灰斑白马。

从孩童开始,家庭便是汉德克成长与艺术经验积累的塑造性生活空间,特别是汉德克家族以及广泛的肖茨氏族(在古典文献里,"Siutz"这个姓氏的斯洛文尼亚语形式是"Sivec"[!])(HAS 9f)

肖茨外祖父同时承担了父亲的角色,这一事实可以从称呼方面看出来,即彼得——使用斯洛文尼亚语——叫他"Ote"(O 发长音),即"爸爸"。他很有可能是从母亲那里学到了斯洛文尼亚语口语的"Atej"并在书信里面将所听到的发音进行音译书写。在翻译中,汉德克有意识地将对自己极其重要而核心的东西以附带的形式提出来:"托马斯·贝恩哈德在追忆童年时,外祖父的形象居于核心地位,而在彼得·汉德克的作品中,外祖父则可以说仅仅是一个背景式的人物。"但是两者在深层次上是相通的。对先辈、典范与导师的渴望唯有借助外祖父方才能够得以消解:"作为一种形式的导师,我现在回过头来再看,唯独认为外祖父才算得上(可能很多人都有这样一个'外祖父'):不管他什么时候在人生的路上陪伴了我,对我而言,这样的路最终都变成了我内心的教导。"(LSV 33f)

在一个无历史的空间里,"在触摸风景之时,他感到自己是一个探究和平的研究者"(LH 115)。借助格里高尔这个名字,他自己的身份得到了延展,首先它所指的是与他同名的儿子,其次它泛指先祖们,但是仅限于母亲这一方的先祖:"母亲的所有先祖[……]都是斯洛文尼亚人。"(LSV 69)先祖的核心代表就是外祖父,他甚至比自己的女儿玛利亚,也就是汉德克的妈妈,活的时间还要久一些:

> 在汉德克的作品里,外祖父所包含的不仅仅是现实中能够找到原型的格里高尔·肖茨,[……],而且将一般意义上的"先祖"这个概念囊括在内,因此它就代表着起源和开端,但是反过来,"先祖"并不一定仅仅指的是外祖父一个人。

此处绝不能被忽视的就是语言方面。由于沉重的传统包袱和历史负担,德语绝非一种具有伊甸园式开端寓意的语言,一种让(肩上毫无负担的)开始变得容易或值得向往的语言。而它绕经斯洛文尼亚语则是一种自然而然,后者作为受害者的语言,抵抗者的语言,被剥夺权利而无家可归的先祖们的语言,也因此成为了必然的选择:"基于此且有关于外祖父的想象,建立在'初始想象'的基础之上,代表着一种本源的自然状态,一种基于斯洛文尼亚语作为先祖的语言的自然状态。"

鉴于外祖父与外孙之间的语言纽带不再紧密,即外祖父与德语之间的距离遥远,而外孙对斯洛文尼亚语亦完全不再了解,于是双眼所能察觉的观念便让位给有待于依赖语言来完成的阐释:"即便在这里,外祖父形象同教导之间也存在着联系。有教益的方面反而成为了'随后进行阐释的补充素材'。"待回过头来再去看,则发现这种无意识传承下去的,或者潜移默化接受的东西才称得上是典范式的。这种顺其自然的方式成了汉德克心中最理想化的传述方式,它可见于汉德克对短篇小说的定义里:"在短篇的影响下,我一发不可收拾!继续,自然而然,获得认可,暗指,流传。"(NSch 90)对这一现象进行理所当然的呈现,这便是顿悟的最初阶段。于是"汉德克从外祖父那里领悟到的顺其自然学说回溯到了一种自然状态,它无需钻研书海、掌握抽象的知识便能够领悟"。此处在字里行间透露着对教育机构有组织的功利型知识传授方式的批判和质疑。此处被玷污了的顿悟概念来自詹姆斯·乔伊斯的唯一一部带有显著自传色彩的作品,那部成长小说,其最初的标题是《史蒂芬英雄》,后来的精简版本的标题则变成了《一个青年艺术家的画像》。

现象从先前与过往中解脱出来。"顿悟[……]将本质,即事物的灵魂,以非语言形式进行显现,这完全是一种当下的视角,当中既无回忆的成分,也无过去经历的成分"。尽可能的不借助于语言来传述外祖父,则只能通过迂回的方式,或借助图像与对立图像:

> 至于外祖父在观念方面对汉德克的教育和影响,即他主张"谆谆教导而非训诫斥责",汉德克并未直接阐述过,而是在《职业教师》里面[……]的叙述中,借助[……]外祖父的对立面对其加以展示。

将图像转换成语言,将本质诉诸语言,成为孙辈汉德克的职责。"汉德克对'理论'的注重更多集中于它最本源的希腊语意义:即'theorein'=观察;站在就事论事的层面来看待,即'leukein'"。故汉德克主要从自身观念出发来看待事物。由此所产生的并非世界观,而是屈从于世界变幻的,对世界的观点与看法。

借助观察和理智——由家庭中的一位长者成员"引领着"入门——看到=读懂了老师:"我曾有一个很好的老师。老师指着并说着'看'。于是便听到了'是的,我明白了'。"(沃克·珀西①谈自己的老师威廉·亚历山大·珀西)(FF 257)

意义形成图像,图像借助语言得以被领会:"'意思指向可译性':例如提到落叶松,我的心里便会有所想,后者则变得'能够传达':意思所表示的就是我心里所想象的东西,并使得比较变得可能;表示我所能看到的东西;表示我所领会的东西。"(PW 79)

面对具有所谓形而上色彩的本质时,人们往往会沉默:"始终有必要的近乎无声的艺术,近乎无声的写作,近乎无声的写作艺术:只有当采用不听使唤的声音讲述事实原委之时,所讲述的内容才能被永久性地听到。"(PW 33)然而,经哲学所证实的、难以调解的图像与文字二元对立——能展示清楚的便无法使用语言描述清楚——却拥有惊人的对立面。"'无以言表的东西':'一切尽在不言中'(维特根斯坦)。"(GB 183)这里所指的便是汉德克摘录中的留白之处,而完整的文章则是:"然而,的确有用语言无法表达出来的东西,那是神秘的东西,尽在不言中。"

为什么要逐渐地、迷信般地坚守自己所确立下的"禁止去命

---

① 沃克·珀西(Walker Percy,1916—1990),美国作家。

名"(Namensverbot)(在《露西和某物在森林》中讽刺的达到了高潮),上面或许已经给出了解释。人们在感知名字的魔力时,明显倾向于认为它存在缺陷甚至具有破坏力,反正并不认为它具有魔力。清晰和真实存在于图像中,无以名状,只能被影射。就像桌球游戏(关于边界)或者塔罗牌游戏(关于乡村)那样。在牌局游戏者(汉德克本人便是这样的游戏者,彼得·汉姆拍的关于汉德克的电影的片名就是《忧郁的玩家》)身上总是能看到外祖父的影子。此外,外孙汉德克尤其喜欢回忆与外祖父玩的"周日牌局游戏"(WU 16),因为"他反复地讲述着自己的家庭,每次的讲述方式却又不尽相同。讲述中,他将真实的出身转换成虚构的家庭模式,那种很显然是由父亲所掌管的家庭模式"(HAS 13)。在自画像中,他把自己当作"施暴者的后代,并认为自己也是施暴者。把先祖当作世纪的种族屠杀者"(LH 103)。但惊讶的是,在他"文学的虚构里[……],这位现实中的'外祖父'人物被那两位先祖"(HAS 13)所取代。鉴于此背景,诺伯特·加里布埃尔强调说,只有通过对外祖父的细致描写,才能突出斯洛文尼亚语的地位。外祖父身上的斯洛文尼亚元素在母亲身上并不鲜明,人们在其中似乎寻找到了神秘的个人力量,外孙深感自己与之紧密地联系在一起。

芦苇丛里的那个男人

外祖父作为半农业经营者和普通农民,"在家乡周边学习了木匠手艺。[……]冬天里,他在格里芬湖边割芦苇"(HAS 11f)。这一深刻的童年记忆促使汉德克去拯救"童年之湖",也成为他走向公众的动机,"这算得上是汉德克作为作家尝试着介入日常政治的、那些为数不多的行动中的一个"(HAS 13)。

冬季萧条时，外祖父没有农活可做，这时汉德克便帮着他做一些力所能及的其他事情。他在作品中反复提到为自家牲畜收集草料的故事，草料秸秆在他人（手艺人）眼中，比如在粉刷时，也是很有用的：

> 我们撑船离岸
> 在一叶近乎方形的轻舟上，
> 方言中它又名"小划艇"，
> 撑船穿过厚厚的芦苇来到此地，
> 这个我们的租赁地，
> 绿油油茂盛的水生植物所伫立之处，
> 这些"大麻"，奶牛们最爱的食物，
> 牛奶中的一剂佐料。（GD 34f）

"大麻"有可能和斯洛文尼亚语中的"芦苇"（lodje）或者"矮树丛"（goščava）存在关联。在追求相对较为可信的考源方面，甚至连顶级的斯洛文尼亚方言专家也会感到尴尬。然而用德语进行解释也并非就没有问题。（这种情况属于常态，比如克恩滕州府克拉根福的名字，两种语言分别写作"Klagenfurt"和"Celovec"）。"再例如，斯洛文尼亚语中代表禾本目植物的'大麻'（Hasch）在德语中也被农民们使用，因为德语中原本就没有对应的词"（HAS 12）。它在当地人的认知中属于斯洛文尼亚语，或者说是温迪施语更为准确，可以被视作"在德语区域里不会招致情感或反应波动的再合适不过的中性特点"。汉德克并不反感该单词令人陶醉的发音，但也不认为有必要对它进行更深一步的研究。使用多意概念而不去关注它们的通用意义，这是汉德克创作的一贯特点，也是导致一些误会产生的原因所在。

它的另一面则是贯穿于汉德克整个创作的恒定不变之处,这可以通过格里高尔这个名字来诠释。它是外祖父的真名,也作为假名刻画了一些相应的作品人物,但与此同时,它也代表着母亲失踪的胞弟。这样的身份辨识在之前的一段对梦的叙述里面阐释得再清楚不过了:"更确切地说,我曾就是格里高尔舅舅,我的意思是:他曾遭遇的一切,我都亲身经历过,这是无法用语言来描述的。我梦到他睡在野外,那一定是在战争中。我虽然没有亲眼所见,但是我对此深信不疑。"此处并没有提到的斯洛文尼亚语随着时间的推移逐渐成为了格里高尔这个人物的核心特征。然而更为核心的是格里高尔作为暗号代表着难以实现的归乡向往:"人们能否将这个世界,正如人们所认为的那样,称为该死的世界,但尽管如此,却同时对一种无以名状的东西心存向往,它就是人们所说的归乡!"如果说舅舅在战场前线的离去剥夺了他的归乡以及对归乡的向往,那么对汉德克来说,帮助实现舅舅的向往则成为了他的核心向往。

跨越作品的边界,通过一些概念如"指准化石"和"回归图像",这些括号里面的补充内容确保了在探究几个本质的问题(如从哪里来、到哪里去)时一种难以撼动的延续性。汉德克致力于将这些关键点集合起来:"摸清它们彼此间的关系是有可能做到的。[……]我生命中的每一个单个的瞬间都是彼此间互相联系的——无需辅助环节。独立的直接联系是存在的:而我必须要做的只是去发挥自由的想象。"(LH 117)生平故事中的瑕疵经历有可能会增强对归属感的渴望:"据我们所了解到的情况来看,在汉德克的履历中不乏渴望将统一和认同探究透彻的场景尝试。"

4 尝试着通过典范去控制世界

违背现实

对汉德克来说,呈现现实并非可行之路,生平故事也不再是开端。因此,被视为各不相同的瞬间在现实中彼此无法对接,只有想象才能创造出永久性:"将一个被视作规律的别人生命中的诸多短暂瞬间想象成精心设计的存在"(EF 158)。同映入眼帘的图像相联系的,是一整个平庸日常的特殊"高光"时刻。唯有借助这样的散发力——一种纯粹的接受现象——,图像方才能够耀眼且被赋予意义。

早前那些有意为之的样板式作品——《无欲的悲歌》代表着高潮和极致——除了博取其作为普遍典范的认可之外,也作为个人传记类素材而赢得了赏识——例如《那些新的经验》里面讲述的生平故事所带来的震撼(IBE 7—13)。特别是借助精心的概况式记录,概念范畴下的存在变得倍加清晰和易于识别。传记的核心同家族里的首个识字人士相关联:"他向1942年在克里米亚半岛倒下的舅舅格里高尔表达敬意,后者因为其'美观'的战地军邮信件,被塑造成'从事创作的先祖'中的榜样。"(HAS 14) 阿道夫·哈斯林格没有提到对德语这门外语适用场合的规定,它被规定作为驻军家属同家人进行交流的用语,这一点在备受汉德克敬重的作家普·沃兰茨(1893—1950)从纳粹集中营里撰写的信件里也能够得到印证。这个斯洛文尼亚人,即在二战中用德语给家里写信的舅舅,成了他外甥的创作榜样。再后来,这位外甥才对舅舅在和平时期用斯洛文尼亚语写的东西也产生了兴趣。格里高尔·肖茨曾于"1932年至1937年在马里博尔的农业学校读书,并成了一个热血而虔诚的斯洛文尼亚人"。然而,斯洛文尼亚语在家庭内部几个亲人中间,甚至变成了闯入者与不和谐因素:

> 我的很多图像都基于他对那个相对和平而勤劳的年代的讲述。在当时的那个时代,我的舅舅成为了一个有觉悟的斯洛文尼亚人,并带着坚定的认同感返回到克恩滕。然而后来在家人面前,他成为了鼓吹者。

民族和社会的因素共同铸就了这样的认同。人生中的一系列违背意愿的支离破碎,特定的童年和青年,它们共同导致了归属感的丧失:"它产生在农村[……],这个双影设想,在这个乡下的、信奉天主教的、当时还主要以斯洛文尼亚人为主的南克恩滕。它的原因也许[……]是因为随后就离开了这个生活区域而被移植到了另一个区域。"哈斯林格甚至大胆地从心理层面进行阐释,认为自我的缺失应该通过(哪怕是缺席的)他者来弥补:"这样的双影设想使人联想到了自我陌生感和自我距离感的现象。"(HAS 74)仿佛归乡、安居和扎根只有借助双影人、拉开距离、游离至远方并进而创造出距离间隔的双影人,才有希望实现和描述——哪怕这一切只是透视图的没影点。为了接近本源,汉德克在文学的虚构里略去了一代人:

> 然而从事创作的外孙,不仅用外祖父替换掉了在他看来显得不够饱满的父亲角色,而且在宗系里将他母亲的兄弟变成了自己的兄弟,因为在多数情况下,这个虚构的叙述者取代了作者而居于家族谱系之中。(HAS 14)

有关方法的探讨:联想

对残缺片段的联想性拼接——这种处理方法是汉德克偏爱的许多思想家的共同之处,上至尼采、维特根斯坦,下至海德格尔、罗兰·巴特——是汉德克独一无二的表现手法。同时他也允许《我在无人湾的岁月》中的叙述者进行自嘲:"你对顺序的执念,你对完整性的妄想,"(NB 47)并总结出如下的指导准则:"片段式经历,总体性讲述。"(NB 47)当然,如果站在女性的角度,在书的另一端,他又将不得不接受这样的批判:"片段式经历,全体式幻想,它在我这里是行不通的。"(NB 592)

汉德克常常使用类似的括号补充,将其用在同一部作品中,使观点之间变得针锋相对。可以说,他的全部作品中都交织着互文的关联性(Bezug)和反复出现的触发词(Reizwort)如"震撼"(Ruck,指突如其来的输入,是令人随处望眼欲穿的"关联"的对立面)、暗指、简单明了的措辞和主题。只有将所有文本综合起来,每一个单部作品的地位与重要性才能得以提升,例如《露西和某物在森林》就是一众主题的概观,如儿童与妇女、逃离与流亡、自然与童话世界、提升与传承。甚至斯洛文尼亚语,这个只在个别作品里偶尔居于中心地位故而丝毫不值得重视的语言,也是整个创作过程中的一个不间断的主题。汉德克对影射他者并因此不得不保持片段化状态的边缘现象的偏爱,从中能够得到反复的证实。

甘珀:读者评论您的作品,或者尝试着将自己的理解以书面形式报告出来,[……]那他的结论一定不应该是一个闭环结构,而必须[……]是残缺的片段。

汉德克:这个我可以回答,的确是这样的。(ZW 257)

汉德克意识到重现所带来的瓦解和无意义的效果，因此他通常将自己限制在对中心人物或事件的双重备份或镜像反射上。通过省略以及明确的缺席来进行文学表现，这只是同一种反复呈现的不同变种。他者正好可以通过其缺席而得以凸显，并借助这种迂回的方式，更加便于感受和描述。类似于亵渎神明一幕中反复援指圣人那样，汉德克从自己的生平传记那里出发，并由此而讲述开来。他没有把自己的生平故事当成内容去消费，而是选择与其脱开关系，逐渐从中解脱出来。同时，他乐此不疲地返回至自己最初的出身和开端，返回至他眼中的故乡与童年的天堂世界。正因如此，似乎他对让·保尔①的格言——"回忆是唯一的天堂，没有人能够把我们从那里驱赶出来"——并不认同。受天主教的深刻影响，他乐于回望伊甸园那个存于幻想中的、能找到末世论圣经启示文学的天堂。这样的天堂早已远去。所留下的只是曾经"拥有"这样的事情。创作的辛劳旨在重新拾起，以及永不停歇地进行新的创作。事实上唯有流放者——无论是乔斯或者贝克特，抑或是乌韦·约翰逊或维尔纳·科夫勒——才是最愿意不顾一切地真心想成为乡土诗人（作家）。斯洛文尼亚语代表着汉德克心中最初的天堂的符号：

> 然后随着时间的推移，在内容层面出现了一个主题，一个在类型、形式和创作风格的起伏边际逐渐要接过通奏低音角色的主题：斯洛文尼亚这个国家。它对汉德克而言不仅仅只是母亲那边的先祖们的祖国——而是他思想的源泉，构建起的"故乡"的理想图像。

---

① 让·保尔（Jean Paul，1763—1825），德国作家。

同语言告别

在汉德克年纪尚小时,他就已经脱离了家庭环境。于是,讲斯洛文尼亚语的外祖父和使用德语写作的外孙,两人在语言方面的距离开始拉得越来越大。他们之间的问题不仅仅在于语言的差别,还包括语言的用法:

> 外祖父每个月负责给外孙寄生活费。外孙写信感谢外祖父,但外祖父有时候会读不懂信的内容。一些句子令他难以理解。然后他会拿着信去找女儿,和女儿确认每个句子的意思,这样的场景令人感动。(HAS 59)

在理解方面的困难会增强读者对文本类型和语言运作方式的理解与认知。汉德克对这种现象的价值心知肚明,这始于《我的生命 第二部分》(1955)(vgl. HAS 31),汉德克在其中提到:"我在 1948 年返回了格里芬,和邻居家的孩子们交流时,我遇到了语言困难"(HAS 31f)。同主张哲学的批判亦即语言的批判的弗里茨·毛特纳一样,汉德克同样成长于多语环境。在他能够领悟之前,对于语言的信任或者说这种语言已经受到了动摇。此外,标准语言与方言之间也存在着鸿沟。在当时,"书面语言"是受过教育的人和社会层次较高的人使用的语言,一个"来自克恩滕边境地区的普通农民的儿子"使用标准德语则会被视为狂妄自大。然而,汉德克始终都能够坦然面对自己普通且卑微的出身,做到不卑不亢。但是唯独有一点例外,即在语言方面,他一直以来都在努力让自己骄傲和自豪:"原则上来讲,彼得·汉德克讲话时并没有方言口音。能在他那里听得出来克恩滕式语调,这极其罕见,即便有,也是在蓄意表示嘲讽的时候。他在大多数情况下都讲一口标准的德语。"(HAS 21;vgl. W 71)歌德、尼采、乌韦·约翰逊和卡尔·麦都讲方言。汉德克所青睐的中性的德语(vgl. W 71)是非母语者,即区域方面不强调归属的人士,惯常的言语风格。这类人群的语言发音的的确确是"遵照书面"进行的。像德里达这样的结构主义者或许一定会从时间维度来阐释这里的"遵照"。直到最近几年,汉德克才开始对口语和书面语进行区分。早些年的标准就是文字的相对恒久性,而注重瞬间性的口语直到近些年才开始受到关注:两者之间的"和"所指的便是瞬间中所蕴含的片刻持续。"在那时,汉德克就已经热爱第二将来时了"(HAS 25,又见 H 121),原因或许在于,当站在未来对过去进行回望时,当下便早已无法触摸,然依然能够存留。

"对'斯洛文尼亚语'这门课程的学习贯穿了他整个六年的小学学习"(HAS 27),然而汉德克"并不喜欢它,因为被强制"(LIS 131)。相反,古典课程那深邃透彻的特点吸引了年幼的他,在读了两年初中之后,他转到了坦岑贝格天主教寄宿中学,但是那里的课程侧重人文主义教育,旨在为日后的天主教神学学习做准备。具体来说,意味着"从一年级开始学习拉丁语,三年级开始学习希腊语,五年级开始学习英语。他学习了两年速记,意大利语和斯洛文尼亚语则在读六年级时才学习"(HAS 32)。距离被劝告离校不久之前,他决定——这次显然是自愿的选择——利用包括在自己幼年时遭受排挤的语言来拓宽语言边界,而此时他的德语成了照射他的一面镜子。牢记住使用语言的集体,他早在 1967 年——所讲的故事发生在 1957 年——就通过"我们"这一语言形式来表现根深蒂固的偏见。"我学会了蔑视语言和热爱语言。我们身边自幼就学会了使用斯拉夫语言的少数民族,遭到了我们这些其他人的劝离,认为他们最好还是回到他们那个多数民族都在使用他们所讲语言的国家"(IBE 13)。

自我逃进了群体,人群中的多数被称为"我们这些其他人"。对归属和依赖的向往尚未实现,旋即便以言语攻击的形式表现了出来。在寄宿学校里的这些经历,甚至在二十年之后,又再一次被讲述出来,从更加个人化的视角出发:

> 而我呢?我妒忌他们相互交头接耳吗?我妒忌他们显而易见的共同目的吗?说来更深一层,是一种厌恶:[……]这帮斯洛文尼亚小伙子应该立刻保持沉默,[……]他们个个都和我一样,就请乖乖地蹲到那些指定的座位上去吧。(W 196f)

斯洛文尼亚语没有带给他一丝温暖和安全感。所归属的团体与认同,只会让个体和他者的故乡缺失感变得更加强烈。

汉斯·维德里希的讲述令回忆变得更加清晰而生动:"我也还记得,当斯洛文尼亚同事使用自己的语言聊天时,他们便会遭到自己的'德国'同事的训斥。至于他们聊天所使用的是自己的母语这一事实,则没人会在乎。这样一来,他们的聊天变得更像是私下里搞秘密勾当或谋反。"很快,克恩滕的人们就达成了共识,一致认为应该对斯洛文尼亚人采取敌对措施。"故乡铁粉儿"们孜孜不倦地强行提出了"德裔克恩滕人"和"斯洛文尼亚人"这两个对立概念,却不使用"斯洛文尼亚裔克恩滕人"这种提法。相反,他们不知疲倦地强调根本就不存在"斯洛文尼亚克恩滕"这种说法。唯独有一次,多数民众在两族之间找到了共同的纽带:

> 有一句格言是这样的:"我们是奥地利人?对吗?"——比如在南克恩滕,人们会对母语非德语,而且不会讲德语的斯洛文尼亚人提出这个问题。在这时候,每个人都会说:"我因

自己是奥地利人而骄傲。"(ZW 165)

出生于1936年的维德里希是汉德克在萨尔茨堡居住时的房东,两人同是格里芬人和坦岑贝格人,维德里希讲述了在汉德克童年时期的民族情况:"格里芬镇的居民多数都是斯洛文尼亚人,在格里芬地区也主要讲德语——但是总体来说,两个民族的人民都能听懂对方的语言。"然而,并未像人们或许期望的那样,语言知识有助于缓解氛围。相反:在讲双语的克恩滕存在这样一个事实,即所谓的温迪施人(Windisch)——讲斯洛文尼亚语的斯洛文尼亚人,带有亲德国的民族倾向——通过公开自己的反斯洛文尼亚倾向而吸引大家的眼球。维德里希还提到了起决定性作用的历史事实,即自1918年以来,(始终都没有出现民族主义的)年轻的奥地利共和国相当一部分讲德语的民众都感到有一个必要,即不得不回到150%纯度的德意志民族文化,特别是在像克恩滕这种多语言边境区域:"这个混语区在一战结束后的两年里都处于南斯拉夫的强行控制之下。在1920年10月10日全民公投之后,由于结果偏向奥地利,因此南斯拉夫才不得不将该区域归还给奥地利。"

肖茨一家包括汉德克本人也并非没有受到民族同化浪潮的搅扰。正因为此,身份丢失和身份找寻(vgl. HAS 38)贯穿着汉德克文学创作的始终。他关注集体身份(Wir-Identität)以及在一个更大规模团体(从二十世纪八十年代起,他无意牵扯民族构成问题,但依然坚持将这种团体规模称之为"民族")面前的归属问题。并不像马克斯·弗里施那样,汉德克关注的并非个体身份,也并非接纳某个早前已出现的角色,他所关注的是在交织起来的存在中有待出现的("自由想象的")关系。汉德克由于缺乏外部促成因素,因此不得不尽量地向后追溯,以创立生存的根基,并在此基础上构建身份。于是他创造性的找寻自我身份很快便从一种尝试性的游戏变成了一个较为长期性的(自我)传记项目。以核心为出发点，同时在广度和深度上进行扩散和延伸，最终形成了不同尺寸的同心圆。基准点保持不变，(未标记但因此也并非中空的)中心还是那个中心。斯洛文尼亚语始终作为符号代表着这个源自远古时期祖先的未被异化的本源。

尽管如此，现实中的先祖们凭借文字，铸就了熠熠生辉的祖先。关联在写作中得以生存，概念在写作中得到净化、变得清晰甚至产生惊人的转变："我在写作中净化着我自己，我的先祖，我的人民。我的祖先数量不算多，但是所有人却都是我的后人！"(GB 149)这个创作中的上帝的确也没有将日常生活中的平庸抛诸脑后，正好相反，在写作中必须被揭露的经济和社会方面的不足，和在我们面前评价我们的对方所存在的问题，都并没有比我们少多少：

> 除了作用于日常生活与人际之间的问题之外，还加剧了冷酷无情的经济衰退——并据汉德克讲，这在克恩滕还导致了尤其被民族主义者喜欢利用的"强大的边境国意识"，更直白地说就是"边防意识"。

界　线

界线意识充满着汉德克的内心，并且持续影响着他。汉德克很喜欢使用的(处于相对高度的边缘地带的)观察者形象，也能够在他的个人经历中找到对应：父母的院落位于阿尔滕马克特6号，是当地所建的最后一座房屋(靠山一侧的岩石墙壁限制了地基)。然而这样的界线也并非一定就无法改变，无论是房屋的地理界线，还是民族的边界。并非单纯凭借语言和出身就能作为标准，以此决定是否是斯洛文尼亚人。纳粹的口号"克恩滕人，请使用德语",作为一种对同化和转换世界观的呼吁,几十年来一直发挥着影响。这往往导致事情从一个极端走向另一个极端,这一点在汉德克的家庭中亦是如此:"乔治·肖茨曾是格里芬民族自由党地方议会的议员,而他父亲和妹妹玛利亚(汉德克的母亲)则申明自己是斯洛文尼亚族——也就是'德语民族的斯洛文尼亚人'。"乔治·肖茨是家里唯一一个战后富裕起来的人,因为他购买了一座包含别墅的果园,其前任业主是财产遭到没收的犹太人。"乔治·肖茨声称自己并不知道这些,但他在战后还是必须要支付补偿费,因为在战后他成了反犹太者"。孱弱的经济使当地人在世界观上极其容易受到鼓动,进而去支持偏见。于是在克恩滕,这个犹太人从来没有定居过的地方,竟然也在人们以前和现在的日常用语中出现了反犹主义的表达("犹太教堂","用毒气杀死","歧视、不公正对待")。而在双语区域以外,针对克恩滕斯洛文尼亚人的限制也并没有少太多,差别也没有太大。

彼时,这个适龄的小学生被迫从柏林"移植"到了克恩滕南部,从一个大城市来到了一个乡下的、受到宗教、虔诚与迷信深刻影响的环境里,"从大城市——一个六岁孩子的眼中决定性的童年风景,一个他不得不离开的地方——来到这个乡下的、天主教的、当时明确是斯洛文尼亚的南克恩滕",这个仅仅在语言上还算是斯拉夫的地方。

异乡、界外、没有关联

长久以来,汉德克都感到自己已经从家族的纽带中挣脱了出来,但他却并不追求一种归属的感觉,他不断变换的住所地点便可以证明这一点:"他始终都从未摆脱过无家可归和异乡的感觉。"即便在语言方面,他也总是处于摇摆状态——在奥地利人眼中,他是愚蠢狂妄的北方佬;在德国人眼中,他是阿尔卑斯山里的农民——,但是对于星期天的祷告语,他则始终坚定,尽管他因为这样的语言而在村子里受到排挤:"由于讲一口'柏林味儿'的标准德语,他在那个方言极其盛行[!]的克恩滕就是一个局外人。"这个他在童年时代习得的、在(全家由于迫不得已才离开的)大城市里讲的德语,成为了他的创作语言:"由于最初的童年是在东柏林度过的,因此德语成为了我的语言。"(ARN 8)方言干扰写作,它在汉德克的眼中代表着贫困且居于较低的社会阶层,并因丢失了民间性(包括或不包括音乐伴奏)而丧失了地位,因此汉德克一再坚决地反对方言——比如与其说限制不如说强调的括号内容:"(我厌恶一切方言!)"(GW 42)以及尼采式的狂怒:"精神所在之处,容不下方言的侵扰。"(GB 156)

对汉德克而言,去还原或复兴真实的童年原貌,这已经完全不重要。同他的斯洛文尼亚一样,他作品中的童年王国也是虚构的,那是他文学里永远的天堂:"不停地引用童年的那个人并不是真实的,真实的是再次找回童年的那个人,那个叙述的人。"(GB 217)这里对家庭情况进行的总述,可以被看作是对时期的更正:"实际或是臆想的失踪者,主要是母亲们、父亲们和姊妹们。"但是,作为想象的基础,文本外的东西也很重要,在打通回忆和现实方面不可或缺。渴望或向往(Sehnsucht)并非可随意修复的事物。回到现实,并在现实中重构,其前提是与他者之间进行的经历与过往,有时必须获得那些熟知他者,并且已经进入他者内心的人的支持:

> 译文是我和赫尔加·马亚柯尼卡一起合作的结果,她和弗洛里安·利普斯一样,都属于克恩滕的斯洛文尼亚少数民族:斯洛文尼亚语在那里是口语,不像在我这里,它作为外祖

父一家在家里和教堂里面使用的语言,仅仅代表一种回忆而已。倘若真的只由一个人来做,恐怕我们中间没有谁会去翻译《寄宿生贾兹》。

异乡人的惊讶与本地人的熟知在文本中若隐若现。汉德克始终用自己的名誉来为他的翻译担保,他从事翻译既不是出于物质方面的需求,也不是出于某种喜爱,而是源自他所申明的作为作家的意愿,以及他作品的独立延伸:"每次我所做的翻译,都是从自己内心出发的。"(ZW 209)

这样的出发点不应当仅仅局限于内心的驱动。事实上,汉德克对斯洛文尼亚语的翻译工作和他的生平故事之间存在渊源。无论是古斯塔夫·亚诺斯还是弗洛里安·利普斯,他们都曾经和汉德克一样,就读于天主教寄宿学校。在作品《寄宿生贾兹》中,除了反映克拉根福神学院和维也纳科洛丹学生公寓之外,也展现了利普斯在坦岑贝格寄宿学校的时光。汉德克本人虽然反复提到斯洛文尼亚的作家——特别是来自密斯河谷地区(历史上属于克恩滕,一战后划入斯洛文尼亚)的农民儿子普·沃兰茨和来自喀斯特的斯雷奇科·科索维尔被汉德克反复提起——,然而这两个作家的东西却从未被汉德克翻译过,除了《关于乡村》里面科索维尔的诗选之外。

斯洛文尼亚人在克恩滕的总人口中的百分比仅占一位数,与之相比,坦岑贝格的斯洛文尼亚人口数量早在战后已经明显地显现出来,因为"约三分之一的学生——还有行政官员——都是斯洛文尼亚人",这或许和这个民族勤劳勇敢的品质以及他们选择将克恩滕在经济上较弱的区域作为居住区存在关联。就连由汉斯·维德里希主办的寄宿生报纸《火炬》在刊名的选择上都没有在卡尔·克劳斯那里寻找灵感,而是效仿了弗洛里安·利普斯主办的斯洛文尼亚与寄宿校报《克雷斯》(Kres,意为:冬至日点火)。这些斯洛文尼亚族裔人讲的独特的德语一般情况能够听得出来。无论是斯洛文尼亚语方言还是在南克恩滕比较普遍的混合语言都被称为"温迪施语",它们同时都是不地道的德语的代名词。在种族上,尽管他们是讲斯拉夫语的人,但是被称为融入积极分子,这些人甚至成立了"温迪施人联盟",曾是克恩滕民役组织的下属机构。

通过去往南边的旅行,前往旁边的斯洛文尼亚以及后来穿越其他国家,汉德克不仅仅在地理方面开阔了眼界。1964年夏天,他和同窗挚友莱因霍尔德·威斯纳在克罗地亚亚得里亚海岛上的克尔克岛度假,《大黄蜂》的部分章节就在那里写成。"他心中的国家地图,'他的'南斯拉夫地图不断地扩大"。克罗地亚元素在《再次献给修希底德》里面还扮演着很核心的角色。"这些对南斯拉夫的最初印象为他构建起了一个理想国,它后来完全具有了神秘色彩,简直变成了'向往之国',是他心中的另一个欧洲的典范国"。面对出身,汉德克在心里保持着肯定和认同的态度,并一步步地开始行动,首先夺回自己失去的童年王国,然后再将它进一步扩大。"能让我提起兴趣并且有所触动的人,他一定是不背叛自己童年的人。文学是一种坚守,未必是对童年的坚守,但却是对孩童与纯真的坚守"。

汉德克始终坚守的除了出身,还有他的人格与自己的主观认识。事实上,文学与政治的对立始终陪伴着他整个的创作:"在我看来,这是最丑陋的谎言:调集全身才华去作诗,去制作文学,而不是直抒胸臆。这是唯美主义,这样的文学简直可以让我窒息。我的写作遵从我的内心。"毕竟以自我为出发点和以自我为中心,并不代表不用清醒的眼光看待世界的变化,而相反,"假如今天德国电视一台的每日新闻报道了来自越南的画面,那我就会去思考,我是否可以基于这些画面来进行文学创作"。借助分散引证和剪辑形式,通过聚积,在业已媒体化的画面里首先将产生去伪装化了的拼贴图。这样一来,大事件宏伟图像的一面与事件概略图像(以《短信长别》为开始,在《真实感受的时刻》里得以触及)的另一面交相呼应。让《我在无人湾的岁月》和《露西和某物在森林》的故事发生于近在咫尺的未来的汉德克最终转向了未来:孩童——未来的象征——明显的成为了他的兴趣中心,也据说有时可作为"他暂时从眼前的世界脱身的借口"(K 17)。孩童促使他跨出自己的眼界进行思考:"在汉德克看来,并非能够被迅速划入自我特权的他者,它的范例便是孩童。"

当早期经历——距离越久,则越遥远——消失在没有记录的一片模糊中,导致对它的追忆变得愈加困难时,当意识到"来自低社会阶层,属于无名阶层中并不光彩的新贵"在众人中间成为先驱者,出人头地成为榜样,在频频亮相中树立起自信时,这样的雄心与抱负便变得不再难以理解了:"以及那些长久的逗留地点也平淡无奇 | 地图上往往并没有标注 | 或者本来就是无名之地。"(GD 34)并非一蹴而就,而是循序渐进,就像阿达尔贝特·施蒂弗特在其《晚来的夏日》中在数百页之后才使用名字来称呼他的海因里希·德雷多夫。

在作品《图像消失》中,一方面是最终消磨逝去的幸福时刻,另一方面是挥之不去的恐惧状态。反复表现一些主题、图像与暗指的原因并非空穴来风,反复围绕控制恐惧的源头——杏仁核——来做文章并不是刻意为之,而是实事求是:

> 当然,描述只是一个回忆的过程,但是另一方面,它又无法为下次保留下什么,只是通过尝试尽可能合适而贴切的表

达方式,从恐惧的状态中找到些许兴趣,从那恐惧的愉悦中创造出一种回忆的愉悦。(WU 85)

这些单个现象在个人体验中最为常见。因此次要与主要、中心与边缘之间可以相互转换,甚至对立关系本身也可以消解,因为它们无一例外都是"片刻和瞬间,同时其体验成分大,且同自重相当——从作者的视角看待,在体验中,一切边缘就都消失了"。汉德克不仅致力于帮助处于边缘且受到忽视的东西进行价值发现,而且力排众议,将它们当作关注与表现的对象,使它们战胜并取代居于主流支配地位的东西——众所周知,无论在当今还是过去——后者在其作品里占据的空间虽明显不大,却居于极其关键之处。

被视作典范的是作品《试论使用一个故事替换另一个故事的驱邪术》(NT 87—89),其中显而易见地展示了一个道理:即必须呼吁多少次和平,才能够真正对抗暴行。返回奥地利之后,汉德克通过《缓慢的归乡》,将归乡收录进历史之中:"这里的归乡除了代表对自己的出身、过去和昔日故友们的惦念与祭奠之外,也意味着对过往故事的回忆。"值得一提的是,当汉德克面对赫伯特·甘珀(Herbert Gamper),并向他表明自己拟借艺术来表现历史的意愿和决心时,作家本人激动得语无伦次:"我的意思是,只要我能做到——目前来看可以说,至少是我的印象,我常常能做到——富有成果的钻研,那我随时都愿意,在每一个历史故事中进行钻研。"(ZW 132)

借助虚构,历史变得富有成果,就像《无欲的悲歌》中所表现的那样,生平经历背景在创作中被拾起并得到表现:"在四部曲(并不仅限于此)中,通过对远与近、艺术编排中的想象与回忆这种对立关系的游戏般处理,对归乡现象的效仿得以实现。"然而回归到格里芬镇,定居的现实还是没有出现,尽管汉德克曾在二十世纪七十年代曾经乐观地认为:"未来有一天,我一定会再回到儿时的地方去居住和生活。"毕竟:"缓慢地归乡〔……〕对他而言是每一次启程的目标。"

汉德克的弟弟继承了在战场上死去的两个舅舅的名字,迄今为止,他一直住在阿尔滕马克特。"汉德克放弃继承父母房产中他自己的份额,却希望多年以后能够将房产买下来并留给弟弟汉斯·格里高尔"。这种方式的亲近既是一种情感上紧密的亲近,也同时是一种被羞怯、转向和距离所影响的亲近。

通过他者抵达自我:走很长的路回家

汉德克搬到了萨尔茨堡,住进了同样来自格里芬的汉斯·维德里希的家里,他支持并帮助着汉德克探寻自己的斯洛文尼亚身世。坦岑贝格寄宿学校的伙伴利普斯在《寄宿生贾兹》中记录的汉德克的反抗,要比利普斯本人的反抗更多。因此,作为马赛克石,翻译工作亦可纳入归乡项目里,这一点在《去往第九王国》的第一部分中得以证实,至少《寄宿生贾兹》的最后一句话里出现了单词"柯巴尔"(Kobal),变成了《去往第九王国》中主人公的名字。在当时的克恩滕教区主教(坦岑贝格的最高领袖)埃贡·卡佩拉里面前,汉德克将这部作品称为"一部用来诠释斯洛文尼亚语言精神,以及语言中所蕴含的精神再适合不过的作品"。鉴于利普斯语言中不容忽视的古风和地域特征,汉德克难以撇开与克恩滕之间挥之不去的深远联系。在十九世纪下半叶的几十年中,至少在文化领域,克恩滕尤其由于其首当其冲的处于边缘地带而成了斯洛文尼亚语的核心地带,而在汉德克眼中,这更是始终如一的事实。

在翻译的过程中，其实当我仅仅翻译了利普斯的《寄宿生贾兹》中的最初几句话之后，我就发现这就是一直以来我心中的那个斯洛文尼亚世界，它总算是被语言给描述了出来。

如果将 Zmote dijaka Tjaža 逐字译为"小学生贾兹的困惑"的话，那么克拉根福就会再一次成为人们关注的焦点：和穆齐尔之间迷惑性的密切关系（至少除了寄宿学校类型小说和开头情节中的火车之外，没有其他引人注目的关联）变得扑朔迷离。小说的作者原本倾向于一个朴实而中性的标题，而小说的译者则坚持将（就连在斯洛文尼亚语中也）富有异域风情的名字（包括其抑扬符）也放进标题里："题目最终是由汉德克确定的。利普斯原本打算将姓名中的名字去掉，而将小说命名为'寄宿生'（Der Zögling）。"

汉德克翻译的第二部作品是利普斯反对教会干预政治的控诉作品。在利普斯之前，后来改信天主教的北美作家沃克·珀西的作品《看电影的人》，也正是以此为题材。在汉德克所掌握的语言中，他的法语和古希腊语，乃至英语都远要比斯洛文尼亚语强，但对这些语言的翻译却也都是后来的事情了。更大的诱惑力显然源于对距离遥远的语言的解码，这些最初的翻译往往乐意凸显陌生语言在词法和语法方面的特点——比如斯洛文尼亚语中没有过去式、冠词和语法用语中的双数。翻译对汉德克所带来的推动作用还有一处体现，即他《左撇子女人》中的女主人公也是一个译者，并且出版社曾这样劝她："请您努力，争取不要像我的很多译者那样，最后在我这里看到这种温和而悲伤的眼神。"（LF 69）然而这也可以表明，汉德克首先通过最初的亲身翻译经历懂得了翻译相对更高的价值。在《一个作家的下午》中，汉德克让身为译者的作品人物对主人公所说的话——"只有成为翻译家之后，我才愿意死在写字台前面。"(NSch 82)——在近乎同时期他与赫伯特·甘珀的访谈中被几乎原封不动地重复了一次,他指的其实就是他自己:"我料想着,当死亡忽然降临时,那时我正在翻译,而不是正在写作。"(ZW 113)后来他又提到了翻译和写作的区别:"在翻译的过程中,人们可以在水下清晰地看到一座沉没之城的结构——当然如果您往水里看时——在写作的过程中,您则需要先潜入水下。"(ZW 197)与充满风险的写作相比,翻译虽为一种形式的干泳,却同时能实现一种对陌生与未知的融化吸收。

斯洛文尼亚语同时作为语言和空间,能够给汉德克提供这样一种镜像反馈的可能性:"行走在那片陌生又熟悉的地方,他感受到了儿时经历的重现,特别是在对他者在视觉和经历的体验过程中。"这一过程不能太过于刻意,也不必精心策划,一旦过多的投射和幻想参与其中,那它们就很容易在现实的礁石上撞得粉碎。这样的顿悟也强求不得:"或许越找寻,就越难以寻觅"。而另一方面,它们也不会使没有行动的人不期而遇,保持行动的状态,并做好迎接的准备,这是与曾经再相遇所必不可少的前提——这里的曾经与"原本的当初"之间的一致性,或者说可比性是极其有限的:"'找寻曾经'进一步的意义或许正是'找寻相遇的力气'。"(GB 202)

找寻曾经蕴含着连接和纽带。通过尚有待于编织的关联,可以产生一种持续。反正归乡的目的就是到达此刻的此处,由此一来,《缓慢的归乡》拥有了一个凯旋而欢呼的双重结局:"这就是我!"(LH 203)和"这就是现在!"(LH 205)最后,面对媒体所宣扬的恐惧,在愿景(Inbild)耗尽了力气之后,汉德克放弃了自己对世界对立面的构想,重新审视了"位于身边"和"距离遥远"两者的位置关系,就如一直以来处于边缘和居于中心间的关系那样:"我环视了当今的世界——这在我看来并非一个不一样的世界,而是一个经描摹后的现存世界,一种对边缘的强化,一种当下。"

他者,以及他处某地(Anderswo),两者特别在处于归乡时刻时,会显得尤其当下与现实。借助重现,人与人之间的联系再一次变得可能,观察者变成了行动者,但绝非施暴者:

> 每次眺望这座城市时,都不会再次出现(以及确认)在他处经历过、本以为已经消失的其他时间?[……]"要获得再现的感知力。到下面去找那些人!"(LH 205)

在汉德克眼中,尤其在二十世纪八十年代,斯洛文尼亚就是他者的代名词。就像在一本合版的口袋书中所表明的那样,《为塞尔维亚主张公平与正义》就是《梦想者告别第九王国》的续集,"它其实一定就是在'为斯洛文尼亚复仇伸冤',汉德克丢掉了自己的没影点"。汉德克坦然地承认,他的确曾尝试着在斯洛文尼亚找到自己的第二故乡,并且表示对他来说,塞尔维亚无法成为第二个斯洛文尼亚:"对我而言,塞尔维亚过去是,现在也是一个陌生的国家。我完全没有在这个国家为自己寻找过故乡。"

他数次表达了自己对东正教礼式的好感。在教皇支持北约空袭塞尔维亚之后,他对天主教失望透顶,并公开声明(这只有在德国和奥地利才是可行的,因为纳粹时期引入了教堂税):"我,作家彼得·汉德克,作为受洗的忠诚天主教徒,在此宣布退出天主教会。"在天主教看来,受洗的圣礼永久有效且没有办法取消,但或许教会可以将令自己讨厌的教徒逐出门外。

尤其在克恩滕,斯洛文尼亚语只被保守人士和农民使用。日耳曼化在积极地推动同化,在农村范围内,往往只有出生在农家的斯洛文尼亚裔的神职人员,比如来自盖塔尔的诗人、语文学家和民俗学家乌尔班·贾尼克(1784—1844),以及来自罗森塔尔的出版家、政治家和圣-赫玛戈拉斯-兄弟会和姊妹会的创立者安德烈·恩斯皮勒(1813—1883)还致力于呼吁保护斯洛文尼亚语,因为他们从自己的亲身经历中明白:

> 大多数斯洛文尼亚人都处于较低的社会阶层,他们要想实现社会阶层的跃升,那么只有通过使用德语来接受教育。哈布斯堡王朝分崩离析之后,在由"泛德意志人"强制推行的保卫民族性运动中,只有教会作为同盟者在背后支持。

格里芬所在的尧恩河谷流域是克恩滕斯洛文尼亚人口占比最大的地区,尽管如此(或正因为此?),在那里,特别是在十九世纪,这样的杰出人物屈指可数,因此这一片地区在历史上也鲜有记载。这个遗憾后来因《大黄蜂》而得以改正:"这是我的第一本书,讲述关于我先祖故事的书。"(NB 86)此处的故事具有双重意义——一方面是一个极其强大的、关于这个世界的故事,另一方面也是一个缺乏个体性的故事。里面的祈求"在关于我先祖生与死的故事里,请让我凸显出来"(GB 129)正可以这样来解读。对炸弹和大黄蜂的混淆互换,乃至将两者等同起来,这种对立与互动在作品中拥有丰富的画面感:正如书名中所透露的那样,作品首要地讲述了一个以苍白的历史为背景的家庭故事,同时汉德克正确地把握住了关系,将焦点聚集在那个昆虫般大小的东西上面,同时将事情的主要方面充分而全面地置于目光之下:"好了,就是这个距离,刚刚好。[……]距离太近:已经不再与目标存在联系。——距离太远:虚假的和谐。"(ZU 99)

汉德克从自己的见解和经验出发,采用一种归纳式的操作方法,本质上对被调查者、调查者和媒体都不信任:"近视和远视同时汇聚于一点:当出现近视时,远视得以显现:遥远的塞拉利昂山脉因韦格拉斯植物(Weggras)而变得不再遥远。"(ZU 119)回顾"他的"作品,《我在无人湾的岁月》中的讲述者正好强调了民族成分:"现在这个'半睡半醒的故事'所反映的就是战后农村的生活,里面的人物都曾是斯拉夫的普通农民们,他们中间的很多人都失去了儿子,他们的儿子为与他们从未相关的德国而战死。"(NB 86)

即便只是间接表现出来的,但处于关注焦点的中心位置的,就是缺席者。在格里芬斯蒂芬特教堂里回忆耶稣受难的祷告词手抄本(H 112f)中删掉了耶稣的名字,就是展示那个虚无中心(leere Mitte)的一个早期范例,这让人想到了新小说派,例如在阿兰·罗布-格里耶的《窥视者》的中心,谋杀的场景略去。它对《大黄蜂》的作者所施加的典范式影响后来多次得到(特别是作者本人)的坦诚。由此一来,世俗化,去本质化,仅借助次要、通过外围来接近,则成为了追求的目标。另一方面,在《圣经》十诫第二条的意义下,面对宗教的观念和价值,敬畏和尊重也可借此得到了表达。用一种陌生语言所表述的神的话语(H 112f),通过两兄弟像扔皮球一样一人一嘴地讲了出来,它们的功用类似于轰炸机的魔力,无规律、整体而突兀地出现在前后关联里:"至于连斯洛文尼亚人都感到陌生、已不再算是斯洛文尼亚语口语的对话场景,汉德克在作品中不会对它进行解释说明,对话结束时,依旧能够听得出人们对作品里反复提到的轰炸机的恐惧。"斯洛文尼亚语反复被认为具有神秘特征。在影射圣经里的参孙主题时,汉德克也触探到了他第一语言的原始力量,而由于跟随父亲移居柏林的缘故,他便因此而离开了这个语言:"我最先掌握的语言应该就是斯洛文尼亚语。后来,当地的理发师告诉我,在我初次找他理发时,我连一个德语单词都听不懂,当时的交流使用的都是斯洛文尼亚语。"(LSV 88)和埃利亚斯·卡内蒂的保加利亚语类似,斯洛文尼亚语在汉德克那里也遭到了清除,他与自己的出身之间的时空距离就是一种情感的距离:"我自己想不起来了,几乎已经忘掉了那个语言。(我可能一直以来都有种错觉,感到自己的出身或是在别处)。"(LSV 88)经过几年之后,他通过学习再次拾起了斯洛文尼亚语,并且翻译了亚诺斯和利普斯的作品,于是他在和彼得和洛伊兹·维塞尔(Peter und Lojze Wieser)的对话中感到了有史以来的亲近,但是至于民族认同感,还依然远远谈不上:

> 当然,我感觉自己——无论以何种方式都是,我只能这样模糊地说——属于斯洛文尼亚民族,然而我却还做不到为自己划界,也就是说我无法用语言说出来,我无法让自己去宣称,我确实还做不到去这样申明。(NNL 109)

第二章　启程——往家的方向

1　十九岁少年的一封信

在这位十九岁少年写给母亲的一封信里,他第一次提到了斯洛文尼亚语。对此,他并没有从地理方面讲起,而是作为题外话,提到了十九世纪俄罗斯的古典音乐:

> 在我给您写这封信的同时,留声机正在播放着柴可夫斯基的《意大利随想曲》。这种民间的有些变态的音乐——也许可以称之为:白痴音乐——我竟然很喜欢听,犹如震耳的军号般突然爆发,再由强到弱,我傻傻地倾听着这令人兴奋的俄罗斯式意大利古典民歌,心里默默地骂自己是一个傻瓜,但也并没有因此生自己的气。

高雅文化和民间性,罗马潮流和斯拉夫热情,在它们此消彼长、相互交融的过程中,偏见与对立渐渐形成。至此,作家试图去表现日常与崇高这对概念的构想已经完全得以确立,并且沿用至今。在这里,一个保持着孩童般纯真的人并不会以谨慎、察觉和反思的视角去讲述,这是那种踏上找寻新的母子关系之路的人方才能做到的事情,但这也绝非是一种颠倒性或者复辟式举动。音乐,特别是演奏乐拥有一种力量,可以对概念进行瓦解,让原始传记材料的重整变得可能,并——就如同斯洛文尼亚语在后来愈加明显地展现出的那样——被证实为"本源的义肢"(德里达)。采用留空来进行影射的手法,汉德克对此运用得自然非常老练,毕竟他的时空"地方时"将此时此地挡在了门外。进行解释并单纯触及外围,这都归属于体系,并且拥有一套方法:"避免完整——追求空缺。只去影射法律,围绕着它,但只触及外围。"(ZU 119)

与其说斯洛文尼亚语是一种有意识的回忆,不如说它作为占位符号,代表着一种出生之前已经逝去的东西。在信中,后来在文学作品中更是这样,斯拉夫语总是出现在与宗教相关的认知与概念之中:

> 你知道吗,假如我现在有钱的话,那我最想买的就是莫杰斯特·穆索尔斯基的歌剧《鲍里斯·戈都诺夫》其中的一幕。或许你还记得:在圣诞节时,我们曾在收音机里听到过一次,是鲍里斯精神错乱和死亡的那个场景,用塞尔维亚语唱的,"主啊,请让我的心灵安息吧!"还记得吗?主啊,请让我的心灵安息吧。主啊,请让我的心灵安息吧。这句话要是用斯洛文尼亚语读出来,不知会是什么样子?

汉德克对约瑟夫·海顿表现出尤其浓厚的兴趣,这也是有原因的,这个作曲家对斯拉夫及其"中欧国家们"表现出了明显的亲近(NB 541)。海顿的皇帝四重奏的旋律——结合霍夫曼·封·法勒斯雷本所写的诗歌《德意志之歌》歌词,即德国的国歌——源于克罗地亚布尔根兰族的民歌 *Ujutro rano*(德语意为"清晨")。

斯拉夫的区域不仅自然地向南延伸，而且不断地朝着东边扩张：

> 他甚至反感音乐了，无论民歌还是十九世纪俄罗斯的作曲作品，他感到被"旋律中并非无缘无故遭人厌的平行五度音"吸干了血（而我在他的年纪时，蜷缩在位于卡伦山上的我那间漆黑的学生宿舍里，整夜整夜的在穆索尔斯基的陪伴中认清了这些）。(NB 388)

在这样的背景下，塞尔维亚语在俄语和斯洛文尼亚语之间所扮演的中介角色令人惊讶：通过强大的南斯拉夫语，汉德克把大斯拉夫和不引人注目的本地斯拉夫语联系了起来。但是他怎么能听懂塞尔维亚语呢？难道他无需对事实进行了解，在语言不通的情况下就可以猜测并推断单词的意思？还是母亲在语言方面给他提供了帮助？他也确实向母亲打听过单词在母语中的意思。斯洛文尼亚语和与之相比差别极小的塞尔维亚语词汇，它们可能是汉德克通过格里芬斯蒂芬特教堂的礼拜仪式学会的。后来他不断从罗马天主教向东正教的方向延伸。斯拉夫语中的名字"弗拉基米尔"(Vladimir)可以翻译为"沃尔特弗里德"(Waltefried)，在《我在无人湾的岁月》(NB 508)和《露西和某物在森林》(LW 70)里面被写作 Wladimir。如果将俄语和斯洛文尼亚语视作极点，那么塞尔维亚语则在无意中走入了视野的中心。如此一来，或许同心圆可以被视作为一个最恰当的图像？

汉德克把话语当作音乐，将他个人倒译回斯拉夫语。此时，独特性被坚定地置于了优先地位。随意位于眼前的"弃儿们"，那些在作品甚至剧本中的斯洛文尼亚语痕迹，它们作为可以设置的闯入者并非旨在被辨认或破译，却印证了语言的先语义认知。

越过语言的河流译出

异化而非归化,拒绝目的语的束缚,保罗·策兰的译道主张也正是汉德克所坚持的:"(西里尔字母,朋友们,也包括它们│我跨越他们的语言,│跨越莱茵河。)"在此,他既重视单词,也重视词与词之间的连接方式——即"话语":"曾在翻译的过程中,我的目标并非一定要将斯洛文尼亚语的独特性展现出来,而是它的某些东西比如语法用语中的'双数',这是一门没有过去式和被动态的语言。"例如利普斯小说中的主人公的名字始终被译作"贾兹"(斯洛文尼亚语中没有前面那个冠词),而小说的叙述时态也被译成完成时,但汉德克明显地超越了对斯洛文尼亚语独特性及其相比于德语的差异的展示。通过对标题《口头与书面》的忠实翻译,他借助对口头传统的模拟而同时实现了近距与远距感知。

他者的陌生之处必须得以展现,无论是蕴含于字词句中的陌生,还是存现于预制语言画面里措辞表达的陌生,这在汉德克级别的分析者和观察者眼中丝毫都不意外——比如话剧《预言》里面累赘的比喻堆积——"所能做到的恐怕只有那些惯用语的翻译,而能翻译的,或许也只有那些画面了"。汉德克不屈服于诠释的诱惑,而是接受潜藏于语言画面背后的影射,并将其简练地表达出来,尽可能地避免额外的添加。"斯洛文尼亚语或者克恩滕式斯洛文尼亚语的惯用语[……]并不会被德语的对应替换,而是尽量被字面地翻译。[……]甚至地域性传说,传统和物件也不会被德语化,而是尽可能的让它们在各自的语境中得以保留,避免过分解释。"

人名及藏于其后的方方面面必须借助某种变通方式,如通感和同名人等进行重构。唯有通过他者,方才能再次将缺失的自我

传达出来。一系列自我眼中的理所当然必须借助他者的经验来解释和说明。地名也是同样的道理:

> 应该将地名叫出来,还是让它们沉默[……]因为过于熟悉,因此奥地利的地名被证明是沉默的。[……]他在这里所指的是根源和认同,仅仅且只从历史地貌中便可创造出未来。[……]绕路通过陌生的国家是避免不了的事情[……]这样奥地利那些听起来神秘且充满诱惑力的地名最终才能够被叫得出来。

叫出它们的名字(我直呼你的名字)

就像在童话中那样,虽然明知道名字的吸引力,但却不敢叫出物品、特别是人的名字,在作品《露西和某物在森林》中,这样的胆怯被集中表现出来。完全能够被识别出的某物,在不剥夺它的魔力的前提下,无法被命名。有待于被命名的东西,越靠近自己的生平经历,那么对汉德克来说,就越难以表明它的身份。像他这样的当地作家,每次都是以地形地貌作为开头:"对我而言,地方就是空间,它形成了一种界限,并创造出了经历和体验。我从不会将一个故事或者事件作为出发点,我的开头始终都是一个地点。我并不想描写这样的一个地点,而是想讲述它。"(ZW 19)特别是当他返回到奥地利之后,一个个地点才开始能够分别按照其各自的名字得以被讲述:"比如我从来都无法做到……在我四十岁之前,我无法做到在作品里[……]使用奥地利的地名。"(ZW 141)这种在名字面前所表露出的胆怯由来已久。直到很久之后,在《我在无人湾的岁月》中,作品人物才迎来了各自的名字,仿佛它们在很久之后方才能配得上自己的名字似的。另外,因为汉德克非常重视观点和见解,因此他不相信眼睛看到的东西,故"奇特的是,一直以来不叫出名字[……]尤其变成了表明汉德克民族写作的指示器"。这或许与他早在幼年时就必须同时面对两种语言的事实不无关系,一种是顺理成章的语言,一种是流离失所的语言。

舅舅格里高尔用斯洛文尼亚语记录下如何改良水果种植的指导说明。(大家应该都还记得歌德《亲和力》的开头部分吧)在他留下的遗产当中,在那些他从前线寄回家,因不得已而使用德语所写的书信和明信片中,战争的负面与"所有削弱战斗力、削减士气的事情"是不允许出现的。这些信件(同时也有纯粹出于语言方面的考虑)是当时十九岁的汉德克所能看到的一切。汉德克后来在《去往第九王国》这部作品中提到了1936年在马里博尔果树学校记录的内容。从作品来看,斯洛文尼亚语或者全体斯拉夫语言是否就是完好无损的福祉语言,而德语则是导致名誉丧失的灾祸语言呢?通过斯洛文尼亚语——概念以及它并不陌生的乡村风貌和单纯无邪的目光——的净化,德语是否能够让陌生视角审视其丢失的自我成为可能呢?

> 如今我把舅舅格里高尔的信件都读完了。(我会把它们一同寄去)。难道真的可以像他那样,一边咒骂着这个糟糕的世界,一边却又向往着一种不可名状的东西,即他所谓的归乡?!难道能够把对上帝的祈祷作为安慰(或者又该怎么表述呢),然后便可以开心而天真地像个孩子那样无忧无虑?!时至今日,谁还能做到这样?这个混蛋的、美好的、可怜的世界,他这样写道。

似乎是受到了斯洛文尼亚语的左右,因此汉德克创作早期中的女性形象,的确与同时期的斯洛文尼亚经典作家笔下的女性形象相类似:上至伊凡·参卡尔任劳任怨而乐于奉献的母亲形象,下至普·沃兰茨《野生之物》中坚定无私的私生子母亲梅塔。在离乡者和受驱逐者的眼中,归乡已不再是现实的可能,它仅仅代表着一种安慰。在身处故乡之人的眼中,被动地等待着一丝确定性成为了不言自明的信心:

> 但愿你有充分的忍耐、勇气和定力去接受这些,就像我们的家族迄今为止所接受的那些不愿意接受的东西一样:纵然令人咬牙切齿,但是仍然必须接受,尽管令人反复的咬牙切齿。你们女性们在忍耐性、勇气和定力方面与男性完全不同——母亲们则尤其是这样。阿门。

这句话同英格博格·巴赫曼在《外国的女性们》中的最后一句话交相辉映,后者也并非无缘无故地中断——"不,或许斯拉夫女性们确实是最令人惊讶的"。

在一开始的初稿中,人们在《无欲的悲歌》中还能看见汉德克母亲的名字,但或许出于对距离感和普遍性的考虑,这个名字在最终出版的作品中消失了。事实上,这个名字曾经被用到过,在罗伯特·穆齐尔的作品《斯洛文尼亚的乡村葬礼》中:"平静的男低音主宰着一曲令人赞叹而悲伤的歌曲,而我只听懂了献给可爱的玛利亚的那些陌生词句。"

先祖的话打破了这种幻觉,即"我们只是误以为讲着自己的语言,一种被称为母语的语言;但事实上,我们是自己心中反复回响的声音的交叉点——说话的人不是我,而是有人在说话"。这种在语言本质方面的思想多样性不是人为可控的。缺席者们在自己的语言中继续着生命。这个自我之中的他者必须被翻译出来,才能够忍受这种巴比伦式的喋喋不休。作为对出路的一种构思,汉德克经历了一个小小的五旬节惊喜,它使得通过翻译来寻找解脱变成了一种多余的做法:"下面那些走动着的人所讲的方言,在远处听起来就像是集所有语言于一身的语言一样。"(LSV 134)

差异使得导致惊吓的画面褪去颜色,而距离让这样的差异得以清晰地显现。昆虫不再是反复出现的轰炸机的联想。在回忆里,近与远变得清晰而可区分:"大黄蜂的嗡嗡声单纯只是警示噪音。蝴蝶们——每次都是且从来没变过——则是'我逝去的人'。"(LSV 54)难以忘怀的故事和重要的影响人物长存于无形与不可见之中。他们在那里能够找到幸福并得以解脱——并非世俗化,而是对基督教民众信仰的泛神论式扩展——成为"蝴蝶,诗人克里斯蒂安·瓦格纳将蝴蝶视为'神圣的逝去者们解脱了的思想'"。(LSV 45)实现这种解脱则必须先从过去中剥离而出:

> 信念,一种必须完全忘掉过去,从而无需再忍受的,痛彻心扉的信念:我必须要失去记忆!(GW 85)

2　大黄蜂(1966)

早在汉德克的处女作《大黄蜂》中,已经出现了主宰他日后所有创作的主题:对这个世界的可叙述性在实质上的怀疑,对这个世界难以磨灭的向往与渴望,以及作品深刻的自传色彩与作品样板式且流于形式的普遍性之间的紧张关系。在不虚构、无创作的意识前提下,组成万花筒般精彩纷呈的孤立叙述片段,展现着人们对经历与阅读的回忆是如何被逐渐淡化的。作品中的"情节",片段式地重现了在很久以前曾读过的一个故事,它勾起了对自身的一些创伤性经历的回忆,而经历是否真实,这一点则并不关键:"然而他的回忆并不具备可信度,他说想出来的东西,也并不需要是真实的,[……];只要听起来给人感觉有可能并且符合想象,让人感到可信即可。"(H 275)语言中所潜藏的,常常是难以再挽回的东西。《大黄蜂》是一次回顾式找寻,一种对历史的修正——借助归纳法,它能够围绕独特的个人命运,通过坚持不懈的解构,进行跨个体的揭示——一种汉德克在创作期间始终如一所坚守的策略——而同时避免对历史事实的触及。

作品围绕着主人公死去的弟弟格里高尔·贝内迪克特展开,但是格里高尔却从未成为叙述表现的中心,仿佛唯有借助次要方面,主要方面才能够被领会;难以理解与难以言表之事,唯独借助对其边际现象进行细致精准地描述,方才能够被了解和掌握。因此,直到小说的倒数第二章节"故事的产生"(H 271—276),每个故事片段之间如此松散的原因才被逐步解开:

> 这本书讲述的是兄弟俩的故事,其中一个后来独自去寻找失散的另一个时双目失明了。书里并没有完全讲清楚这位少年是怎么失明的,只是多次提到当时处于战争状态。然而关于这个不幸并没有详细的描述,或者说他忘记了。(H 272)

作品以最后一章节"记忆的中段"(H 276)结束。失明的主人公在回忆里看到了他失踪的弟弟在一片冰天雪地中漫步。

汉德克在此处——后来则更是经常如此——就已经写下了另一个开始。雪地代表着留白,一页有待于书写的白纸。由此一来,结束变成了新的开始,或者用他自己的话说:"'下雪'和'开始',在他看来,两者就是一回事,除此之外再没有第二组词与之类似了"(NSch 54)。白色象征着擦除和新的开始,叙述汇入了故事中。结尾的句子用了现在时。(大约十年之后,借助回忆而回到现实的方式再一次出现在了《真实感受的时刻》里。)作品的目的在于为新的开始创造前提条件。通过接近他本人的最初生平故事的方式,汉德克发现,创作与现实之间是能够建立起关联的。因此,《大黄蜂》不仅是一种诗学意义的模型试验,也是一本献给故乡克恩滕的作品。

现如今,当人们开车经过汉德克的故乡时,高速公路边上树立的全大写体标牌"GRIFFEN RAST"非常醒目:标牌上面的多义词 RAST 指的是速度(飞奔,德语原动词为 rasen,第三人称单数为 rast)还是生活(逗留,德语名词,意为休息、歇脚),抑或是二者皆有?这正是汉德克期待的效果,他喜欢把本质或实质性的东西附加在括号里,以此将显而易见的对立悬置起来。"讲述故事:即使世界运转于惊人的悬浮之中"。(GB 167)高速出口的标牌上写着"GRIFFEN SLO":左转向北通往格里芬,右转向南通往斯洛文尼亚,这是很自然的事情。在这里,两个世界彼此接壤着,又同时相互交融在一起。

在彼得·汉德克的作品中,人们如果将语言、地点和人物这三项与童年、战争和教堂联系起来,那么就足以清晰地看到那个背景,它构建起处女作《大黄蜂》中不断重复的格言与汉德克的厚重新作《图像消失》之间的沟通桥梁。原话——"你走了还会回来丨不会在战争中死去"(H 5)一个字都没有变。只是图形排列有所改变:文本编排成了两栏——第二栏里面的"不"单独占一行,否定悬于空中,以示新的来源标识——"(拉丁文的预言)"(B 5)的正确性。只是在真正返回的时候,这样的愿望在两部作品的重要人物身上都没有应验。故事环绕于一个虚无的中心,空着的正是缺席的他者。

布拉格的多语诗人里尔克后来在瑞士法语区的穆佐定居,他曾这样说:"请原谅我,我选择用法语来表达,我找不到更合适的

表达方法……。"这个"无以言说的受害者,一个富有成效的缺席的受害者",就像最后的诗《果园》中所表达的,也适用于汉德克:

> 自儿时起的,
> 无数次分离已成过往。
> 无数次启程逐渐远离。
> 然而我总会归来,重新开始,
> 这坦然的归来解放我的目光。

> 我能做的,就是充实每一次归来
> 还有我永远都不动摇的欢乐,
> 曾爱过的东西像极了缺席
> 它促使我们的行动坚定不移。

因为对汉德克而言,不只有"'因缺席而生的光辉':[一种]漂亮的表达"(PW 29),他将"伟大的缺席的事物"(FF 95)称为自己的"心爱之物"。

缺席者指的就是先祖们:在二战的战场上倒下的两个舅舅,尤其是大舅舅格里高尔;外祖父母这一方,其中外祖父的名字也叫格里高尔;最后还有母亲自己。他们所有人都是斯洛文尼亚人。亲生父亲和继父都来自德国东部,他们有幸在战争里幸存,而他们的故事却没有被讲述出来。因为"能被称得上世界历史的东西,就不应该身在其中"(NB 734),如果"某个没有故事的人的讲述基于一个没有故事的家族的话"(GW 182)。"汉德克的众多作品从大的意义上来说算得上是家族宗谱:家族故事,关系小说,游记"。此处所谓的缺乏历史,指的不仅是没有被讲述出来的生平传记——因为整个作品可以被视作对个人生平及家族家谱的书写去阅读——，而且还明确指涉了历史处于缺位的事实。这样一来，斯洛文尼亚人首先在家族关联层面像是一个没有历史的存在，例如在与彼得和洛伊兹·维塞尔的交谈中："'那个促使我将它写出来的原因是，我出自于一个完全没有故事的家族。'［……］［反问］'即出自一个没有历史的民族中的一个没有故事的家庭'？［汉德克］'可以这么讲，这令我非常触动。'"（NNL 103f）

在同年即1983年的一份笔记里，汉德克认为，斯洛文尼亚人在时间方面和空间方面都具有不确定性，这也算是一种优点："斯洛文尼亚人不去组建国家，不愿意成为国民，这难道算不上是他们的一个优势吗？"（FF 114）在1990年斯洛文尼亚独立前夕，弗兰西克·鲁道夫创作了一部讽刺作品《斯洛文尼亚人的短故事》，在它的引言部分，作者以讽刺的口吻抛出了一个论点，它和上面的观点完全一致："有些民族根本就配不上拥有历史。其中之一就是斯洛文尼亚民族。他们在一个又一个的世纪中，都在为逃离历史而努力着。"

因此，汉德克提出了把历史与家族故事融合起来进行创作的构想："何时才能够做到让一个死去的人真正的回来，再一次站在那里，这必须是能够做得到的呀！"（GW 105）叙述的力量就应该在于对历史的演进进行修正，这正是后人所肩负的使命："你们有朝一日要为那些不该过早就失去生命的人，为那些被消灭的、你们的母亲的兄弟们报仇。"（ZU 10）因为只有这样，作家作为读者才能够有一种"童年的感觉：仿佛一些逝去的人或事，总算可以在家中欢聚团圆了"（AW 84）。失踪的舅舅已经缺席，他的位置由妹妹替代，他曾是汉德克的教父，去了克里米亚半岛不到一个月，之后就在战场上倒下了。家中的两个格里高尔凸显出了"缺席者和在场者的共时性意义"（W 256f）并激起了某些人"借助我先祖的故事去了解自我的求知欲"(A 24),这些人自己明白:"我靠着童年伤痕的养分在活着"(SF 28),那些战争及其后果带给他们的童年的伤痕。后来,汉德克借一位神职人员表达了希望:"我们借助自己的伤痕来治愈自己"(CS 127)。汉德克以写作为方式,从童年伤痕与战争创伤中走了出来,他同时保持着清醒,与自身保持着距离,并把文学家的劝告当作心理学家的劝告谨记于心:"为了活下去,就不应该始终托着童年的梦魇而不放下,特别是被战争直接摧毁的童年,和被家庭矛盾主宰着的童年。"

毫无防备的被迫直面时代的危险,而战后与战前仅通过停战那个瞬间来区别,这样的意识让他向往和平,"渴望幸福"(LH 7)。"我的第一个战争记忆,或许完全就是我的第一个记忆,它的反复上演"(UT 64f)至今依然迫使着我去表述,因为"如此的居于战争的中心,如此的处于盲目冒失事件的中心区域,我最多也就曾在儿时的睡梦中经历过"。(UT 137)

儿童因为对事物的恐惧而区分不了近远。伴随着"大黄蜂的轰鸣声,一整个编队的轰炸机在漫天烟雾中向地面射击"(W 289)危险越来越近:"每个屋顶的瓦片下,大黄蜂的幼虫在孵化,同时处于孵化中的还有战争。"(FE 30)甚至在祈祷的过程中都无法做到不担惊受怕:"圣餐台上铺着的织布上方透明的玻璃片在伸展,上面蠕动着将要死去的大黄蜂。很多瓦片上面都有陌生的语言"(ÜD 82),即斯洛文尼亚语。

田园生活和恐惧之感,两者在汉德克的思想上产生了深刻的影响,甚至体现在他最近[引用的]一个"斯洛文尼亚熟人"的嘲讽之中:"你现在必须得去拜访我的维帕瓦河谷:夜莺们和轰炸机们,它们在夜间往南飞行!"(UT 156)然而,与恐惧同时相伴的,还有向往和思念,它们面向一种痛苦的失去和缺席者。于是为了可

以继续思念,则不得不继续忍受着恐惧,毕竟:"童年的素材被耗尽,这是绝不允许发生的!"(A 218)

早年间频繁的地域和语言变换,让汉德克产生了"无根"的感觉。作为斯洛文尼亚人和德国人的子孙,他感到自己在克恩滕找到了双重的"归属"。适用于《大黄蜂》主人公们的这句话:"我们是否知道,我们是什么? 他问道。流氓和恶棍! 他自己回答了自己的问题,游手好闲之人,路匪恶霸和拦路抢劫者! 午夜幽灵! 他纠正着自己:杂种,混蛋!"(H 131f)也适用于作家本人:"我的母亲,我的外公和外婆,他们都是纯正的克恩滕斯洛文尼亚人;我也非常想这样来描述自己,但却无法实现,因为我的父亲是德国人,于是我只能说,我是一种类型的'杂种'。"(NNL 47)并且在他自己的画面里,那个远离城市而坚持前工业时代的农业世界的画面中,汉德克也始终是他自己童年的诗人。这样的影响,决定了他一生中对天堂的想象。"那就是儿时的风景,或许是起决定性作用的那几年,从四岁到十三岁。[……]再往后则脱离了出来,懂得了悲伤"。那些缺席的东西一步步的在现实中找了回来。儿时的语言铸就着身份认同,这是无法辩驳的事实。因为那时的方向始终都无法再被改变:"本来,我应该且能够掌握的只是我童年时使用的词汇——当然不包括句子——并且只是那些童年风景里的词汇。"(GB 164)

童年风景中最初的语言

人们之所以要寻找并向往着事物间关联,并且对此上瘾,有一个原因非常明确:"错觉,这就是其中的纽带。"(B 620)最初的语言就是斯洛文尼亚语,汉德克对这一事实没有任何质疑:"在当下,突然间穿越至过去,抵达童年。这并非回忆,相反,童年就属于当下的一部分。[……]多亏了那些斯洛文尼亚语词汇,童年现在又回到了我的身边。"(NNL 108)在贫乏节俭之下,这样的童年曾被乡间一幅幅数不清的画面所充实,"汉德克最初的画面都是用斯洛文尼亚的文字勾勒的。他童年里的词汇都是斯洛文尼亚语词汇,因此他无法从他的创作语言德语中创造出童年,而是必须回归到斯洛文尼亚语中去找回童年"。

在他出生的地区克恩滕,针对斯洛文尼亚语的实际分量和生命力,汉德克早在1979年,在他借(缓慢地)返回奥地利的过程为自己再次潜入童年而在语言方面进行积累和准备时,就交待得非常清楚:"早在我在格里芬生活的那个时代(距今二十年前),那里就已经完全找不到斯洛文尼亚人了。"虽然"在所谓的双语地区,包括在家族中间,尤其是在家里,[……]还讲斯洛文尼亚语,并且德语和斯洛文尼亚语往往在说一段话的过程中还交替互换(有时甚至在同一句话当中)"(AS 9),但是斯洛文尼亚语已经找不到自己的公众对象了。包括在《去往第九王国》里面,斯洛文尼亚语担当着游戏语言(vgl. W 71)的角色,这可被阐释为在公共场合施行语言禁令的又一个后果。

在抵抗运动和游击战争曾经盛行的南克恩滕,每个在公众场合使用斯洛文尼亚语或者公开自己斯洛文尼亚身份的人,都会给自己招来嫌疑,因为"没有任何一个身处国家境外[即斯洛文尼亚]的人懂得这种惯用语。就算有人懂,他也认为自己所掌握的这种语言知识是一种罪行或耻辱,因此尽量不让别人知道"。(B 118)随之而来的,"则是家庭和种族传统变成了一声叹息,'典型的-温迪施的-东方的',流传给了从祖先那里过来的当代人"(B 504),当然还包括"宗族或村族或'民族'典型的胆怯"。(B 692)

就算把彼得·汉德克塑造成为语言意义上的斯洛文尼亚人,

那么其前提条件也是完全缺失的。在柏林生活了四年之后，当时六岁的汉德克就连克恩滕式德语，这种下克恩滕使用最广泛的方言，都几乎听不懂了，至于"斯洛文尼亚语，当时六岁的我已经不能完全听懂它了，它对我而言［……］是一种神秘深奥的语言，也正是它的神秘性触及了我的内心"。鉴于它十分接近无意识和前意识，斯洛文尼亚语在很多方面都满足德里达提出的"最初的"语言（vorerste Sprache）这一标准：

> 有，如果你愿意的话，只有到达语言。［……］只有从这些"到达"，从这些唯一的到达中，才会产生欲望，一种重构的欲望，复原的欲望，但实际上是一种发明第一语言的欲望，它更大程度上其实就是一种最初的语言，注定承担着翻译记忆的使命。对未发生之事的记忆，对被禁止之事的记忆，以及正因为此而留下的痕迹，鬼魂，幻体，敏感但完全无法辨认的幻体成员，痕迹，印记，伤疤。［……］这样的最初的语言是为了给从未发生过的事情谱写谱系而发明的，是为了一个缺席的事件而发明的，一个在创造历史的东西中只留下了负面痕迹的事件，这样的最初的语言，它是不存在的。［……］它甚至连失传的原语都算不上。它只能是到达语言，或者说得更恰当一些，是未来的语言，是承诺的语言。

纵观人的整个一生，从开始到结束，人的欲求总是基于最初的开端（童年），基于对一个新开始的创造或重复性的回忆。"'欲望'所指向的东西，就是'彼此间相联系着的东西'，它暗示着性交或者一种分娩前的融为一体。"母亲与孩子之间的神秘合一无需语言也能够实现。菲利普·柯巴尔进入祖先的国度斯洛文尼亚时，穿过了由产道突变而成的卡拉万克山隧道："柯巴尔的隧道经历确实可以被理解为现实化了的产前存在状态。"

然而(受家庭呵护和被处于战争环境的周围用怀疑的眼神打量的)母子关系的第一语言曾是斯洛文尼亚语。尽管如此,这门语言在一段时间以来,对汉德克而言一定曾是一种失去的、堕落的和过时的语言。在蔑视方言的人的眼中,先祖们所讲的是一种"外来的、愚笨的方言"(H 21),一种"陌生难懂的方言"(H 34)。以单词"Hasch(大麻)为例,它(在外来方言里意为牲口喜欢吃的一种水生植物)"(H 23f)的实际意思虽然是"芦苇穗[或者]芦苇秆花穗,一种[箍桶匠]使用的密封材料",但是在汉德克的心中,它的价值等同于普鲁斯特的玛德琳:"幼年时我就经历了创造的体验,在听的时候,在闻的过程中——就像嫩芦苇一样,它曾被称为 Hasch(大麻)。将它折断之后——那味道我永远都忘不掉!"

人们所赋予另外一种语言的特性,它则完全不具备:"在外来方言里,无论是对看不见东西的盲人,还是对双眼失明者而言,单词是没有区别的。"(H 274)在二十年之后,源自"以斯洛文尼亚语词汇为基础的叙事诗"(FF 301)的魅力从观察世界时的这些差异中汲取了养分。然而最开始,叙述者在与众不同的缺席者面前妥协了:"在外来语言中,他不再能够如鱼得水。就像跟随自己的影子那样,他跟随着每一句经过他耳边的话,却连一句都听不懂。他试图去驯服它们,采用一种自言自语把它们说出来的方式,并反复斟酌自己是不是对每一个音节都熟悉;然而它们无法在他的大脑中唤起任何意义,于是,他便只能选择放弃。"(H 246f)

喋喋不休地诉苦

在很多地方,热烈而单调的喋喋不休都被视为空洞无意义的华丽辞藻,很多人把"演员规则"的首条规则,即汉德克在《骂观

众》里面将其置于首位的规则——在天主教徒里面倾听喋喋不休——,当作对自己天主教印记的讽刺性清算。然而:

> 就是这个样子。对我而言是显而易见的,斯洛文尼亚语,早在那些喋喋不休中,正如我在《去往第九王国》里面所讲述的那样,在那些喋喋不休里面,在那种信仰方式中,在那种存在、音调与观察的方式中。这一点对我来说很熟悉。它们总是触动着我的内心深处,而我的心也属于那里。(NNL 98)

显然正是这一影响,它成了一个关键且持久的影响:"难道我没有受到家乡村里的教堂中殿的影响吗?"(这似乎称得上是精神分析了)(PW 51)。汉德克进一步解释了处于边缘地位的、孤独的格里芬斯蒂芬特教堂是如何凭借着斯洛文尼亚语的喋喋不休,从而成了受到当权者认可的镇子中心的:"教堂和弥撒都使用斯洛文尼亚语。我就是这样被影响的:斯洛文尼亚语的喋喋不休,斯洛文尼亚语的圣母月礼拜,甚至斯洛文尼亚语的玫瑰经。"集体祈祷的形式越自由,则尘世间当权者的形象越暴力:"因为心伸向远处的地方,没有了国度,没有了逼迫,而同时——这必须得说清楚——无意识也伸向了远方。"同无意识之间的距离表现为语言的音乐品质,比如"在祈祷时,使用斯洛文尼亚语,拉长了的神圣的喋喋不休,一种呼唤,接近唱歌,最终相当缓慢的,只是轻柔的,转变"。(NB 643)弥撒过程并非一种怀旧复古式重现,而它就是一种具有身份认同特色的当下时刻:"它并没有将我带回到童年,而由于它,它就是我,我常常变得颤抖却并不无助。[……]我听到先祖们在讲斯拉夫语时,就如同听到了弥撒,这是正常的,也在所难免。"(NB 967)毕竟,斯蒂芬特的格里芬耶稣受难图是以斯洛文尼亚语来呈现的,即使其中心——耶稣的名字——是空缺的,它让《大黄蜂》中的贝内迪克特兄弟面对漫天飞舞的轰炸机的侵袭时毫发无损:"你听到了吗,我问道。这一阵子暂时又过去了,他说。我听到了,我说。它们不会越过这里的,他说。它们还要保存实力飞往一些更大的城市。我听到了,我说。"(H 113)于是,斯洛文尼亚语便成为了魔力和反制法术,后来也成为了陈词滥调。它不仅代表着一个位于他处的地点,也代表着另一个时间:"'斯洛文尼亚语是我星期天的节日'(弗洛里安·利普斯如是说。甚至在我身上也有一点这样的感觉)。"(FF 506),至于为什么说这是一件"在战争中一去不复返的儿子的节日服装"(B 341),答案则自然就变得不言而喻了。

通过"重现"向逝者致敬

克尔凯郭尔认为,与回忆截然不同,"重现"(Wiederholung)使人幸福,此观点与汉德克的想法不谋而合,它诞生于"一种向往,以唤醒逝者"(FF 28)并且"向逝者致敬"(FF 218)。正如在虚构中,哥哥"始终缺席地"陪伴着菲利普(NNL 88)那样,自然呈现出的逝者留在了汉德克的记忆里,使他产生创作冲动的,是那些"无以安葬的东西":"那些在泰加地带的被掩埋者,他们突然就出现在我的面前,在站台上的小叶椴旁以一种花苞的形状现形。"(NB 695)此处,缺席同斯洛文尼亚语之间的联系也同样被凸显了出来:"Odsotnost(斯洛文尼亚语,意为:缺席)对他而言是来自卢布尔雅那的朋友:'与秋天的平原相遇';他斯洛文尼亚的邻居回应着:'缺席是存在于广阔的沉默中的梦想'。"(FF 442)

艾略特否认了先祖与宗教及民族概念之间的牵连,此概念与汉德克的看法非常接近:"我们伴着死亡出生;│看,他们返了回来,并把我们一同带走。│[……]│一个没有故事的人│就不会在光阴里得到解救,对历史来说是一种永恒的瞬间。"

作者在很早的时候,就与已逝去的先祖格里高尔建立起了认同。他完全明白此举所意味的创伤:"重现:挣脱先祖;停止为他们的被捕获者,抑或是为了他们幸福的后代的坚持;但同时不会背叛他们。"(FF 231)在相似的情形面前,《图像消失》里那个半斯拉夫的女主人公的看法则更具有批判性:"那些力量,那些他[……]不是从某位先祖幸福的人生里(无疑不止这一种方式),而是从他的不幸与孤独的死亡里(对她所有的前人而言皆如此)所汲取的力量,于她而言,其间成了不义之举。"(B 10)

地名的魔法

汉德克曾说过,"只有在一些地名中,我才能辨识出民间文学"(GB 71),他在自己的故乡地区,通过斯洛文尼亚语和德语的交互关系阐明了自己的出身。在作品《大黄蜂》中,在那个反复提到的斯蒂芬特格里芬耶稣受难图(H 112f)前面,放着一本虚构地名目录册,其中的不少地名只有通过斯洛文尼亚语才能明白它们的意思,与此同时,受难图和地名目录册中的一些单词之间还相互一致。这样的解释自然是反过来才推导出来的,作为斯洛文尼亚语的特征,《去往第九王国》中记下了"很多场所地点的命名,那里曾经热闹喧嚣而如今却人去楼空"(W 209)。背井离乡、远离故土,在错误的时间来到错误的地方,他始终难以摆脱"扎根于内心的逃亡感和非法感"(NB 980)。于是作者想象着,"我的先祖们不知何时曾一定在那里[斯洛文尼亚]生活过,那个我无法向前回溯的地方,因为我外祖父曾在那里是仆人,这并不光彩"。汉德克的先祖曾从斯洛文尼亚逃亡出来,这一伴随上述弯路而产生的、根深蒂固的偏见,是否至少在另一个层面上能够被证实是真实的?汉德克自己也助长了这种难以佐证的解读方式:"我能够想象,我的先祖们不知何时曾辗转来到克恩滕,或许是逃亡过来的,具体情况我并不知晓。"

斯洛文尼亚式的自尊与自信曾是一种来自南边、从马里博尔引进来的产物,因此便得不到正眼相看:"我母亲的妹妹曾说,他的哥哥以爱国的斯洛文尼亚人的身份返回后,便挑起了家庭内部间的战争。"

格里高尔·肖茨和他的弟弟约翰虽然确实是以国防军的身份倒在了战场,但是这场战争并不是上面母亲的妹妹所说的那场战争,妹妹真正指的是南克恩滕的国籍冲突。这个遭所有人厌恶的世界战争能够持续下来,它的前线可以是家里的大门口,甚至连厨房餐桌的中线也可以成为前线。

> 我看到外公的大儿子朝着厨房的门走了过来,手里拿着一封从军队寄来的、写有他父母地址的信件,信的内容是有关另一个儿子的死讯,他光荣地倒在了泰加地带的战场上。我看到外祖父朝着门的方向走了过来,手里拿着军队指挥部寄来的信,信里告知了大儿子的死讯,他光荣地倒在了克里米亚半岛不知何处的战场。我看到外婆将双手伸向了跳跃着火苗的炉火,我看到头顶上轰炸机的影子从厨房的窗户上掠过,一时遮住了厨房的光线(WK 19)。

在汉德克还不到一岁的时候,两个斯洛文尼亚舅舅就已经相继英勇就义。因此,虽然上述画面是凭想象重构的,但是它们却刻骨铭心。在那个读书被视为不务正业的地方成长起来的汉德克很高兴能够拥有一个这样的前辈:他用笔来表达自己,是的,他通过使自己消失,仿佛变成了文字,献身于文字,这个自愿使用斯洛文尼亚语记录的果农,以及被外界逼迫而不得不使用德语来写信的士兵格里高尔·肖茨。

纽带、交织、和谐

然而,通过置之不理而使记忆减弱并消退,这样的策略并没有出现。因为正是由于缺席,所以逝者才变得迫近。甚至就连理想和愿望也因为对死者的沉默而最终成为泡影:

> 停下来吧,不要再在那一众逝者当中去寻找生活。这样你就可以告别自己的沉默。否则,你的沉默今天就能夺去你的性命。你的沉默并非默不作声。虽然,最初乃至一段时间以来你眼中的世界变得更大了,但是你越是这样的独自沉默,那么沉默便越成为一种危险,最终危及你的生命。还要继续下去的沉默不仅使你失去了当下,[……]而且毁掉了你所有的曾经,包括那些里程碑式的过往——直至童年。(DN 266)

在逝者身上难以找到生活,也无法向他们索要生活。假如确实有生活,他们则甘愿为它而牺牲自己。他们的沉默难以通过话语被打破,唯独尚未被赋予任何含义的肢体动作才有可能小心翼翼地与之接近。于是汉德克提出了语言音乐和语言图像两个概念。借助语言,被感知的东西,特别是感知方式和感知姿态,皆得以传承。

音乐和图像对汉德克来说是位居次要的东西,即附属品,代表着一种达成目的的手段:"我成长于小农家庭的环境之下,只在教区礼拜堂里面或者圣象柱上面见到过图像或画面,因此或许自年幼起,它们在我眼中就只是一种附属的角色,我也从未期待过它们能担当关键性的角色。"(LSV 16f)

这里所勾勒的并非一个真实的自我形象,它最多算是一种在艺术方面的引导,一种作为斯拉夫式双影人的自画像;《去往第九王国》的视角并非犹豫不决,而是飘忽不定的在现在时和过去时之间切换,在第三人称和第一人称之间切换。人们有可能对此进行区分辨别,但并非必要之事,结论也并非一锤定音,非黑即白。

超越个人之上的现实是极其强大的;汉德克对历史的敌视确实源于他对历史的认识,而不是出于盲目或者无知:"索查河河水崩腾[……],忘掉那百万计的死者(不,不要忘记)。"(B 21)汉德克作品中的人物柯巴尔来自克恩滕,具有抵抗和反抗的农民精神,汉德克将他的出生地设置在柯巴里德,斯洛文尼亚沿海的山区地带,这绝非偶然。

对汉德克所引证的东西做进一步探索总是值得的。下面一处引自尼采的结尾(从"一种柔和的缓慢……"开始)就是《关于乡村》中的格言:

> 在这里发言的人不是狂热的信仰者,在这里没有"祷告",在这里所要求的并不是信仰:从一处无尽的光明与幸福深渊那里一滴一滴,一字一句——这些发言的速度是一种柔和的缓慢。

格言的后面又继续写道:"的确,危险还是有的:只有冒着危险我才能发言,我就是这样发言的:在反抗中。"(ÜD 109)在遭受威胁的意识下,讲出来的每一句话也都变成了一种反抗行动。

这一个或那一个的斯拉夫布罗肯作为弃儿挤进了德语的历史记载。这种方式并不是史无前例的:

> 甚至众所周知的德语历史歌谣,"克拉尼斯卡农民"的歌谣(Uhland, Nr. 186; Liliencron, Die historischen Volkslieder

der Deutschen, 3, 188)也拥有着斯洛文尼亚语的副歌:stara pravda,意为"古老的法律",还有 le vkup, le vkup vboga gmaina,即"只有联合起来,只有联合起来,可怜的教徒们"。歌谣讲述了1515年温迪施农民奋起反抗的事件。德语歌手将农民用斯洛文尼亚语喊出的参战号召当作副歌来唱。

正是在表面的胡言乱语中,在语言之间彼此的相互渗透中,在各个部件类似组合般的重叠交错中,富有欺骗性的历史更能成为天堂般恒久的此时此刻:"在风暴导致的混乱背后[……]人们会觉得那个当下、那个纯粹的此时此刻就是公园?是花园?——是免受破坏之地——是围起来的禁猎区。[……]一个更大的时代的禁猎区。"(B 72f)这一片广阔的区域是一个空间-时间结构,比歌德驻留的目光还要更加稳定而持久,那里没有对美的强迫;这一片广阔的区域是语言,它摆脱了意义的束缚,是单词-音乐;意义合理性的义务也似乎被打破。原始的、最初的唱词因脱离了理性,甚至迷住了自己的创作者:

> 在穿过山口最高点时,在笔直的远程公路所经过的山丘顶点时,她唱着歌。陌生的歌声,即使现在看来也依然是这样,还有那不是很熟悉的发音,这或许是俾格米矮人或其他远古居民的声音。歌声里没有歌词;或者可能确实有歌词,只不过歌词是一种方言,因此无人能听懂,包括女歌者自己——然而究竟有什么必要去听懂呢?唱歌,等同于骑马;骑着高头大马?并没有马。(B 83)

自大黄蜂轰炸机的图像——它也为小说带来了题目——出现以来,汉德克就将"灵光闪现当作远与近、空间与时间的交织"。对图像、习语和暗指的一再使用显然绝非刻意为之(与赫伯特·

甘珀的访谈中,正是同一作品内或者不同作品间的交叉引用一而再、再而三地成了误会的源泉),但作家一再使用它们也并非丝毫没有用意。

起决定作用的并不是意义联结,关联往往是形式上的:"我想颁发法令,就像音乐家演奏音乐那样:在他所演奏的每一个节奏里都已经提前注定了下一个节奏。"(ZU 98)

作品的核心往往在其成形的数年前就早已公之于众;同样的道理,后来创作的作品也会与之前的作品存在若干关联。特定创作项目的前期准备阶段能够有多久,《在路上的过往》就是一个很好的例子。因此这部作品取得了在字面意义上具有交响效果的规模。

截至《左撇子女人》为止,汉德克的早期作品显然受到了形式的决定性影响(在《推销员》里面达到了极致)。在汉德克被冠以"新内心世界"的称号时,他的创造欲则在探索着一种在表现方式上全面适用的语言模式。有人有意无意地对他特立独行的特质加以指责,他则针锋相对地提出了自己对于神话传奇的见解:"或许我的确定想法是私事;但是个体的确定想法与群体的神话传奇的区别究竟在哪里?——尚未见任何语言试图将个体的确定想法转换为群体的神话传奇。"(GW 277f)

传统路线——上至宗教下至启蒙的传统路线——在经过二十世纪政治与人文的划时代变革后,遭到猝不及防的中断和永久性的颠覆。"普遍意义上的神话学已经不复存在了。甚至个人神话也随着时间的流逝而遭到了摧毁。个体永久地失去了自己的话语。"(GB 117)但是即便是个体,也必须为了拯救自己的理想而不断地消除图像消失的危险。媒体报道的"现实世界"显而易见地威胁着每一个现实瞬间里的其他状态。正是由于这个原因,汉德

克失去了自己的斯洛文尼亚第九王国。甚至被改变了的神话传奇也已经难寻他处了:

> 一种需求被反复提及,即作为作家来创造神话,那种与古老的西方神话完全不相干的神话:仿佛我需要新的、纯洁的、源自于我日常生活的神话:缺少了它们,我无法重新开始(GW 181)。

《缓慢的归乡》令作者回归到了故乡欧洲,开启了深陷艺术之路。《去往第九王国》令作者找回了继续创作的可能性。《缺席》是一系列启程的连续。这里完全实现了托马斯·斯特尔那斯·艾略特意义上的认知闭环,从而为寻本溯源创造了可能性:

> 我们不会停止探索
> 我们所到达的一切探索的终点
> 正是我们曾出发的地方
> 即最初所熟悉的地方。

所有的这些暗指和回顾,旨在确保并证实写作者自身,而且写作者自身并不能够和作家本人相混淆,因为一直以来"汉德克都反对以真实为原则来反映作家的自传,虽然他在自己的很多作品里都以自传的视角进行叙述"。

在上述角度下,不同价值的文本中相同文字表述的意义价值——至少通常的理解是这样的:访谈,公开讲话,论文,日记,自传作品和虚构作品——也应当得到守护。这样一来会打通虚构与现实之间的联结,还是反过来将其消解呢?本来已经模糊了的界线似乎被取缔了,通常被认为是存在着的差异至少受到了持续性的质疑。由此,语言里面被整合进去了一种力量,它能够超脱于文本而向外散射;它纵然无法推动任何行动,但至少能够约束罪恶:

"要不是因为我对语言充满了狂热,那我也会变成一个杀人狂。于我而言,语言便是故乡。"这个故乡是"某种有待于自由想象的东西"借助反复的努力而最终洗脱了负担。"只有当存于想象之中的曾经再一次出现时,我才会感到真实;想象是一种处于铺设中的重现。"(GB 305)那片出生的区域被一发不可收拾的、摧毁现实而又受现实限制的战争所改变。在战争中出生的汉德克始终不得不将自己从战争的阴影中解脱出来,这样的阴影让他的童年黯然失色:

> 我们所有人都关注的问题就是和平,对和平如此惦念,以至于常常都无法感受到它就是现实。和平是最美好的东西,居于一切最美好的现实之上,这是所有人的共识,包括我们的父母们,而这是在灰色阴霾过去之后才得到的感悟。(NNL 86)

在现实被超越之后,恐怖和暴行却并没有彻彻底底从世界上被根除。悬在作品外的、并不和平的灰色阴霾,被持久幸福的天堂般的憧憬所平衡,究其方式,也只是借助一种日常的、尘世的游戏方式和解读方法:

> 实现一种纯粹的、无罪的尘世。[……]就技法而言,再别无他法。然而生命被赋予的那种感受,在向下传承的过程中才能发现问题。(LSV 21)

传承问题

幸福无法自己谈论自己。人们一直以来都存在这样一种共识,即失去的天堂比失而复得的天堂更引人注目。从模糊的情感到探索与表现怡然自得的存在,中间有一条漫长而坎坷的改造之路需要走。要记录它,不仅需要单个的词——因为即便是最平坦、最和平的路也往往少不了忍辱负重——而且需要很多的话语:因为针对一些言论的口头和书面表达需要时时刻刻承受着压力,并且难以实现,"毕竟这也意味着面对太多的恶行而缄口不言!"

只是:哪一个语言才适合我进行写作?作为年轻人,每次当我有点写作的欲望并坐下来想写点什么的时候,我往往还在远没有写出第一个字母之前就已经陷入了停顿,因为我发现自己没有语言,我没有写作的语言。(W 126)

在文本和意识中所缺席的、沉默的,抑或只是没有用语言所表达出来的缺憾,正是汉德克在他所有的文学作品中始终围绕着的那个中心。和平使者所遭受的不公正待遇,为患难与共的后人提供了真实而群情激昂的辩解。他们所留下的空白并不能被草率地用占位者去填补。那些无法言说的东西只能继续保持,不说出来。

早在年少之时,他就因为需要讲述缺席而"遭受折磨",讲述她母亲的哥哥和弟弟的缺席。两兄弟都是斯洛文尼亚人,曾作为纳粹国防军的士兵在东线的战场上阵亡。

"我梦到他们是活着走下战场的。这样的讲述在我的心里萦绕。"自那时起,失踪者永久地驻守在了汉德克的小说里。

从家族的故事出发,汉德克将他刻骨铭心的恐惧经历转移到了当下。在《短信长别》中,从第二段起就回到了记忆中的最初画面:

据我所能记起的事来看,我就是专为吃惊受吓而来到这个世界的。美国轰炸时,我被抱回家中,院中到处散落柴火,

阳光静静地照在它们上面。(KB 9)

这样的开始可谓一种游戏式的开端,这让各个要素的任意排列成为了可能。特别是这样的排列越移位至注意力的中心,文章则越悄然地把存在掩藏起来。不管怎样,汉德克后来始终都选择忠于自己年少时的宣言。引导对他特别是自《梦想家的缺席》以来的作品的赏识,比从这些早期散发着讽刺意味的纲领性作品中寻找核心要点更加难以想象。后者借助后来的人物话语而得以强化,比如《筹划生命的永恒》中的话语——"避免整体,保持残缺"(ZU 119)——,和一些访谈话语如"我所写的,就是我的另一种形式的存在"(ZW 247),特别在"汉德克众多作品中间的跨文本的紧密交织"这一意义层面上,其核心思想就是"通过重复而实现坚守"(GB 187)。毕竟除了"变幻使人愉悦"之外,汉德克崇尚的理想便是始终坚定地围绕着恒定不变的轨迹:"我曾所想的也差不多是这样:这太好了。"(NB 511)

2 不要交出事实。[……]

10 让事情悬而未决。

11 不能满足于事实。[……]

13 不为别人设立规则。[……]

19 不愿意设身处地地为任何人着想。[……]

20 只从自己的立场出发来写作。[……]

27 成为世界名人。(ST 1,202)

乔治·阿瑟·歌德施密特是最有风格的译者之一,他迫于"种族"的原因离开了德国,在拒绝讲德语之后,他几十年来都使用法语写作,但却在暮年时重新拾起作为母语的德语进行文学创作,其德语作品的水平之高,令许多德国作家无法超越。汉德克在这方面和他可谓不分伯仲,属于一对流水知音。毫无疑问,两人分享着共同的见解:"母语代表着口头和书面表达的激情,是一种靠嘴吃饭的生存热爱,是对世界的探索和发现。"

只是,究竟哪个语言才是汉德克的母语:汉德克母亲所讲的语言?在他和缺席者之间承担着维系作用的、业已丢失的最初的语言?毕竟在汉德克(醒着)的梦里,正是这些缺席者要求自己被讲述和歌颂:"只有为那些在我梦中出现的人物,我才能写出作品,特别是为我家族里的成员们,还有那些与我素昧平生的人?"(GB 140)沃尔克·米歇尔对西摩尼得斯的点评,也完全适用于汉德克:"在看似战胜了缺失时,在类似的神秘复苏时,在[……]家庭团聚时,当今的读者会关注作家。"毫发无损地从战场返回的人不是只有舅舅一人。不仅是从切萨雷·帕韦泽起,纠正历史才成为一种备受欢迎的创作初衷:"改变自己的过去也可以成为一个很好的出发点。"为了使这样的努力便于被识别,特别是在构建理想的故事时,它可以奇妙地、悄无声息地进行。值得一提的就是《缺席》这本启程之作,与《去往第九王国》的寻根之旅相比较,《缺席》在很多方面都可以被视为这部作品的一种镜像,并在文学类型上被归入"童话"类别:"在已经过去了的时代的想象地形上,那些难以通行的地方似乎都能够进入,用双脚就可以轻松地踏遍整个大陆,连一天都用不了。"(A 184)那稍显不太光荣的身世,首先在这个问题上要处理好:"为了避免被人围绕着生平问题大做文章:出身于克恩滕农村的无产阶级农民之家的身世常常成为汉德克的精神负担,是他需要借助写作而卸下的东西。"一方是母亲一族的大部分顽强抵抗的斯洛文尼亚民族,另一方是在战争里幸存下来的、作为施暴者身份的生父,以及在战争里逝去的、作为受害者身份的舅舅们,两方互为对立面。总体而言,集体和历史被汉德克以倍加

质疑的眼光进行打量,它们连同到处都频频遭到谩骂的中欧一起忍受着:

> 斯洛文尼亚人(我母亲的民族)通过抵抗希特勒而挽救了克恩滕的荣誉。1945年,游击队员们为解放克恩滕所作的贡献如今被遗忘了。在当时,这曾是中欧光荣的一页。

汉德克似乎在通过诗人托马斯·萨拉蒙去呼喊:"噢,勇敢的斯洛文尼亚人,也是历史中恼火的事物"——一个完全符合他个人想象的历史,一个在他看来作为反面典型甚至堪称典范的历史:"伟大的历史记录者采用高声的、平实的语调进行讲述,这日趋成为了汉德克心目中的理想叙事,只是借助这个头脑清醒的历史记录者,他所书写出的不再是历史,而是历史的另一面。"对这个概念更加准确的阐述则留给了后面的篇幅。汉德克极有可能非常明白,他需要去克服并应对他那由多类型且往往影射性的依据所交织构成的发言:"最重要的是,他完全没有能力使用简短明了的、每个人甚至连小孩子都能听懂的语句来讲话。他所讲的一切,没有任何一句是能够转换成清晰明白的缩略话语,或者一种普遍适用的措辞来表达的。"(LW 16)

3 无欲的悲歌(1972)

无论汉德克使用的词语是"归属"还是"家属",它们都既适用于克恩滕的斯洛文尼亚人,也适用于别处的斯洛文尼亚人,而针对奥地利人也是同样的道理:"这里的人民都是我的家属,但他们并不是我的民族。我必须将我自己与我的家属区分开来。每个人都需要这样去做。"(GB 204)这种"非归属认知"并非受民族意义的

限定,而是成立于单个的写作行动之中:

> 已经记不得具体是多少年前了,在我将自己孤立起来,避于一隅开始写作时,我便认识到了自己作为社会人的失败。我应该毕生都将自己从人群中孤立出来。可能直到生命的尽头,我都会居于人民之下,在他们的秘密中欢迎着、拥抱着,透露着——然而我永远都不会回到他们中间。(Nsch 73)

杰罗姆·大卫·塞林格的《麦田的守望者》中的主人公通过坠入死亡的深渊,最终接受了自己的边缘角色,虽未能够归属于社会,却成为了对社会有益的一员,叙述者不顾死亡最终证明了自己。即便是在小说里,他甚至也可以选择放弃,从而避免这一切的发生:"我作为叙述者[……]出现在典礼上,总算可以无需被盘问地坐在床边。按照迷信的说法,在床的中央,床头和床尾站着死亡天使。"(W 87)死亡念头是汉德克创作的核心特征和母题。形式要素在发展变换,而在主题方面则保持着连续性:

> 从处女作《大黄蜂》(1966)开始,他的家乡克恩滕,以及他出生的那片区域,几乎出现在他的每一部作品里。汉德克在不断重复的创作中,一而再、再而三地,反复"虚构"出了一个现实中永不存在的家族团体的马赛克画面。当中最引人注目的便是通过一个想象出来的哥哥形象来改写家族局面,这个哥哥出现在很多的作品中,并被冠以格里高尔的人物姓名。

原始国是所有从四面八方聚起来的人的原始故乡,美狄亚便是例子:"在很久很久之后,出现了一个想象,即那些我几乎一无所知的先祖们来自'格鲁吉亚'。"(LSV 69)此地方取决于它的地名,就像意义决定语意那样,文本决定着世界。对克恩滕双语地区的偏爱、认同及思念也是同样的道理:"这里令我魂牵梦绕,我指的是下克恩滕,除盖塔儿之外的上克恩滕对我而言很陌生。"(NNL 102)在出身上缺乏认同这一主题,连同对故乡的思念反复出现在汉德克的写作中,其中故乡也是汉德克不得不反复"发明和创造"(GB 22)的东西。这种不断经历并体验着的失去,深深地影响着汉德克,他的创作同他所经历的生平现实间的距离时而遥远,时而邻近:

> 他的文学创作工作始于对缺乏与失去的体验。常常挂在嘴边的话题,乃至创作中所写的话题,往往都是心中惦念而在现实中所缺乏的东西。[……]缺乏、不可企及与缺失,它们构成了汉德克在潜意识层面的写作动机。促使他伏案写作的内生动力便是一种空缺或者空白,它们每一次都能够通过汉德克的讲述而被填满。

阿达尔贝特·施蒂弗特的《晚来的夏日》中的德伦多夫情节,旨在衬托故事中里查赫和玛蒂尔德业已错过了的人生。与之类似,汉德克使用大量的、或许不太惹眼的和谐图像来对冲人生中为数不多的几个能够幸免于难的大的惊恐瞬间,因为他算得上是"一个悲剧作家,此表述严格来讲具有双关意义(鲜有人能够洞穿,因为他对世界充满信心的深层背景,以及甚至可以说令人惊慌失措的双重背景,往往都难以被察觉[……])"。

在《无欲的悲歌》里,汉德克以母亲的爱情和死亡为底板,公开了自己的生平故事。尽管他自幼年起就在学习如何来面对缺席,但是养育他的母亲的离世,成为他初次经历的、最痛的缺席。作品回顾了母亲的一生,但丧母之痛并未因此得到缓解,相反:

> 有时候,我必须从母亲离去所带来的悲痛中挣脱出来,变成一个"正常人";[……]我老老实实地接受内行人士的训练

与摆布,早早地习惯了母亲永远的离去——这并不意味着起初是不痛的(此处刻意没用"惊恐"这个词)。我成了一个真正意义上断了奶的孩子。在等待中,我懂得了从其他事物,而不是从母亲的乳房中去汲取营养。在悲痛中接受并消化母亲永久的缺席,这意味着一种忘记。

谎言惩罚着自传性写作所收获的一切疗效,这样的结论使人清醒:"有人说我利用了写作,这是不实的。"(WU 84)即使面对最棘手的历史问题,他都不会在虚构面前退缩。至于他是如何深入到母亲的内心世界中去的,答案既简单又令人惊讶:

汉德克:[……]尤其是这一章节完全充满了自传色彩,老实讲,我对自己的母亲完全一无所知,仅仅有一点点本能的直觉和了解。

甘珀:可以理解,毕竟您所指的时代是纳粹早期,那时的您还没有出生呢。

汉德克:是的,是这样的。(ZW 225)

尽管他与母亲的关系异常亲近,并且在学生时代始终保持着书信交流,但是众所周知的、不计其数的家庭叛逆却仅以含沙射影的方式被涉及。反抗纳粹——即使只是听天由命的被动反抗——的可能性在书中也确确实实以一种目标明确,且乐观的方式被提及。母亲的斯洛文尼亚语并未受到质疑,但她的种族归属并不清晰明确,并且至少也未曾带给她安全感,那种在婚姻里缺少的安全感。无论如何,斯洛文尼亚语在泛斯拉夫背景下是有用的,是一种形式的入场券,或者说是一种初始优势。于是,在柏林的俄罗斯占领者便成为了"斯拉夫兄弟":"那时,我的母亲还是女孩,她曾参加了业余戏剧团。后来,她为自己掌握那一门语言而自豪。她的斯洛文尼亚语也帮助了我们所有人,特别是在战后柏林的苏占区。"(LSV 87f)而且非常的具体,在克恩滕被禁止的惯用语忽然给了这样的识别暗号:

> 1948年初夏,母亲和丈夫带着两个孩子——刚满周岁的女儿被放在购物袋里——,没有合法证件,离开了东部管制区。他们分别在凌晨偷偷地[……]越过了两条边境线[……],有一次,一个俄罗斯的边境士兵喊站住,母亲用斯拉夫语回答,像在对暗号。(WU 43)

这显然还不足以构成与国家归属感相联系的自我价值认同:"她自然从未认为自己是斯洛文尼亚人。"(LSV 88)如果说主观感受是这样的,那么客观上的归属则更毋庸置疑:"问题:您提到说您的母亲是斯洛文尼亚人,这或多或少的表明了一种特定的身份认同。汉德克:她曾是,地地道道的。"(NNL 108)这种外来认知与自我形象之间的距离基于众多原因。多重因素的共同作用——贫穷、不光彩的出身、归属于几近消亡的族群——导致家族归属感被划入界外或者至少被乡族们排挤到了边缘:

> 我的外祖父——他还健在,如今已经八十六岁了——是个木工,此外还和自己的妻子一种种了几片地,还有草场,每年交一次地租。他祖上是斯洛文尼亚人,和当时大多数下层农民的孩子一样是私生子。(WU 14)

基于"穷光蛋家族"(ÜD 18)的出身而降临至一个社会意义上的无人区,"劳动人民"(ÜD 43)的归属总归还是产生了一丝的安慰感。为了使单个个体在思想上汇集成一个团体,叙述方面的广泛创意自然是少不了的:

从这种意义上来讲,《去往第九王国》也属于长篇叙事题材,它致力于以理想的方式去回顾国家的过去,借此将世代无根的无产阶级村民作为一个缩影来进行展现。

外祖父曾是农民,并且不得不依靠从事副业养家,而他的儿子乔治,作为家族里唯一在战争中幸存下来的男丁,不仅成了成功的企业家,而且(在约尔格·海德尔时代自由繁荣前的几十年)还成了奥地利自由党的乡镇议员,汉德克以嘲讽的方式精准地刻画了这一政党:

> 那个活下来的儿子成了木工师傅,手下毕竟雇佣着二十个工人,用不着再积攒了。他开始投资,这也就意味着,他可以喝酒、娱乐,这甚至是他分内的事。和自己沉默了一辈子、什么都不敢享受的父亲不同,他至少凭这个找到了一种语言,虽然这种语言知识他作为乡镇代表,并且代表一个痴迷地用伟大的过去谈论伟大的将来、忘却现实的小党派时才用得到。(WU 16f)

从此以后,他的斯洛文尼亚父亲在公众面前始终保持着沉默,而如鱼得水的儿子则使用着自己所习得的语言,在公众面前频频露面。除了这两个男人之外,这里还需要提及另外两个男人:继父布鲁诺·汉德克,彼得继承了他的姓氏,并在语言上深受他的影响;以及在汉德克高中毕业后才走进其世界的生父恩斯特·施恩勒曼,他与生父之间的和解也是再后来才发生的事情了:"我的继父是德国人,他的父母在一战前从西里西亚去了柏林。我的生父也是德国人,他来自哈茨山区(一个我从未去过的地方)。"(LSV 87)只是,(最多)半个德国人和(最多)半个斯洛文尼亚人所结合的后代就是一个完整的奥地利人了吗?或许根本不是这样。同情的钟摆纵然拥有其清晰的指向,但是恒久的民族认同——既非让相对更长久的逗留成为可能的地理意义上的认同,又非至少代表着归属于某个少数族裔的隐形认同——在情感的亲疏远近中并未被包括在内。母亲作为斯洛文尼亚人,她并未感到自己归属于斯洛文尼亚;相反的,儿子虽然认同自己的斯洛文尼亚血统,但他并不认为自己是斯洛文尼亚人。

> 我在想,或许我心里也有一丝丝地恨自己。我……一个拥有德国父亲的人,一个父亲是德国士兵的人,却决定去认同斯洛文尼亚文化,并把斯洛文尼亚语当作自己的灵魂,这确实是少见的事情。同样少见的是,我是如何选择抛弃父亲而站在母亲这一边的。(NNL 98)

这样的选择,意味着在地域、出身与历史方面的无归属感,意味着脱离常规基准体系而选择自由地悬浮于空中:"我们是无父之人,无罪之人,对内无故乡,在外受排挤,是美好的异乡人,伟大的陌生者,意味深长的拖后腿者。"(ÜD 43)

在文字上回归,在超人类成就与顺从面前意识到自己的渺小,这些都发生在母亲永久离去的前后。地点的选择并非偶然,它发生在南斯拉夫的某处。对拉康(的《欲望》)的参引也并非纯粹的偶然。

> 1971年夏天,在南斯拉夫那些深色的柏树前[……]转变发生在那时。那个人,他就是我,变得高大,同时被要求跪在地上,[……]转变在自然地发生。用哲学家的话来讲,那是期待达成和解的愿望,它来自于"他者欲望的欲望",在我看来的确很合理,自那时起,写作于我而言也成为了这样的愿望。

同时,那一段时光并不美好。(我的母亲因为对死亡的恐惧而写信向我发出求救的信号,而我却没有懂得去做出回应。)(LSV 25)

回过头再来看,在生活现实中毫无硕果的写作,反而在文学实践中成了克服死亡的一剂良药。重现作为一种应对缺席的措施,成了回到当下的手段,却因此也区别于回忆,后者让过去留在了过去。顿悟时刻的突出特征就是并非极其紧迫的此时此刻:

> 缺席成了主动的实践,变成了一种忙碌(他导致我无法脱身去做任何别的事情)[……]这样的语言编排让他人远离了死亡:正如人所说,极其短暂的片刻瞬间将时间分隔了开来,一边是孩子认为自己的母亲只是缺席,而另一边则孩子认定母亲已经死亡。围绕着缺席做文章,意味着将这样的片刻瞬间进行延伸,将那个他人由缺席坠入死亡的瞬间尽量地延长。

《左撇子女人》可以被当作是汉德克对母亲生平故事所做的文学式修正。这个解放故事的女主人公名叫玛利亚娜,而汉德克的母亲的真名是玛利亚。女主人公所抛弃的丈夫名叫布鲁诺,而汉德克的继父也叫这个名字。

4 错误的举动(1973)

写进此时此刻的,很有可能正是历史和未来。所追求的诗,并非纯粹而远离尘嚣的诗。个体被卷入世俗的方式,也正是片刻瞬间被卷入永不停歇的时代的方式。在高度政治化的二十世纪七十年代,汉德克遭受了猛烈的抨击,有人对他的撤退加以指责,批评他只关注自己的内心。

《短信长别》中对席勒的《唐·卡洛》的参照,释放出了向个人古典主义狂飙突进式过渡的信号。继《短信长别》之后,电影剧本《错误的举动》则以歌德的成长小说《威廉·迈斯特》为中心。在这部作品中,汉德克为他的主人公们照搬了歌德小说里的全部姓名。在对待德国的历史这一方面,他把"长者"安排成了一个犹太杀手(vgl. FB 53),他盼望着忘掉自己对自然的观察。面对他对自己罪行的坦诚,他以威廉·迈斯特的身份论述了通过写作将政治和诗统一起来的可能性。最初,政治被当作一种站在诗的对立面的他者来看待。这样它就不会处于被限制的状态。而正是这个作为对立面的他者被迫不得已地记录了下来:

威廉:"当在某人眼中,一切政治的东西都很陌生时,您觉得自己还能写作吗?"

长者:"当然可以,那就可以讲一讲是如何造成这种陌生的,只是它不应该被当作一种自然而然的存在。"(FB 51)

对汉德克来说,政治写作旋即成为了一个激起争辩的问题。政治的对象因不假思索地使用语言而被剥夺了现实。由于纳粹时期的倒退行为,无论是政治的还是诗学的争辩,它们都受到了永久性的创伤:

威廉:"原本对我而言,政治的东西在写作的过程中才变得不可思议。我想在创作中对政治加以干预,却发现根本写不出任何的话语。也就是说,的确是有很多话可以说,只是它们都和我没有什么关系。我就像很多高级政治家发表演说那样去写作,只是越来越无助,因为我不去行动,看法也越来越多,只是没有任何办法。"(FB 51)

尽管如此,这两个选项之间彼此也是水火不容:政治是一种行为,写作是一种观察。政治代表着大众的事业,诗学代表着单个的个体。在《痛苦的中国人》中,观察者刚刚介入进去,就变成了"语言上的行凶者"(NB 5)。

长者:"难道这不正是一个原因吗,放下手中的笔,积极去参与政治?"

威廉:"但是我通过写作才刚刚领悟到,借助政治的方式我无法表达出自己的需求。在我这里,迄今为止唤醒我的需求的,从未是某个政客,却往往是那些诗人。"

长者:"你那些至高无上的个人需求对世界又有什么用处呢?"

威廉:"每个人都拥有至高无上的个人需求,它们才是真正的需求。在我眼中只有真正至高无上的个人需求。"

长者:"然而它们是无法得到满足的,这正好和那些政治所关注的需求相反。只有在诗学的假象中它们才能够得到满足。"

威廉:"这样的假象正意味着一种希望,那种期待它们得以实现的希望。"(FB 52)

上述这种诗学的美丽假象,汉德克本人也承认并且接受,甚至还将它视为自己的榜样。他的另一个自我,即"菲利普·柯巴尔在这方面也是这样"。(W 137 和 W 187,两处都带有引号,第一处以叹号结束,第二处则没有叹号。)因此根本无需熟知国情的政治专家,通过查阅的方式来证明汉德克远离现实,查阅得出"自二十世纪九十年代以来,在斯洛文尼亚/南斯拉夫问题上,由文学虚构投射而出的理想愿望长成了一种(只在表现上看似是的)现实判断"。汉德克投身并努力守护着这样的假象:"维护我的假想:一项伟大的任务(使我的假象成真)。"(GB 51)假象的实现,看似自然而然地成为了对超诗意现实的干涉,而后者所遵循的是截然不同的规则。无论如何,罪责压身的长者已经在心里明白,要让这两个对立面达成和解,这是在无限遥远的未来方才有望实现的事情,而二者向彼此靠近,这也是一个渐进的过程:

长者:"威廉,不要再任由你的诗意世界感受欺骗自己。"
威廉:"要是它们两个,诗和政治,彼此统一起来成为一体该多好啊。"
长者:"那将会是期望的终点和世界的尽头。"(FB 52)

5 真实感受的时刻(1975)

路途或许遥远,毫不讽刺地讲,路途是难以被战胜的,哪怕只是一篇明确强调当代历史的短篇小说中的路途,此处所指的便是《真实感受的时刻》,它所讲述的道理,用一句拉丁谚语可概括为"循此苦旅,以达天际"。(SWE 55)奥地利驻巴黎大使馆那个名叫格里高尔·科士尼格的新闻专员的发展经历,居于这个借助非表象和显现所讲述的唤醒和(自我)醒悟故事的中心位置。篇名以一种实际上并非不那么嘲讽的方式与汉德克所崇拜的偶像卡夫卡道别,在其中一处地方,他影射了卡夫卡1911年1月17日的日记,那里写道:"早在我从自己心中找到真实感受之前,我苦苦地寻找了一年的时间",然后在《重温之想象》里面,则斩钉截铁地变成了:"我憎恨弗兰兹·卡夫卡。"(PW 94)因时间推移和(至少个人的)无助,汉德克眼中这位布拉格伟人的原始光辉逐渐褪去。

或许至少因为卡夫卡对身边越来越斯拉夫化的环境表现出了

令人惊讶的坦率和同情,因此这引起了汉德克对自己曾经的文学偶像的好感。另外,卡夫卡同他的妹夫约瑟夫·大卫始终用捷克语保持着书信往来,即使在一战后,他不得不请求自己的法官同事们,将写给上司的官方信函由德语翻译成他不是完全掌握了的捷克语。只不过,人们不应该过度地夸大汉德克与卡夫卡之间的关联。

主人公其实同"尽人皆知的布拉格荒诞"(NB 11),即《变形记》并没有关系,因为汉德克式的变形,总体而言更多是变回原样,而非将自己异化。众所周知,格里高尔这个名字使人联想到汉德克的大舅和外祖父,而科士尼格这个姓氏则让人联想到汉德克的社会和民族出身,反正二者在格林之后便再无差别——"特别是克恩滕的那些普通农民们,斯德厄,曾经是斯拉夫人吗?"汉德克的作品往往就是这样,从生平故事的视角出发去解读,要比从互文视角出发来解读更加有收获:

> 姓名的两个部分所指向的再次是作者的自传生平,而并非很多批评家所认为的那样,即指向弗兰兹·卡夫卡的"格里高尔·萨姆沙"。姓氏所营造的是一种对汉德克出身的拟人化比喻,汉德克非常乐意称自己为"普通农民的儿子":科士尼格(Keuschnig)中的"Keusche"所代表的意思是"茅草屋",而斯拉夫语的词尾"nig"在克恩滕地区是一个广为流传的姓氏词尾。(HAS 71)

这一点正好应验了《错误的举动》里面所提出的论点,科士尼格也冲撞着被预设好的超个性:"科士尼格现在搞明白了症结的所在:这一计划针对的是所有人,而并非只针对他一个人。"(SWE 73)在迫不得已的关联带给他的恐惧中,他懂得了要和自己的作者保持一致:"写一个漫长而关联的故事,其目的在于再一次经历错误的可能性。"(GB 15)一个从所有的感性里挣脱出来的,拥有凝聚力的集体,总归能够算得上是一种哪怕只是弱化了的前景:"被计算在内变得又重要了起来:他感到自己被包括了进去,并且至少有这样一种自我感受,感到自己是同时代的人。"(SWE 74)此前,赤裸裸的现实在其局限性中已经得到了展现,而后者所或缺的重要之处正是将现实流传下去:"尽管他能够将一切都罗列出来,却什么都回忆不起来。他记住了事实,但是没有记下来感受。"(SWE 60)《真实感受的时刻》中作家的女朋友明白这一点,历史总是一种组织协调好了的回忆:"我在回忆时,总是感到个人的经历同时就是政治事件的后续结果。"(SWE 95)"重现"将经历从这个历史的关联中拖拽出来,并向着无历史的理想主义靠近:"而对时间没有概念,也就是没有时间的时间,和不受条件约束的幸福,它们是童年的鲜明标志。童年想象中的向往之地,在汉德克眼中就是'斯洛文尼亚'。"一直到最近,关乎斯洛文尼亚的特定讨论看似正好符合汉德克的看法,他竭尽全力地致力于构建一个富有神话色彩的自我画像。为此,作家、人类学家塔贾·克拉姆伯格这样抱怨:

>因为在斯洛文尼亚,实际上不存在同真实历史时间相关联的关系,取代历史这个位置的角色是神话(作家协会主席的讲话便是关于神话讨论的一个生动案例),对时间的神话构想,它位于历史时间的位置之上:无时间性和无历史性(基于无历史性和完全的无知,后者源于对过去的漠不关心)。

汉德克在与赫伯特·甘珀的对话中,承认自己便属于那种上述提及的、对历史根基漠不关心的人:"有人指出我的东西缺乏背景,没有历史背景或云云［……］,我丝毫不在乎这样的指责。"(ZW 151)在奥地利电影回顾性展览过程中,作为奥地利大使馆的官方代表,科士尼格感到奥地利同样也没有历史,只是还算不上一点都没有,而奥地利更像是通过自己的行为给自己带来了历史,对于每一个单个的个体而言,这却并非不无影响:"没有历史的无人国度里尽是没有故事的普通人:根据电影来看,这似乎正是奥地利的特殊之处。"(SWE 49)不仅集体缺乏历史,而且个人也缺乏故事,在这种背景下,让叙述富有意义便成为了一件不可能的事情。从陈词滥调中挣脱出来,这样会更加增强不安定感,特别是由于不仅国家的,而且还有其国民的自我形象,大部分都由一个个动态布景组成:"但还是成了这个样子:借助这个预设的视角,他就连对自己外在的赞许也丢掉了。"(SWE 44)语言作为一种工具,通过指称来建立自信,以解释概念,明晰意义:"他将一切所看到的东西都逐字自言自语地说了出来——为了确确实实地去察觉它们。"(SWE 53)有时,放弃业已踏上的、盲目选择的路足以。"顷刻间,科士尼格已不再记得他原本究竟想要证明什么,并因此而变得快乐了。"(SWE 50)

　　科士尼格也放弃了对常态的争取,以不引人注意的方式在群体中晋级而出。"'这很正常',某个路过的人意外地说。是的,一切都曾极其的正常。他想到了一个郊外的朝圣之地,叫作玛丽亚·埃伦德。"(SWE 25)此时科士尼格想到的是那个位于双语的克恩滕小镇子罗森塔尔,它在斯洛文尼亚语中叫作波德戈列,它是格里芬人8月15日在格里芬斯蒂芬特教堂所庆祝的教堂节日,圣母升天节朝圣的目的地。汉德克的母亲也叫玛利亚,她去世也并没有多久。伤疤还在疼痛:"下一个梦到的是他的母亲,在他每次的梦里,她活了过来,变得越来越真实。"(SWE 111)梦到死者是一种常见的道别方式。"请再做最后一个梦吧,它或许就能够解脱!"(SWE 113)梦打乱日常生活中的各种关系并重新组合,从中产生"一个梦想的归属感"。(SWE 70)它们是一种愿景,就像似曾相识或梦中人物那样的显现瞬间。这些次要的东西,"我所依赖的不显眼的特殊"(SWE 96),自身蕴藏着求之不得的关联,"细节详情[……],让剩余的一切聚拢在一起"(SWE 140)。这种互相关联的感觉能够跨时代地发挥着效力,它能够将过去与未来联系起来:"通过他所遇到的所有新的,和他可能已经忘掉的旧的,他本可以体验一个闻所未闻的故事。"(SWE 145)为了能够承受罪责深重的过去,未来必须不能掺杂着先知:"我现在想看到一点没有罪责的东西,他心里想:某个我不认识的人,我一无所知的人,他将会成为什么样子呢?"(SWE 106)

甚至在科士尼格看来,战争也只不过是一种个人经历中遇到的小麻烦而已:"战争就要来了。多么讨厌啊,科士尼格心里想:这是对我生活的干涉了!"(SWE 16)和他的作者一样,他同样也毫不畏惧与法西斯主义进行比较:"在惴惴不安的自我克制同时,他的脸失去了表情。这是一个法西斯主义者空洞而夸大的庄严,他私底下心想着。"(SWE 69)

以重现的方式进行翻倍,它与缺席后的虚无构成对应,并且突如其来,令人毫无防备,通过对梦的回忆:"突然一下子,他似乎就翻了一番。"(SWE 34f)双影人(Doppelgänger)和重现之人(Wiedergänger)主宰了汉德克的全部作品,特别是《去往第九王国》和《我在无人湾的岁月》,他们多数都是"和格里高尔一样的男人"(SWE 106),代表着回不去的出身,向往和对向往的找寻。找寻又导致出现了荒诞离奇的激化,寻找最终不得不舍近求远,步入漫长的征途。因此,小心翼翼从一切恒久的关联里挣脱而出的科士尼格唯有身处遥远与陌生,方才能够有家的感觉,"身处于这些他永远都不会认识的人的当中,他感受到了被接纳的感觉"。(SWE 26)即便是与陌生人的距离再近,也不会像在熟人面前那样有压迫感,而是拥有一种平静与缓和:"有一次,在寂静的夜里,一些人从落地窗前经过,讲着西班牙语,在一个短暂的瞬间里,他感受到了心理上的向往和缓解。"(SWE 106)去往陌生似乎成了克服对初始地方的恐惧唯一有效的方法:"我以前曾想到过,在一个陌生的国家,使用另一种语言,一生中常常会侵袭而至的恐惧或许会不太一样,至少不会那么的无可救药。"(SWE 109)远离代表着解脱和重生:"尽管他看到的还和从前一样,采用同样的角度,然而终究是陌生的,是能够体验的。"(SWE 162)上述对视角的阐释代表着一种客观而无偏见的感知,它是一种全景式的感知,有助于去公正地看待历史。面对战争念头和对抵抗者的嘉奖,科士尼格起初难以控制住自己的怒火,于是变得暴力起来:

> 走到米拉波街,他经过一栋楼时瞥见了一块纪念碑,上面竟写着"奥地利"。原来这块碑纪念的是一个奥地利游击队员,他参加了法国抵抗军抗击纳粹的战斗,三十年前在这里被德国人枪杀了。7月14日国庆节,人们打扫了碑石,在碑下的人行道上放了一个铁盒,里面是一根冷杉纸条。这个蠢货,科士尼格暗想,踢了一下铁盒,盒子向前滚了几步,他只好又用脚拦住。(SWE 16)

《我在无人湾的岁月》中被证实为斯拉夫人的格里高尔·科士尼格,他的暴力行为所针对的并不是奥地利游击队员(SWE 16),而是他自己的德国法西斯父辈。然而科士尼格不断地学习进步,最终和胖胖的作家不相上下:"我将我的想法藏进了现象里,现在很满足。"(SWE 157)为了使得观点能够接纳意见,创造性的想象迫在眉睫:"人和石头达成和解｜只是一种比喻｜联合起来(思想｜只存在于事物中。)创造!"这些画面使新的传统成为可能。于是一种以故事的反面为形式的过去(人们想到奥地利应对二战时期武装反抗的惯常方式)从父亲那里传给了代表着未来的孩子,并和孩子结成了反法西斯的同盟。他们一起注目着一个抵抗战士的纪念碑,下面掉落了一个枯萎的蕨类枝叶,战士就是在这个地方被德军射杀的。父亲告诉了孩子三十年前在这里所发生的故事。(SWE 140)

解放与支持

同一时间里,也完全是在这一种意义之下,彼得·汉德克第一次在政治上公开支持克恩滕的斯洛文尼亚人。1975年5月15日,奥地利电视台纪念奥地利签署国家条约二十周年,汉德克发表了题为《共和国纪念日的个人评论》(EF 56-59)的电视讲话,并在讲话里说道:

> 现在身处奥地利的我,有时感到自己与这个国家美好地融为了一体,作为千百万国民中的一员,我感到自己几乎还算得上乐观,甚至时而感到了教堂传来的钟声传递着欢乐;但尽管如此,我同时也感到了震颤,尤其是当电视里所报道的世界犹如利皮扎马秀时,当战士受到虐待而死时,当克恩滕的斯洛文尼亚语区的双语路标被彻底弄翻在地时。(EF 58)

在由反斯洛文尼亚的怨愤所主导的时代,从"路标风暴"(1972)到"特殊形式的人口普查"(1976),选词用词独特而讲究,正如克恩滕民役组织广泛流传且朗朗上口的宣传口号所显示的:

"克恩滕并不存在斯洛文尼亚语区"。对此,汉德克公开表示反对。他杂文集的题名《我的路标—我的时间表》便强调了斯洛文尼亚语与克恩滕之间不可分割的重要意义。

6 世界的重量(1977)

汉德克在追忆自己的身世,包括自己的斯洛文尼亚身世,以及重新学习童年语言之前,曾出现过一个危机。存在与美学交织交融。能够佐证这个事情的就是汉德克迄今为止最漫长的那段封笔期。从传记的底层故事里产生了个人的神话。

日记《世界的重量》的引言部分,以暗示的方式提到了汉德克的一段病史。这些独立记录的目的主要在于自我证实。至于将它们置于某种关联之下的可能性是否存在,这一点还有待于去寻找。四部曲《缓慢的归乡》便是在寻找新定位过程中出现的产物,很多人将它解读为一种保守的转变,因为《真实感受的时刻》和《左撇子女人》分别与卡夫卡和歌德存在着关联。反对回忆论便出自于此,它后来很快成为一种对体验式的、以创作为方式的重现的积极赞成。具有深远意义的是,这个普通农民的儿子从社会层面提出了富裕阶层大师的回忆,它在双重意义上来说都无法离开物质性:

> 反对马塞尔·普鲁斯特和本雅明,反对被守护的公民意识,包括他们的回忆热情和回忆自信(我同自童年起就限制我的记忆作斗争:记忆对我以死相逼)!(GW 85f)

汉德克通过超个体回忆的构想,对咄咄逼人的误会,以及在个体和集体历史面前的保留(与对历史的无兴趣相混淆)做出回应:"再重复一遍:你必须失去记忆!你必须失去你的记忆,变成别人的记忆。"(GW 88)他心中关于无历史的理想——从过去的负担里、从他那战争童年的特殊的历史创伤中解脱出来——想迫切地表达:"我又经历了一次历史——只是又一次在梦中,梦到了战争。"(GW 211)从这种对历史的经历中难以获得力量,对这样的史前史也难以做什么建设。回望时,人们无法找到丝毫满意的存在:"我:一个出自没有历史的家庭的、没有故事的人(这种方式的骄傲谈何可能呢——就是这样)。"(GW 182)对历史的痛苦和讲述,尤其是关于启程与到达的历史所产生的乐趣,在这个传记背景下才变得清晰。变得同样清晰的,还有"固执地对历史持毫无所谓态度的"自我形象(LIS 40),要说这与风格化并无关系,恐怕也说不过去。因为在谈话中,就连汉德克也认为这一问题并没有那么教条:"无历史主义的观点太过于笼统了。有朝一日我期望自己能知晓,这对我、对历史是怎么样的一个情况。我完全不清楚这些。"(ZW 132)

　　汉德克对于事先知晓的和不加考证便全盘接受的东西持保留态度,这始终是他进行讨论批判和媒体批判时的一个核心角度。传播中的文章对观点进行排挤之处,便是汉德克的批判之处。他关于南斯拉夫解体的作品就是一个鲜明的例子。所传播的观点就连亲眼之见也会侵蚀,于是有时候便产生了"这种想象,即大肆宣扬的历史认识能够创造出来的无非就是那些错误的期待。"(GW 177)正是因为媒体每天仓促宣扬的历史事件与事实都毫无价值,于是在汉德克心中便萌发了讲述历史的反面,或者说历史的另一面的诉求:"F. 先生说(由于西班牙在选举):'今天是见证历史时刻的一天!'我对见证历史时刻的一天心生厌恶。"(GW 198)人们对如史学家这样的主管当局和教育机构非常不信任。历史所记载的对象并不是事件,而是人们对事件的评价看法。这样理解的话,

历史则服务于谴责和煽动：

> 人们总是要强行向我们灌输"历史的教训"，似乎这样我们才能被称之为人——似乎不借助历史（对我而言：正是无需历史）我便无法明白，什么应该去做，什么又应该放过（就如看着一条街道，一条名为弗西莱斯大道的街道）。（GW 118）

与直接经历和间接经历相反，在书写历史时，重要的是制造距离、客观和抽象。在这里，汉德克的理想与科学的理想完全相对：

> 在整理东西时，偶然发现了克拉考尔关于历史的残篇。里面提到历史对他而言之所以变重要了，是因为它可以像摄影那样以相似的方式产生"异化"（不是"陌生化"）效果：这正是我觉得可怕的地方，而克拉考尔所认为的"异化"却是强调性的。（GW 189）

汉德克必须首先克服常人对历史的那种理解："对我而言，体验历史就是：从中得以解脱，从中解脱出来，"（GW 138）无历史——远离那个被十九世纪的现实叙述模式及胜败循环影响深远的世界历史的自由自在——成为一种值得追随的状态，与流行文化的日常终极幸福相当："普利亚大区：在'没有历史'的几百年里，它'坠入无聊的单调之中'（同样的人或许会批评畅销书）。"（GW 206）

他在之前对这个民族所做的画像的的确确是积极的：他针对一整个没有历史的民族的点评可以被视为他对斯洛文尼亚加入世界历史预先所发表的看法，在《去往第九王国》和《梦想者告别第九王国》之前，他对这个民族的的确确做了正面的刻画："'一个没有历史的民族同时也没有未来，毕竟身份认同是人最基本的需求'。(我与漂浮而过的、没有历史的云彩之间的认同)"(GW 124)富有讽刺意味的是,正是在斯洛文尼亚最公开反对汉德克的人,斯洛文尼亚当代著名作家、剧作家德拉戈·扬察尔,后来也多次将没有国界意识、随意飘浮的云朵视作理想的愿景。然而在汉德克看来,仰望天空并非玄学推想的动机或诱因。借助无拘无束自在飘浮的云朵,衬托出了云朵下辛勤劳作之人的不自由:

> 看到云朵、田野和田间劳作之人时:忽然间历史再一次清晰得让人窒息,它隐藏在官方主导的历史后面,是这些人的受难史,死亡,受压迫,是真正的历史,我的历史,我的工作。(GW 218)

缺乏距离是与历史打交道时痛苦的原因所在。汉德克深知造物主的反应,这是他的故乡能够在他身上所唤起的东西:"脂肪,哽住我的东西:奥地利。"(GW 21)此处绝非仅指地理意义上的概念。也就是说,就算回过头来看,哪怕只是关于历史的讨论,对他而言也是不可能的事情:

> 我想到了某个人,他站在我的出生国所遍布着历史的土地上,向我打听我同这个国家的历史之间是什么样的关系,想到这个瞬间(及这个国家那些笼罩在阴暗的雾霭中延绵起伏的山丘)时,我感到自己像是被人用塑料袋紧紧地套住了头。(GW 226)

因为书写历史,论其抽象程度并非在于正确地评价过去,而是在于服务当下。正是它的非直观性,让人们对恶行的记忆变得淡薄,恶行也因此变得易于接受。而历史则并未改变,依然是那个战争的历史:

> 人们能够从历史中去学习,这是一句谎言:真正学习到的无非就是用于今后的策略手法("革命式的容忍",这个常常被吹嘘为政治美德的东西:往往只是麻木不仁;没有能力去同情)。(GW 281)

震颤心灵和冷酷无情所带来的后果,便是一种恐惧史,它教会了人们去接受现状,它作为连续的历史传承着传统,对变革的诱惑乃至突如其来的改变形成了免疫:

> 委婉语"历史";想象着对约伯的反应这段历史尽量全面而完整的了解,能够庇护我,并将我接纳进这一历史当中。(GW 294)

历史对汉德克而言,是一种保留下来的构想,一种借助特别是被当局者惯用的(反向投射的)预知来主宰纷繁复杂现象的可能性。因此他依托吸血鬼的形象直言不讳地讲到:"处处都嗜血如命般地向往着历史!"(GW 199)

那么,汉德克的南斯拉夫形象如何能够实现与这个观点的对接呢?它只是一种对公开和自由、同时对五彩缤纷的(犹如一战前的奥地利)大国形象难以抑制的向往吗?——"童年时代缺乏感觉,奥地利并不靠海(今夜房间里那巨大的潮水咆哮声)。"(GW 197)此处似乎出现了断裂,前后并不一致,但是作者对此是知晓的。

> 我断断续续地维持着对自己,对我的形象,对我的人生的认同——尽管如此,我还是坚持着阶段性无能,将我与自己进行辨识和认同:我必要的艺术家霉运。(GW 198)

历史构想和媒体批判卷入了彼此间的竞争。早在二十世纪七

十年代中期,汉德克便认为:

> 下流的历史剧能被报道追捧,但缺乏叙述性,它或许让别人在"历史的庄严"面前感到毛骨悚然,然而在我心里却激起了一种无法逾越的抵触感,抵触这个受到吹捧的体制,这个成了国家的代名词的体制。(GW 257f)

南斯拉夫作为持续性的载体被赋予了积极的意义,而斯洛文尼亚的独立作为步入历史的入场券——并借此被纳入西方消费世界通过媒体所塑造好的概念中——却被同情和拒绝。为斯洛文尼亚辩解的理由是,推动力来自外部,在一定程度上源于西欧盟国家的扩张追求,或是焕发帝王与君王情怀的怀旧式中欧的复辟——实际上,这就是那些斯洛文尼亚知识分子曾经的口号,他们在二十世纪八十年代筹划了南斯拉夫的分裂。在汉德克看来,"首当其冲应当遭到惩罚的,是那些给往昔的北南斯拉夫国家的人民'灌输'使其认清自身情况的错误思想的那些人:他们是西方媒体"。在汉德克的眼中,斯洛文尼亚曾是一个处于历史之外的拥有'纯粹'观念的地方,那里的世界完全是一个中世纪意义上有待于被"发掘"(= "了解")的世界,以他理想中的缓慢节奏,即以从容不迫而谨慎的姿态对现象加以接近。就算是这样的理想,也属于文学历史的再发现:"人们已经了解并掌握了一切(正如里尔克:'神圣的缓慢和从容')。"(PW 8)

这样的接近必须从缺席者的视角来实现,从斯洛文尼亚语出发,然后接近斯洛文尼亚语。早在1976年10月的一段笔记中,《去往第九王国》的本质就已经被安排好了:"失踪者终有一天会主动现身,并讲述自己的故事。那些被人们认为已经死掉的人,才需要尽力去显示自己是多么的生气勃勃。打倒那些新闻报道!让那些'旅行者'的故事见鬼去吧!"(GW 260)然而,在任何情况下,体验和观念比媒体传达的知识和事实更可取。于是斯洛文尼亚在出身方面变成了一种替代,在奥地利所无法实现之处,它便必须或者能够发挥出作用。

"一个人只有坐下来才能思考和写作(居斯塔夫·福楼拜)。——因此我抓住了你,虚无主义者! 久坐是反对神圣精神的罪。只有散步得来的思想才有价值。"人类学家赞成汉德克的判断:

> 多数人认为散步和徒步是一种休闲性的重复过程。[……]这种行进方式与头颅和大脑的发育,以及学会制造和使用工具的人类进化存在关联。因为,哲学家如海德格尔和诗人如贝恩哈德——质疑一切理性主义理论——认为行走和思考之间存在紧密的联系,我们于是也不会感到奇怪了。

被汉德克翻译的斯洛文尼亚作家古斯塔夫·亚诺斯也强调行走和写作之间的关联。

斯洛文尼亚作为行进中的故乡,它可以变成思考之地,并因此象征或至少掩护着他者(作为变形的可能性,然而斯洛文尼亚需保持自身不变,这是变形的前提条件),也至少短暂地缓解着汉德克的向往:

> 我认为,我已经进行了多次尝试,尝试去想象一个不一样的奥地利,以徒步的方式,在奥地利漫游,这样我便可以以别样的亲眼所见,或者使用更美丽的词来形容,从一个别样的视角出发,借助一个个细节,去总结归纳。但其实我并没有做到。

于是,自己原本的出身便遭到了改写,就如同在"梦中:'我曾变成了犹太人'"(GW 317),德国施暴者被省略掉:"他丧失了很多东西,那些并非他天性,却关乎他出身的东西,只是因为他学会了隐瞒。"(GW 128)无论是失踪者和死者的缺席,还是幸存者因被省略去而不在场——后者因受到保护或随波逐流在战争中幸存了下来——二者所营造出的是双重意义上的空缺,该空缺借助深度明了的现实而得以表达,又同时被写入了现实:"和沉默一样,空缺也是一种肯定,它只有通过对比才能变得具体,一种'这个和此处',一种能停留住的此时此刻,人们从圣徒身上抽掉了所有的虔诚——并同样没有将自己包括在内。"将自己排除在外,这表现在多个层面:一方面,汉德克旨在讲述单独个体以及民族的故事(vgl. ZW 76),并在修昔底德的《伯罗奔尼撒战争史》背景下,完成了那个在《孩子的故事》里关于他女儿(作为未来性别代表)成长的和平故事。另一方面,他将自己的出身植入一个新创造的、刻意塑造出的神话里,一个关于斯洛文尼亚及其(代表独立自我的新开始的)人民的神话。这源于作家的生平经历,确切地说,则是格里芬的斯蒂芬特教堂,在那里长眠着——斯洛文尼亚的——先祖们(而两个在战场上牺牲的舅舅只有衣冠冢;继父和妹妹在八十年代才去世):"迄今为止,我心里唯一关于人民的思想来源于农村的墓地。"(GW 281)

与"门户人物"的遇见之路跨越了空间距离,促成了重新掌握他们的语言,有助于"在与陌生进行自我相遇和自我疏远过程中"展现自己的语言,最终促成对先祖的语言的翻译。其目的在于,追随着奥维德的《变形记》,"让逝去的人通过改变和翻译而继续存活下去"。翻译在这里不再主要是,或仅仅是一种语言学过程,语言化和文字化旨在触发图像的生成,图像借助经验得以饱满,并进而显现出本质。翻译跨越语言并有所指向,但并非指向未来,而是回指至出身与来源,指向其最初本意的彼岸。这些概念借助于本质"被回译成那些非语言的东西"。

正如鲍勃·迪伦在卢布尔雅那所讲的:"英语是我唯一的语言。有时候甚至不止如此。"

7 缓慢的归乡(1979)

四部曲《缓慢的归乡》是对语言危机、表达危机和写作危机的回应。在这里,汉德克富有传统色彩的、极端的新定位,并没有被视作一种对已有成就的延续和扩大,而是被看作一种保守的180度逆转。和《大黄蜂》结尾的彻底清算相类似,首先必须先通过"写"而迈出第一步——这包含了四个步骤,其中两个步骤专注于空间,另外两个步骤专注于时间:"我必须找到和我同样的人,并加入他们!只是,谁才是和我同样的人呢?他身处哪个国家?哪个时代?"(LH 147)

四部曲的前两卷属于视觉流派,标志着作者"从富有批判精神的语言游戏者角色,转向了对具象世界的观察者角色",它们反映了作者对作为空间的风景的体验和表现——通过中篇小说《缓慢的归乡》中决意启程归乡的地质学家索尔格,以及《圣山启示录》中两次前往南法普罗旺斯圣维克多山追寻法国印象派画家塞尚油画创作源泉的画家保罗·塞尚。第三卷和第四卷则以时间为表现对象:《孩子的故事》围绕一系列柔和的故事来探讨传统与未来互望的可能性;《关于乡村》以公墓围墙为背景,借助主人公决定告别家乡的故事来讲述过去、出身、姊妹和遗产继承。早在很早之前,汉德克就像克莱斯特那样追求着"圆周运动,在觉悟之后,最终回到了原点"(IBE 28)。向心力和离心力的同时作用,成就了令人瞠目结舌的紧张关系：

> 在这一巨大的损失来临之时，我的反应是归乡，不仅仅是回到一个国家，不仅仅是回到一个确切的地方，而是回到我出生的故居；不过我总是想继续留在异国他乡，自己周围有一些人，似乎不太亲近。(LH 146)

尽管如此，汉德克却也并不缺乏令他绞尽脑汁才能做出的决策。通过保罗·策兰，他懂得了命令式："你不要写作｜在不同的世界之间，｜站出来反对｜纷繁多样的意义。"至少在那个瞬间，正是通过映照和翻译（概念借助重现而活了过来）而一语中的。索尔格是一名地质学家，这或许可被视作对卡夫卡《城堡》中被动的人物 K 的影射。索尔格这个人名源于法国当代诗人和抵抗战士勒内·夏尔家乡的河流索尔格河。在克拉根福的演讲中，汉德克还会再次提到他。

自然研究专家索尔格凭借着他的仪器设备发明了新的、精准的神话，用于在一望无际的天空下重新找到定位，他的"神话发明，他在自己职业的帮助下所维持着的神话，[被]当作[……]战胜恐怖留白、拯救生命的反抗来书写"。在应对"现代的卓越丧失"方面，他主张"求救于神话"，但不是直接采纳现有的神话，而是创造自己的神话。由于基准点的丧失，确定关联也因此而变得困难。因此，汉德克专注于不显眼的、无关紧要的事物，因为全局的整体不再是轻而易举就可以想象到的。这就是他主张"为了挑战整体而深入细节"的原因。

认知循环，以及图像与主题的回归，它们旨在坚定不移地实现对独立自我的距离构想，该自我是"另一个奇怪而可笑的自己，是幸灾乐祸的第三者"(LH 39)。人们随着距离的拉大而更加镇定自若,它让自我观照成为可能:"与传统意义上的神秘主义者不同,在索尔格那里,对这个'极端的他者'进行担保的并不是'上帝',而是一个凹形的图像:'归属'对索尔格来说表现为一种'圆环的形状'[……]。"

在这里,主人公又一次被向往的他者和令人感到压抑的缺席共同影响着。索尔格的"意识状态,从历史哲学角度来看,的确是与时俱进的,他认为一个绝对的价值体系是不存在的,而正是该价值体系的缺席让索尔格面临毁灭"。索尔格对他者的探索与他的归乡一样,仅仅是一个开始,或者说为此所创立的前提条件:"只有在一个特定的界限内才能够建立起来亲近感,同样,人们也总是礼貌地接纳他者显著的陌生。在形成稳定的身份认同方面,索尔格最终缺乏的便是以他者为镜而对自我的恒定映照。"身份认同危机小说的两个特征,都出自汉德克二十世纪八十年代所关注的作家索伦·克尔凯郭尔。马克斯·弗里施的《施蒂勒》,其中的第一个特征也适用于踏上寻找自我之路的索尔格:

> 看到了吧,选择自己的确是更为困难的,因为在这样的选择中,"绝对阻断"与"底层连续"是完全一致的,因为做出选择以后,再进行别的选择(让自己变成别的什么),这样的可能性便已经被排除在外了。

只有在一种螺旋式接近中,通过对最初的地点和时间的重现,决定"童年构成,即地点的"(NNL 11)"童年地理学"(LH 114)才能够对出身进行发掘,并赋予它丰富的内容。《去往第九王国》可以被视作"对索尔格童年地理学项目的具体实现"的证据的,便是作品里使用了"儿时的风景"(W 202)和"儿时的那些地方"(W313)等概念。儿时的地方始终富有魅力,并在成长阶段能够在世界历史中有一隅属于自己的位置。索尔格和他所代表的汉德克或许必须回到故事的开端,这样才能够归乡并开始。写作的目的在于归零并创造去充实故事的可能性:"索尔格的故事:因为它得述及才干、卓越和纯洁,所以它不得不陷入与历史,特别是第三帝国的历史的冲突之中,在那时,这些东西(权利、婚姻、爱情、本性)遭到了永久地亵渎。"(GB 128f)

历史与当下在某个停顿的瞬间相互进入彼此,在同历史的暴行进行较量时,日常的和平占据了上风,罪责被同情和怜悯取代,于是在超越个体之上,便形成了一种用于宣告和传播的可能性,产生出一种新的传统:

> 光变成了物质,现时变成了历史;为了在其逃逸之前让目睹之事具有法律上的确定效力,索尔格起初处在痛苦的抽搐中(就没有语言能够描述这一时刻),后来便平静和客观了。他要记录下所看到的一切,使之具有法律效应,免得它又化为乌有:"凡是我在这里所经历的,不容逝去。这是一个立法的时刻:它宣布我免除了我的罪责,免除了我这个独来独往的、始终只是偶然有能力参与的人承担起尽可能坚持不懈地参与的责任。这同时也是我的历史性时刻:我在学习(是的,我还能学习),历史不仅是像我这样的人只会横加指责的序列,而且自古以来也是一个每个人(也包括我)可以继续和促成和解的形式。"(LH 176f)

汉德克成长于这样一个时代,那时奥地利的施暴者再次享有话语权,而受害者不断争夺着话语权,因此汉德克已经知晓,在口语和书面写作中,对只是在臆想中居于上风的传统进行延续,要比偏离它甚至反对它容易得多。既然"外祖父或先祖身份"(ZU 6)

的格里高尔·肖茨在后代中找不到继任者,那么作为长孙的汉德克便决定成为他的后裔。

8　圣山启示录(1980)

汉德克曾经提到过外祖父的人生片段中一些令人不快的事实,因此,这一点使他备受质疑,因为他曾在克恩滕民役组织的宣传杂志《故乡的声望》上刊印了《圣山启示录》(LSV 87)中的一段节选:

> 彼得·汉德克,新斯洛文尼亚人,奥地利作家,于1980年10月13日在《方针》栏目里写道:"我的外祖父1920年在就奥地利南部地区是否划入新成立的南斯拉夫公投中投了赞成票,于是便收到了来自德语族群的死亡威胁……。"
>
> 难道汉德克如今成为童话作家了吗?毕竟在1920年公投之后,为南斯拉夫投了赞成票的斯洛文尼亚人,没有任何一个受到了威胁,更别说被迫害了,这已经是尽人皆知的事情。如今拿这种荒诞的故事来做文章,这是一种什么样的用意?

由于杂志的发行时间贴近克恩滕全民公投的六十周年纪念日,因此,不论是左翼杂志《方针》,还是其出版地维也纳,它们共同成了"忠心不二"的克恩滕德国人眼中的丑闻。然而,这只是《方针》杂志从汉德克当时的新作《圣山启示录》(LSV 69)中所摘抄的一段话。在这里,文学话语与政治话语之间的区别变得倍加清晰:在笼统的约定面前,个人回忆应当失去效力。

汉德克在《故乡的声望》中不加解释地使用"南斯拉夫"这一历史角度上并不恰当的称呼,这应该感谢后来的共产主义时代,特别是二战及二战后所发生的一系列的历史事件,它们使得对塞尔维亚-克罗地亚-斯洛文尼亚王国(SHS),即 1929 年后被称为"南斯拉夫"的称呼成为了可能。拯救或平息冲突又一次自然而然地成为了女性的使命:"我的外婆居中调停。调停的地点:'田埂';斯洛文尼亚语叫'ozara'。"(LSV 69)对暴行的沉默,借助避而不谈乃至沉默来唤醒记忆,它们是汉德克处理负载性概念与语言符号误会的特殊方式。

"耕地转型"作为一处位置,一处非正义、从胁迫到被制止的位置,被证实为一个——通过'他者的'语言才——具有强调意义的地点:

> 这个地点曾在我心中既没有名字,也因此没有画面,借助斯洛文尼亚语的单词"ozara"或复数形式"ozare",我其实才发现了它。于是对我而言,便出现了一个地点。若只是通过德语单词"Ackerwende"(耕地转型),那么我什么都看不到。[……]还是那时我尝试着学习一点斯洛文尼亚语的时候,因为找到那些以前在我看来还算不上地点的风景点,是一件美好的事情。

随着时间的推移,汉德克对外祖父投票支持塞尔维亚-克罗地亚-斯洛文尼亚王国(SHS)的看法发生了改变。对此他讲述:

> 关于我在克恩滕的斯洛文尼亚外祖父,他 1920 年在全民公投中投票赞成奥地利南部地区被划入新成立的南斯拉夫,我始终都更愿意认为这是他对斯拉夫语言所做出的选择,是他对 1918 年收缩了的德语奥地利的反对——但是一直以来我都在问自己,在哈布斯堡帝国灭亡、奥地利共和国建立之后,他的这一决定会不会基于某种思念或者需求,他或许并非

思念皇帝，但至少向往一个国王，一个年轻的南斯拉夫民族所拥有的、高高在上的国王？（ARN 106）

于是，外祖父所做出的历史决定，即选择保守地支持那个国家，也得到了外孙的支持。从这一层面上讲，斯洛文尼亚人是被动的忍受者："有人说过，这个国家的人民完全缺乏民族自信，因为他们从来都没有遇到过必须在战争中保卫祖国的时刻，这与塞尔维亚人或者克罗地亚人不同；所以，他们甚至连合唱的时候也经常是令人遗憾地沉浸在各自的世界中。"（LSV 69）在斯洛文尼亚，人们甚至认为必须印证外人对斯洛文尼亚的印象，即一个善于忍受的民族。（vgl. ARN 25）人们在宣告汉德克是斯洛文尼亚人时就在想，不懂感恩，也不被全世界理解，用在他身上再准确不过了：

> 既然汉德克在一个如此理想化而又难以看透的层面上不仅成了德语作家，而且成了斯洛文尼亚作家，那么降临在——名扬海外而举世瞩目的——他头上的不幸，则与和他相同职业的国人并没有什么两样：对他的不理解，以及对他借创作而传达的信息的不理解，就从各方面的数字来看都是小国的斯洛文尼亚而言，以及由此所导致的国民脆弱心理来分析，这是再正常不过的结果。

具有讽刺意味的是，这种事情原本应该在1991年夏天之后才发生，即汉德克放弃了斯洛文尼亚立场，并停止了对南斯拉夫的支持之后。在与斯洛文尼亚告别的同时，汉德克也放弃了自己建（重）构起来的出身；汉德克很早以前就追求着这样的解脱，却凭借后来所谓的外部环境才得以最终实现："一句哲人的话［……］：斩断他人的根基，这是最恶劣的犯罪——砍掉自己的根基，却是最大的成就。"（LSV 35）然而在此之前，通过讽刺性的迂回至奥德赛,却还有过对自己的质疑:"通过申明我是一个无名者,我将自己带入了(暂时性的)安全境地。"(LSV 36)这是作家本人一直以来所追求的愿望,结合着他对虚无的向往便能够看得出来:

> 对破坏自我稳定性的他者进行同化的努力,以及存在于自我实现与坚持不懈地忘掉自己、成为'无名者'的愿望之间的悖论,自七十年代起作为一个反复出现的永恒悖论,贯穿于汉德克的作品中。

成为无名者这一呼声,尤其在南斯拉夫变得越来越高昂:"对此保持沉默,让惯常的我变成了纯粹的无名者,而我,摇身一变,变得比单纯隐形的时候多了一些东西:作家。"(LSV 57)本质转变得令人毫无防备且保持持久;使用一个圣经中的概念显得完全合适。"形象的改变一举两得:这吸收了他者的特异,又同时凸显出了自己是'无名者'。"后者意味着献身于风景,沉入文本的世界里:"一个理想的叙述便在于讲述者完全丢掉自己,成为没有自我的无名者。"

作家必须自己先处于平静之中,然后才能在创作中制造平静。只是作为独行者的他,其目的是"加以传达,它就是合理的建议,那是为我那整个从未确定的隐形民族的团结所做出的建议"。(LSV 57f)读者的民族是分散开的民族,因为读者需要一个个的单独被寻找。把平静作为目标,旨在超越历史:

> 现实于是便成了业已实现的形式,它不会抱怨历史变迁中的沉浮,而是在平静中再现它本来的面目。(LSV 18)

汉德克有意识地站在了"文学追求和平与自由"这个传统的一边,于是在选择基准(Bezug)方面自然是挑剔的——"追求开敞(ins Offene),我在荷尔德林那里学到了这个表达,但并没有要滥用它的意思"(ZW 109)——将此概念加以发扬,使它服务于自己的向往:"就是我自己也可以反复的成为开敞"(LSV 20)正如荷尔德林所说的:"启程。来吧!让我们的视野延伸向开敞,│我们找寻着自身,无论它有多遥远。"

调解(Vermittlung)和联结(Verbindung)因此而成为可能。他借助一位奥地利古典作家而证实了自己:"我在格里尔帕策的《穷乐师》中读到:'我的身体因为对于关联的渴望而不停颤抖。'"(LSV 78)"诗人的话语"例如"呼与吸的转折"(LSV 77)或者"向黑暗渐变"(LSV 29),被保罗·策兰用来描述自我的再定位和转向他者的过程。同时,这种对他者的尊重以有待建立的亲子关系为前提:"就连一个五岁的孩子都明白什么是他者,也知道在他者面前要保持尊重。"(NNL 97)它的前提在于需要在感官上唤醒对从前的记忆:"而我也感受到了当时的气氛,仅仅通过塞尚工作室里那件肥大的黑色上衣,它与外祖父的那件几乎完全一样。"(LSV 79f)但是对记忆的唤醒可回溯至最直接的记忆,借助文字(此处一语双关)所取得的记忆:

> 我早已对这样的任务有过深刻的印象:那时我母亲的一位后来在东方阵亡的兄弟,他一只眼睛已经瞎了,而他从战场上寄回来的信件总是字迹非常清楚,我小的时候总是喜欢一读再读。长大以后我也经常梦到他,所以我有一种强烈的愿望,就是再变成他,然后重新体验圣像柱旁那蓝色的背景。(LSV 80)

从狭义上来讲,这个失踪者既不是施暴者也不是受害者,尽管他是为侵略方而战死的。两次采风所得的画像——瓦莱里恩山和圣维克多山的头盖骨山丘,这个和平之山的名字令人望而生畏——都给人感觉近乎弗洛伊德式（或拉康式——拥有与《去往第九王国》里面的柳贝利隧道和卡拉万克山隧道类似）的意义。为保持将历史暴行尽量留白的策略，叙述者尽量避免富有历史意味的地点，"这座山在其中并不引人注目，山上修建了一座用作防御工事的要塞。二战期间，德国占领军曾将此要塞当作大规模处决人犯的地点。"（LSV 67）

因此，映入内心世界的不仅仅是一幅幅具有身份认同意义的图像。让战士们为之而献出生命的祖国，也总会逐渐地变成能够被传播的历史图像，但它与自己的童年记忆并不相一致："当我得知第三帝国的事情的时候，我认识到，再没有比它更邪恶的东西了，而且只要我力所能及，我都会按照这个认识行事。但同时我又总会觉得，我孩提时所经历的那个德国是与之无关的。"（LSV 70）

在所有反对严肃文学的辩论中，汉德克的关切——"（因为借助写作我当然想改变点什么）"（LSV 78）——并不是纯美学的。违背精神的罪行也算作一种违背创作语言的罪行："真相是战争的第一个牺牲品吗？不，语言才是。啊，语言。"（UT 23）而这一点尤其在他的创作媒介中显而易见："德语是一个阴险的语言：随着历史的变迁，每一个单词都可以蕴含贬义。"（ZW 112）他尝试通过诗来将被玷污的概念和承受历史负担的概念如"万岁"（Heil）（LH 9）或"帝国"（Reich）（LSV 73f）洗白和涤罪——类似于维特根斯坦的主张，他在1940年指出："有时候，人们必须将一些表达从语言中取出来，洗干净，——然后再放回去。"于是便又找回了"良好的创作感觉：我又可以使用所有的词汇了。"（GB 114）汉德克在品读古斯塔夫·亚诺斯（早前）的诗以及斯洛文尼亚（文学）清白完整的语言时无不心生嫉妒：

是的，但是这也有……一个不同于德语诗人所持有的、相当迥异的视角。毕竟花还能够被称为花,玫瑰、女孩、海也是同样的道理,而在我们德语的诗歌里……或者再比如心……我们是完全无法做到这一点的。

至少对德语而言,这种同义反复式认同,尤其通过文学中对冗长的坚持(如汉德克的《预言》)早已被证明不再稳定。尽管如此,对清晰明确而非模棱两可的语言的向往依然存在。站在历史事件的另一面,人们使用个人的经历,利用个人特质的语言方式为现有的词汇注入新的——而且是积极的——意义。这样的努力决定并贯穿着汉德克在八十年代的作品。他通过创作来反对自己所使用的语言,反对历史对语言所加以的限制与改造:

> 或许这的确[……]与德语和德语语言史有关——,它[!]代表着一种分裂:无论是"虚无"或者"重现"抑或是"门槛"。我赋予了它们清晰明确的意义,而且是积极正面的意义——这也并非是我的刻意行为,而是因为这的的确确就是我亲身所经历过,且正在经历的。(ZW 187)

词汇的使用也影响着词汇本身。由于维特根斯坦曾经认为世界观是由语言所决定的,因此汉德克认为哲学家尼采一锤定音地实现了严格意义上的反转,并与这位把玩文字游戏的大师一起并驾齐驱:"尼采所做的事情,便是对价值进行重新评定,这往往就是对词汇的重新定价——这是他的贡献。"(ZW 205)尤其是在八十年代早期,尼采对汉德克的文风和词风影响颇深,这一点值得进行单独的研究。下面的例子足以说明,在德国众多思想家当中,选择对这位最具诗意的思想家进行关照的意义所在:

> 最小、同时也是最大的幸运往往集于一身,于是幸运变成了命运:能够遗忘,或者说得高深莫测一点,能够非历史地进

行感知的才能。不能够忘掉过去而让自己停留在瞬间转换时那一刹那的人,不能够像胜利女神那样英勇无畏地坚持主张的人,就永远不会懂得什么是幸福,更糟糕的是:这样的人从来也不会做一些能够让他人幸福的事情。

未必非得是弗洛伊德的维也纳才能告诉人们"幸福就是,人们忘记了|不再能够被改变的东西"。尼采学派透露了思想转变的优雅悖论:被遗忘的东西反复重现,追求与先前或者甚至身份相符,这完全不能构成一个目标:

> 甘珀:那重现呢,在您看来它的前提便是空缺,亦即没有沾染上历史?
>
> 汉德克:是的,这正是我想表达的,或者说这正代表着那些时刻,那些我能够在历史真空中去看待自己的时刻,那些由此以来我在这些认知时刻最能够感觉到我的确是我自己的时刻。(ZW 112f)

历史遭到了政治的粉饰,于是便肩负起了责任:"我却发现了一个越来越丑恶的、僵化的联邦德国。即使那些[……]挂在嘴边的人,做起事来也像是暴徒,而每个个体都变得多愁善感。"(LSV 72)卷入同德意志文化,以及由此而生的、无法当面掌控问题的无能之间的冲突之中,便揭露出了面对毫无出路时的绝望,以及如此胆大妄为的行径的徒劳。这是选择逃往他者的原因,这样一来,由于事关过去的证人与证据均不在场,于是便赢得了与之相关的必要距离:

> "在德国",汉德克说,"不会再有伟大与出类拔萃,因为在纳粹主义之后,和解并未发生。缺乏形而上层面的赎罪。[……]我时而对摆脱绝望的法西斯暴力感到深深的、有

违常规的同情,但我并不会同情通过马克思主义或者其他类型的意识形态而为自己辩护的左派暴力。我同情因无法言说而忍受着痛苦的人。[……]有时候,我感到希特勒作为一个人几乎就在我的身边,但是我不想听到关于他的任何故事,[……],我觉得这也应当受到谴责。我更愿意专注于书写我自己的暴力行为,而不是别人的。对自己的暴力行为进行反思和清算,这是德国所缺乏的。而它也是我为什么没有办法能够在德国生活的原因。"

汉德克坚持将德语作为写作语言,这一点从未受到严肃的质疑,尽管汉德克在返回奥地利的同时,也绝非偶然地开启了翻译活动,并且他全面从事的翻译工作也使用着不止四种语言。逐渐回归生平和语言的原点,逆时代潮流而行,并且对自己预设性的图像认知与观点进行平反,这都是从奥地利开始的:"从德国到奥地利:对过渡的感知,犹如从'机打'向'手写'的过渡。并且:我向自己偏见的中心位置靠得越来越近。"(GB 25)尽管在陶努斯购买了房产,但在汉德克心中,德国作为一个项目已经即将宣告破产,并被束之高阁了。"柏林和德国,这我而言——我讨厌将它作为民族,作为……——便是全部(同时笑了笑)。"(NNL 95)一方面是全部的历史,另一方面则特别是近代史中德国主动书写的那一篇,二者共同让距离得以产生并保持,让对同情的阻碍能够得逞:

"德国是危险的,德国是血腥的,难以看透的。在德国,这进入了历史学,出现在报刊里。[……]我对此很反感,而南斯拉夫则并不令我反感,我总是可以为它而流泪。但是我从来都无法为德国而流泪。"(NNL 96)

南部的斯拉夫成了颠沛流离的(确实可以说是基督教意义

上)苦难的代名词,成了心中设想的远离历史的乌托邦地带。奥地利位于南斯拉夫和德国之间。它的国语作为一种方言显得陌生而令人反感:"你们粗俗而肆无忌惮地使用你们的方言。诚然,这个国家的多数国民在方言的泥塘里打滚,以致在这样的方言中已经不能再找到与语言的共同点了。它只剩下发音了,而且是在最好的情况下。泥塘打滚的声响让篱笆外的人感到了侮辱。"(GB 172)然而,这样的判决不仅仅适用于奥地利:"而方言,那曾经是'灵魂的口音',如今也只能算是毫无灵魂可言的笨拙,就像是在说外语,它在内心深处(在奥地利也是如此)已经与人们背道而驰。"(LSV 71)尽管如此,一个世俗的五旬节神迹的轮廓渐渐清晰:"下面经过的人正在说着的方言,远远的听着,犹如集所有语言于一身的语言"。(LSV 105)

9　孩子的故事(1981)

合多为一,视为相同,把两个概念进行合并是一个重复出现的手段。完全重视历史的双重意义,汉德克在介绍孩子的生活时,把史学史当作榜样:"始终都希望像书写一个民族的历史那样,去书写每一个单个的人的故事。在浓度和清澈度方面,一个这样的讲述必须要与历史的书写不相上下,例如关于修昔底德的故事。"(ZW 76)当然也只是朝着未来的方向,作为一种可能性来睹今思昔:"没有孩子,我就完全不会感受到先祖的真实,并且我也就不会那么亲切地去思念他们。"(GB 198)以当下为出发点向外思考,使用孩童的方式描写历史。通过对距离间隔的找寻,从所获得的间距出发,偿债成为了可能,建立一个新的,"另一个"——摆脱罪责而一身轻松的——传统也成为了可能。循着女性的线索,开启一段对立的故事成为了可以实现的事。女儿被称为"孩子,可爱的主宰矮人"(GB 95),强化着与母亲的身份认同:"那里的那个女人,除了是此处的自我之外,怎么还可能成为别人呢?"(K 24)将单独的个体与团体在形式上等同起来,成为了迫在眉睫的认知:

> [……]一个特定的历史语境,它具备一个真实存在的对立的故事的所有特征。其关键性品质在于,它反对那个由纳粹政府的德国人将欧洲蒙上战争阴影的历史。对汉德克这样一个出生于战争,父亲是德国士兵,母亲是斯洛文尼亚人的儿子来说,所关乎的绝非一种抽象的历史局面。

是那些事态,那些局面,它们注视并洞穿着单独的个体,正如里尔克直截了当的命令——"你必须改变你的人生"(K 11)——持续向前。儿童的视角帮助"成人"实现了一个外部视角,一种他者身上的镜像反射,一次有距离感的自我审视:"期待,这成为可能;以及同时伴随而生的期限意识,这样的痛苦与曾经因不能够想到差异而痛苦,两者还不是一回事。"(K 25)身处外语语言环境,这一已经实现了的孩童时的愿望所导致的陌生感则更加强烈,"童年时,他有时候期望掌握一门迥然不同的陌生的语言,并或许真的将儿童游戏中的一些胡言乱语当成了这样的语言"。(K 63)目标始终没有变化,对属于自己的东西的向往感愈加强烈:"难道人们不就是借助于他者方才能够清晰而具体地感知到自我吗?"(K 59)如同圣经的应许之地,属于自己的东西甚至可以数量众多:"比如德语有这样的表达:属于你的那些,它们或许在别处。再比如德语表达:另一个民族,拥有着不同的历史。"(K 58)

这种完美正是通过距离间隔成为标准:"于是大师名家便始终是其他的人,别人。"(K 104)在——法语和德语——两个语言世界里来回切换,孩子承受着考验:"有待于认清的是,所谓的双语并非像人们所说的那样,是一种宝藏,拉长时间去看待,它反而成了一种让人饱受折磨的撕裂。"(K 91)父亲的退后以及隐身可以帮助孩子减轻一部分的负担。("并且父亲确信,这个'永恒的他者'的缺席对孩子是有好处的。")(K 95)

他拒绝用焕发着浪漫主义色彩的视角去看待童年,也绝不允许自己这样去做。"作为一个已经发育完成的怪胎,他沉浸于自己的童年里,并且在成人后依然像一个孩子。"(K 33)这位父亲难以摆脱在时间和空间方面的归属问题。他用强烈的同情心将犹太人视为一个散布在整个地球上、散居在外的教徒集体的代表:"犹太人是唯一一个成年人渴望归属的现实民族。"(K 61)然后他想到了一个位于双语的下克恩滕的地方,一个叫作"加利钦的乡村"。(K 103)于是,他便笃定地相信这样一个观点:渴望群体认同便意味着承认弱点:"此处他在咒骂那些虚无的存在者,那些为了自己的履历而需要历史的人。此处他也咒骂历史本身,发誓要为了他的人格而放弃历史。"(K 75)然而迫使他拿起笔进行讲述的原因,却正是弱点本身:"只有在——因错失或罪责所致的——悲痛中[……]我的生活才能演变为叙事。"(K 44f)面对特别是他舅舅的苦难经历,他决心要将自己从他的出身中剥离,或者至少通过以它为中心的持续写作而摆脱"糟糕的思乡情节,这曾带给他的先祖们难以治愈的伤痛"。(K 79)

缺乏历史和民族归属,在狭义上为他的出身蒙上了阴影,其决定因素源自他家庭中的德国血统,即父亲那一方。因此,他成了"那个配不上称之为民族的后代,[……]一个没有民族也丧失尊严的人"。(K 64)并且,这种缺乏尊严的感觉代代相传。"他的孩子,因为出身和语言而成为了那个卑鄙行凶者的后人。"(K 61)但是他"这个受传统戕害而失能的人"（K 62）振作了起来,"决意从自身出发而书写另一个新的故事"（K 100）,它由孩子和父亲共同来实现。父亲和女儿一起将鸟屋上的卍字饰用油漆遮盖（vgl. K 107）。"然而这个令人厌恶的符号还是在那里,哪怕是作为幽灵而存在,它'标记着'那些已遭到灭失的在场之人"。清除烙印变成了基础行为。经历接连着经历,通过"和"连接起来——找到了位置并寻到了根基,它们用意义去充实自己。甚至集体的（或者至少难以归于单个个人的）创造也变得可以接受,成为有利于所有人的诗。普遍性要求以归属和参与,公共而非单纯的私人为前提。

10　铅笔的故事（1982）、关于乡村（1982）

单个的个体感到自己被驱逐出了历史的天堂：

> 共同的生活体验只存在于我的地理和历史意识当中,并且是片段式的瞬间。（难道我不是也是历史的过来人吗？难道本世纪的历史已经摧毁了我对历史的感知了？）（GB 172）

不单单是历史的暴行,还有过去以及现在谈论它的方式,都在随处可见的历史亢奋方面败坏了汉德克的兴致。他对历史的批判（包括他针对媒体和政治的言论）也堪称对历史讨论的批判："你们的'历史意识'仅仅只是你们语言的替代（而我可不会奉献出我的语言）。"（GB 94）童年的经历始终刻骨铭心："正如地方的范围始终决定着童年环境的大小。"（GB 10）然而,至少软弱无能的忍受历史同样也是历史："我为我自己做主：不再像童年那样了。"（GB 149）

或许意识倒是能够发展成长,然而体验能力却随着年龄而下降。敏感儿童的小宇宙持续发生着越来越大且越来越强的作用。意识也以同样的方式从社会的阶层和民族的边缘加强生成:"我对出身的热情激昂将我保持在古典主义之外(市民阶级的符号)并让我保持着传统(这不仅使我高贵)。"(GB 20)

尤其是在汉德克被认为转向保守的时期,他猛烈地反对既定者,但是却不能将始终延续的传统路线作为反对理由。他已经不可挽回地失去了生平意义上的故乡,唯有通过创作和虚构方才能够找到替代:"显而易见的是,我无法通过视觉、听觉、嗅觉和回忆来为自己拼凑起一个故乡——我必须在写作中为自己构建并创造出故乡(并且永远都不能说:'我的故乡',它只能是:'我所谓的故乡')。"(GB 22)这个故乡并不是农民们所理解的老家的庭院(即方言中的"Hoamat",拥有地基和地皮,并且具备一定的规模),而是一个更大的思想生成物,它往往无法在现实中真正被找到:

> 看看如今的闹剧变成了什么样子:既没有了民族,也没有了故乡。然而从长远来看,每个人到头来,至少在思想上,除了热爱自己的国家和民族之外,倒也别无所做——但这也是我到过很多陌生的国家以后才获得的感悟(GB 171)。

只有通过距离与隔阂,并在他者的映衬下,这样的构想才不仅在智慧上能够被洞察,而且在情感上能够被接受。可是即使这样也并不能改变个体无归属的事实:"有时候我会流泪,因自己没有民族而哭泣。"(GB 140)在团体中沉沦与浮升都是难以实现的。那些始终处于缺席状态的不死生物,它们变得越来越当下化:"'在闲下来的时刻,我除了回忆死者之外,其他什么都不做'(福楼拜)。"(GB 61)故乡充满着过去和死亡的意味,与距离相比,这是更显而易见的:"我远离故乡:我远离死亡。"(GB 157)重复出现的归乡画面几乎近似于跃升的画面——"'朝着故乡的方向'对于我而言即'走上坡路,蒸蒸日上'"(GB 165)——,和位于交叉路口而选择的画面,"(同时我在想,斯洛文尼亚语对于这样一个'终极农民'来说曾有着自己的表达)"(W 235f)汉德克父母的院落位于他所在村最尽头的相对高处。尤其在十九世纪的斯洛文尼亚语词汇中,汉德克位于普通农民阶层的童年世界——特别是由于缺乏一个大世界而——被细致且面面俱到地记录了下来。如今,对时间与空间过渡的标记已不再代表着死亡,即终点。"界线并非代表着事物的终点,而是事物本质的起点。基于此,空间的本质源自于地点而非'那个'位置。"(GB 108)这或许并非与个人经验相吻合,但却是朝着尼采意志的根本转变,即肯定并接纳。从自然科学的方法出发,歌德的《亲和力》成为水到渠成的传奇。受过正统教育的农机机械师阿兰·罗布-格里耶也是如此,至少在他被称为'传奇'的自传性三部曲之后,以及斯洛文尼亚的鲁迪·塞利戈。就连维特根斯坦在形而上学方面的弱点也是有据可查的。于是,代表着集体经验总和的神话,便成了市井知识,成了对确信不疑最大程度的接近。"因为如果神话经受住了历史的考验,那它在它所处的时代则能够被相信,并且必须是它所处时代批判性思考的最终话语。"(GB 24)然而神话属于过去,它与共同的没影点相同,经得起多元视角的注视。罗兰·巴特的私人神话本身便自相冲突,因为私人与神话二者永久不相容。神话只有在分享的过程中才能证实自己。孤立的梦用不了多久便会消亡。七十年代晚期就曾有曲作者这样抱怨:"我的英雄梦逐渐地枯竭了。"可见的东西不再成为象征,这已经预示着图像的消失。基准点只可能是重新探寻的出发点,而在笔直的路上,它便永无接近之时:

标记早已无处可寻,无论是好的还是坏的。普遍的神话已经不复存在,就连私人神话也随着时间的流逝遭到了毁灭。自我早已失去了稳定持久的语言。[……]借助梦来拯救,就连这条路也已经无法再指望了。"这就是我如今的大考",我心想:"而我还不能够返回家乡!"(GB 117)

汉德克别具一格,对这样的禁止并不予以理睬。他极力反对仅仅从自传的角度去解读他的作品:"有人依附于他所经历的历史,有人受制或依附于别人,有人被童年的故事、先祖的故事和所生活的地方的故事所束缚,而我却并不认为自己也是这样的人。"(ZW 132)尽管他近乎悲伤地赋予了想象优先的权利,但是对比总还是被允许的:"这首扣人心弦的诗是关于我和我兄妹们的故事吗?——不是,相比于我和我的兄弟姐妹们(以及他们和我)的经历,它是一个伟大的创造。"(GB 231)经历中的最底层的确没有争议,而它的中心往往是留白的。通过留白,所言说的东西将无以言说的东西(非语言所能表达的东西)展示了出来:"而出发点则始终都是我自己的故事[……]和来自我的弟弟,妹妹,父母的故事,在这种情况下,后者几乎构成了那种空,一座公墓里面的那种空。"(ZW 193)没有历史的一无所有者"在长长的链条中"正由于其无以描摹性而成为理想的典范——不过两个舅舅的墓穴也的的确确是空的:衣冠冢,缺席者的标记,唯有借助空缺才能得以表现,因为:"空缺,埋葬着祖先们的空空的墓地,原本也曾是空无一物[……]这是我唯一的文明。"(ZW 131)生的虚无(Horror vacui)借助对汉德克眼中的两个核心概念进行转义认知性等同而得以缓解:"就'空缺'而言,您也可以称之为'开敞'。"(ZW 128)从荷尔德林到海德格尔,这个概念具有着丰富的传统,特别是在后期的里尔克那里,大约在《杜伊诺哀歌》的哀歌之八里,它非常的知名。

而杜伊诺距离深受汉德克喜爱(让他敞开心扉)的喀斯特并不远,它在斯洛文尼亚语中被写作Devin,那里也住着斯洛文尼亚人。无所畏惧也不再悲伤的逝去者也同样预示着敞开心扉,他们的缺席是一种震撼,这样的震撼方才足以推动着历史向前发展:"死人是附加的光源——他们促使你们脱胎换骨。"(ÜD 116)里尔克式的"决意去转变"在此处是必要的前提。这个概念与礼拜仪式同时发生并非偶然;这种脱胎换骨意味着被接纳与吸收,代表着借助旧大陆所表示的伪空话和引语而忆起先祖,引语来自英年早逝的斯洛文尼亚诗人斯雷奇科·科索维尔(1904—1926),我们在《去往第九王国》里还会再次提起他。先祖们的斯洛文尼亚史前时代,由那个"老妇人"唤起:

> 我听到了一个声音[……]这个声音对我说:"看见这个奇迹——并忘掉它!你应该要能够看得到这个奇迹,并且在远处将它忘掉。[……]只有我去往极乐世界的父亲[……]后来曾在我再一次回到家时,给我叮嘱了一些事情,但是我不愿意向他吐露任何事情。然后他便问道:难道非要我把你的故事扒拉出来吗,就像从母鸡屁股里扒拉出鸡蛋那样?"——于是我便一五一十地告诉了他一切(她记得呢)"就像从母鸡那里扒拉出鸡蛋,从后面的屁眼里。"([……]老妇人继续回忆着,并想起来她父亲讲的原话。)"Bom sčegetal zgodbo iz tebe kot jajce iz kokoši."——Glej čudež in pozabi! ①——看见奇迹,并忘掉它!)看见这个奇迹——并忘掉它!([……]老妇人继续回忆着)"站在荆棘中的小男孩|他缩成一团|并唱着歌|;白色的野花|正在滴血……"棘刺灌木丛里的夜

---

① 斯洛文尼亚语:我会把你的故事像往外扒拉鸡蛋那样全都抖搂出来!

莺激动得开始唱歌;野玫瑰白色的花朵开始滴血……(ÜD 89f)

在这里,农民土气粗野的形象通过一种海德格尔式的语气生动地呈现了出来:"力量之家,他者之脸面。"(ÜD 112)在与尚未成为历史的史前时代达成和解之后,传统成了一种可能:"你们的工作要产生些许效果——将某些东西传承下去。"(ÜD 112)但是有一个实质性的限制:"施展,施展美丽传说的力量——从而不要让美好每一次都化为泡影。"(ÜD 114)暴行并没有被挑明,只是受到了影射;在中心持续扩大着的留白,再次透露了暴行。因此只有返回乡村才能避开乡下的氛围。同样的,反复重复出现的回忆要想成为可能,并且值得诉说,也必须同业已写就的历史相互对峙。促成这一传统的,是那一幅幅的图像,它们由先祖使用他们画面鲜明的斯洛文尼亚语编织而成,这门语言拥有着富有表现力的动词,和旧大陆形象且简单易懂的语言画面。它们至少在语言描写中(再)创造出了一个和谐完满而未受文明与历史沾染的国度。这些完美世界的占位者和守护圣徒就是格里芬斯蒂芬特教堂后院墙壁上方带状雕刻的东方三贤士。这里,汉德克从现实主义的视角出发,因为他"把在神化过程中由命运所塑造的受苦难者视为了真正的人类"。(ÜD 66)同时,针对他这篇自传色彩最浓的作品的批评指责也并非空穴来风:"他所表达的同情实在太多了,并且他无法长时间地忍受弱者。"(ÜD 30)不仅《去往第九王国》似乎已经提前被概括认定为表象的赞歌,而且汉德克主动卷入南斯拉夫纷争的原因也早已得到了触及:

对别人来说,你完全没有失明。你迅速看到了悲惨。你的问题在于能够感受到别人的悲惨,却忽略掉自己的悲惨。

由于你不能为自己做主,另一方面也同时至死不渝而拒不顺从,因此在自我救赎中,你露出幸福的表情,然后你同时感到别人也获得了拯救。你同时拥有坚毅的目光和满足自我的力量。是的,你并没有轻描淡写或推脱逃避这样的弱点,你拥有的正是满足自我的力量。正如我们的谚语所说的,你的心灵里住着美好的意志,它们光彩夺目。(ÜD 67)

第三章　译事：从最初的斯洛文尼亚语译入背负历史重担的德语

译者始终面临着抉择，要么从外来语译入德语——此时阐释和错位往往在所难免——，要么从德语译出，这时德语被陌生化，在接纳了外来语的特点之后，其措辞和表达的可能性得以扩展。后一种路更为艰难，且收效相对更为微薄，而汉德克却矢志不渝地坚持着这条路。"这是因为翻译在纯字面意义上不仅仅是思维上的阐释，它的前提是愿意承认并接纳他者的特性，却不固守自我的陌生性。"从事翻译这种充实性工作，其前提是拥有牢固的身份认同："作为译出，译向他者需要自我这一概念，尤其是出于对这个他者的认可。"或者，说得更形象和易懂一些，用汉德克的话来讲："翻译：在内心的最深处与他者相遇。"（FF 95）凭借着涉及英语、法语、古希腊语和斯洛文尼亚语的翻译工作，汉德克从多层面、多角度对自己建立了更加深层的认知。

作为从斯洛文尼亚语译出的译者，汉德克将注意力集中在克恩滕文学——用斯洛文尼亚语创作的奥地利文学。在出版方面，他对克恩滕的聚焦导致了荒诞离奇的情形。于是，1983年以后，汉德克很多作品的斯洛文尼亚语译本都在克恩滕的斯洛文尼亚语出版社出版,如德瓦拉出版社,赫玛戈拉斯出版社和维塞尔出版社。

基督教保守派出版社赫玛戈拉斯的社长佛兰克·卡特尼西曾推荐后来成为德瓦拉出版社社长的赫尔加·马亚柯尼卡作为汉德克的斯洛文尼亚语老师。在二十世纪八十年代,曾掌管着德瓦拉出版社命运的洛伊泽·维塞尔后来自立门户。在他五十岁生日时,出版社推出了一本由汉德克参编的文集,其中一篇由维塞尔撰写的旅行游记被汉德克从斯洛文尼亚语翻译成了德语。一直到2005年,汉德克的文章才再次在斯洛文尼亚出版。

弗洛里安·利普斯

在返回奥地利之后,为了探寻生平故事及其相关故事,汉德克重新拾起了他的斯洛文尼亚语知识,他和自己的斯洛文尼亚语老师赫尔加·马亚柯尼卡一起翻译了克恩滕的斯洛文尼亚作家弗洛里安·利普斯(1937年生)的长篇小说《寄宿生贾兹》,译作于1981年在萨尔茨堡的皇宫出版社出版。汉斯·维德里希回忆称,汉德克"有一天认为自己的斯洛文尼亚语荒废了,决心重拾这门语言。我给克拉根福的斯洛文尼亚人天主教中心打去电话,请求那里为汉德克安排一位合适的斯洛文尼亚语老师。后来赫尔加·马亚柯尼卡便成了他的老师,她建议汉德克将利普斯的《寄宿生贾兹》当作练习文本来进行翻译。"利普斯在《寄宿生贾兹》中,讲述了他们在坦岑贝格读寄宿中学时所经历的共同的青年时光。因翻译而变得强化了的回忆,对创作《去往第九王国》的第一部分很有帮助。这部斯洛文尼亚语作品尤其吸引汉德克的地方是它的诗性:

> 这些文字令我十分地喜爱,也直接吸引了我。作家们在这些文字中无需努力为语言找回其丢失了的独特性,那种德语在二十世纪被剥夺了的东西。[……]然而时至今日,进行散文诗创作依然困难,这是纳粹所导致的,也是事实。[……]从积极意义上来讲,斯洛文尼亚语是一个天真无邪的语言,它并未肩负沉重而不堪回首的历史负担。(NNL 48f)

翻译工作取得了巨大的成功,包括克恩滕在内的斯洛文尼亚文学获得了前所未有的关注。近十年来,这样的繁荣史无前例的为这一族群的创造力和出版商插上了翅膀。由利普斯创办的、自1960年起发行的《继任者》杂志曾因资金问题而停刊,但如今却因永久改变了的形势而起死回生(即使利普斯本人已经不再担任主编)。一个核心人数不足一万五千人的族群的、数十年来始终被忽略的文学再一次失而复得,它依然坚持按照从前的地址出版发行,并且与奥地利的文学巨匠并驾齐驱:

> 弗洛里安·利普斯的《寄宿生贾兹》在文学批评家的关注中跻身进入了巴登巴登西南电台的畅销榜(排名第七)。他的译者汉德克的作品《孩子的故事》排名第二,托马斯·贝恩哈德的《严寒》(*Kälte*)位列第一。

奥地利的国家总理出席了在维也纳举办的新书发布会。在一张照片里,坐着的布鲁诺·克赖斯基握着站在他前面的汉德克的手,这看起来像是政治家在诗人/作家面前所表现出来的一种顺从姿态,克赖斯基对汉德克称赞有加:

> 汉德克致力于为这个规模小但才华横溢的族群发声,让他们能够实现自己的权利。而一直以来,此权利纵然在形式层面未被压制,但是在事实层面却并不总是能够得到保障。

为此，我要感谢彼得·汉德克。

这样的写作动机始终与汉德克相伴。一直以来，他都不忘记去提醒人们注意那些被遗忘和遭到忽视的东西，克恩滕的斯洛文尼亚语文学便是其中的一个例子：

> 于是我便心想：为了整个国家而去发现，这对于这个国家，对于奥地利来说是何等的重要。想到这里我激动不已。能够上升到这样的一个高度来思考问题，这是人们迄今为止还从未意识到的事情。

而在克拉根福，克恩滕官方则保持缄默并置之事外，这样一来反而更加引人注目。媒体准确地记录下了其中唯一的一个案例："坦岑贝格前市民哈内斯·莫依克作为唯一的政客，在市政厅办公大楼里找到了自己的位置。"人们对该文艺盛典的庆祝一如往常：

> 在维也纳，国家总理出席庆祝，而在克恩滕，却没有任何一位知名人士出席或参与，这令人遗憾。不过即便是往常，文化界的知名人士也总是隐匿不出，除了奥地利广播电台的台长恩斯特·威尔纳、作家格特·霍夫曼和画家瓦伦丁·阿曼。

在报纸上刊登出来的照片里，汉德克正在用手挠头，闭着眼睛且摘掉了眼镜，仿佛他决然不愿目睹克恩滕的现实。毕竟他对于自己参加文艺活动所导致的政治爆破力及其影响效果是心知肚明的：

> "你的所作所为正在编织着和平"，汉德克陈述着翻译弗洛里安·利普斯的长篇小说《寄宿生贾兹》的动机，并因此从容而无可指摘地驳回了一切旁人欲强加于他的指责。

据确切统计,有超过六百人前来参加在克拉根福市政厅办公大楼举行的新书发布会,并且其中多数都是年轻人。在发布会上,皇宫出版社的约亨·荣格博士补充道:"这本书并不应该被当作辩解或辩护去看待。它更应该被视为一个承诺,一个人们可以持续监督的承诺,去看一看克恩滕的斯洛文尼亚人能够创作出什么样的文学。"

汉德克所选择的这位作家,前不久才刚刚宣布自己将不再在文学里过问政治,而在克恩滕,即便是在当地族群之中,他也极少受到关注。或许正因如此,作家英格拉姆·哈廷格才追问汉德克为何不去翻译当地族群中传教文学的先锋作家杰科·迈斯纳。汉德克则以一则没有下文的声明作为回应。其措辞本身就充满了攻击性。

"这盆脏水还是泼给你自己吧!"——这是周三晚上在克拉根福市政厅办公大楼里的汉德克面对一位访客提出的——他自己也承认的——挑衅性问题的回应。他,汉德克,将自己卷入了纯粹的知名度效应中。

为了在媒体中出镜,汉德克可以不择手段,数年来人们总是这样批评汉德克,这次也毫不例外:"尽管如此,也完全可以指出一点,即汉德克根本没有必要依赖如此廉价的效应来让自己出风头。"媒体站在了哈廷格一边,并同样迅速地吃了一记耳光:尽管汉德克只批判了公众当中的某一种声音,但很多人却感觉到批判的就是他们自己。文学能够,并且有资格虔诚地影响着人们下班以后的生活,这一事实显然在今天到场的各位中间还没有引起共鸣:"很多抱着修身养性、陶冶情操的目的前来参加新书发布会的同仁,都触摸到了自己内心的尴尬。"

尽管如此,汉德克不为任何事情所迷惑或触动,他矢志不渝地坚持着自己的翻译工作,并坚持着自己对所翻译文本的选择标准。汉德克至少曾短暂地有过继续翻译利普斯的文学作品的念头,这一事实不仅在克拉根福的《寄宿生贾兹》的新书发布会上曾被提到过,而且在如下这段摘自1983年的报刊节选中也能够被证实:

> 赫尔加·马亚柯尼卡和汉德克目前正在共同翻译克恩滕的斯洛文尼亚作家弗洛里安·利普斯的一部新作。该作品于1982年在德瓦拉出版社出版后,在斯洛文尼亚语言区域引起了巨大的轰动。它的译本将于明年以《我的乡村是如何被灭掉的》为书名在皇宫出版社发行。昨天,在德瓦拉出版社的新书发布会上,这一消息得到了赫尔加·马亚柯尼卡的证实。赫尔加·马亚柯尼卡曾与汉德克合作翻译了《寄宿生贾兹》。

斯洛文尼亚语在语法(双数,没有过去时,没有冠词)和惯用语方面的众多独特特征,它们都被汉德克在翻译过程中遵循昆德拉式风格而完全成功地再现了出来,这样一来,译文在美学的综合特性方面与原文相比甚至更胜一筹。"译文之所以好,并不仅仅是因为它通顺,而是因为译者有勇气将原文中不寻常的措辞表达和惯用语进行保留,并在译文中重构出来。"古斯塔夫·亚诺斯的诗歌译文越来越流畅,从这一现象中便可以清晰地看出德语与斯洛文尼亚语之间的距离随着时间的流逝在持续缩短。至于汉德克在翻译完《寄宿生贾兹》之后为什么没有再翻译弗洛里安·利普斯的其他作品,其原因或许在于:

> 利普斯崇尚文字游戏,以至于译者在翻译时不得不进行创作而非单纯的翻译。这对我来说几乎是办不到的事情。在《寄宿生贾兹》里面,利普斯至少还讲述了一个故事,而在他

随后的书里面,则主要是围绕语言所展开的规矩和礼俗。[……]译者必须对德语的语言文字游戏拥有非常浓厚的兴趣才可以,而我却并没有这样的兴趣。(NNL 50)

但是,如果仅仅从语言游戏的角度去解释汉德克后来为什么没有翻译利普斯的《我的乡村是如何被灭掉的》,那么这种解释可能并不能完全让人信服。同一时间,汉德克在其作品《关于乡村》以及他所翻译的勒内·夏尔的《遗失的裸体》中,充满兴趣地尝试着对韵脚进行翻译重构。因此,汉德克对"体现个人弱点的文字游戏"(FF 535)的厌恶或许也是其中的一个原因,毕竟《我的乡村是如何被灭掉的》这部作品充满了文字游戏,汉德克认为它们持续干扰着注意力并误导了美学:"冷不丁突然出现一个文字游戏,然后我的思路便中断了。文字游戏或许自有其道理,但是它干扰幻觉且自以为是,这是我讨厌它的原因。"(GB 15)

汉德克对利普斯有所保留的最核心的原因——可参照《寄宿生贾兹》里面最长的那段略去不译的部分——或许源自世界观层面,因为利普斯尤其反对天主教堂。但是在同一时间,汉德克却翻译了鲜明的天主教支持者沃克·珀西。而深受杰科·迈斯纳"启发的"七十年代的鼓动分子利普斯,汉德克则不想也不愿意再去理会。在翻译《寄宿生贾兹》之前,汉德克所翻译的利普斯的《教你如何呐喊》——收录于诗集《标志与路途》(*Zeichen und Wege*)——是《斯拉夫人的故事》(*Tschuschengeschichten*)(1973)中距离意识形态最遥远作品。至此,它印证了汉德克式的斯洛文尼亚人形象。在《寄宿生贾兹》译作发表之后,汉德克再也没有针对利普斯发表过任何观点,并且他也认清了自己在斯洛文尼亚语言知识方面的局限性:

在翻译时,我的译文变得孩童般单纯,简单而不懂世故。它本应该由斯洛文尼亚语非常好的人来翻译,而我并不敢宣称自己是这样的人。我的确懂斯洛文尼亚语,但是要翻译这些作品的话,那么我的理解还太过于贫瘠。(NNL 50)

古斯塔夫·亚诺斯

早在克拉根福的《寄宿生贾兹》新书发布会上,汉德克就曾经朗诵过古斯塔夫·亚诺斯的诗。1983年秋,苏尔坎普出版社在其极富名望的图书系列里出版过一本诗集,由汉德克独立翻译完成,这证明了他仍然在持续关注着斯洛文尼亚语。外界对汉德克的批评声音越来越强烈,认为他在翻译时偷懒不去查字典,直接参照现存的德语译本。但是只需粗略翻看一下他翻译亚诺斯的《在句子的中间》(*Sredi stavka*)时的手写底稿,就足以对这样的无理批判进行有力的驳斥。汉德克深知自己在语言能力方面依然具有的局限性,比如他在一处地方这样写道:"译稿落成了,现在到了我发现错误的时候了,有超过三十处错误——真是惭愧!只有二十处:好吧。逐渐的有的时候,要理解那些单词并领悟它们的意思,我觉得自己很难做到。"

可以直接这样讲:在由赫玛戈拉斯出版社和基督教文化协会共同举办的图书周的一系列活动中,作家之夜给第36届图书周的整体安排释放出了一个清晰的信号。商会所提供的场地实在是太小了,完全无法容纳所有对文化感兴趣的来宾们。亦或许是汉德克的错?会不会是因为他在场,所以才导致了大量观众蜂拥而至、门庭若市?我希望不是这样。

亚诺斯总是开玩笑地将自己称为"承蒙汉德克厚爱的诗人",

却在处理与这位备受世人瞩目的知名伙伴的友谊时,始终无法做到无拘无束、放任自如。亚诺斯在与汉德克交往时保持着亲切友好,就算在表达批评时也顶多是拐弯抹角的暗示,汉德克对此十分不满。但是,在一次采访中,亚诺斯却一改往常的风格,开门见山地表达批评,这让汉德克异常惊讶,他回忆着当时的场景并这样说道:

> 就连一个多年的老朋友在读完我的南斯拉夫旅行传记之后也认为我是"米洛舍维奇的朋友"——这不是他当面私下告诉我的(应该也没有"官方的友谊"吧?),而是通过书信并用日常的德语,尽管我们时常能够见到:我"同……的友谊"将我的"眼镜蒙住了"。

身为诗人和画家的古斯塔夫·亚诺斯在退休前是一名小学教师,他也是汉德克最要好的斯洛文尼亚朋友。他本人的品性和他的作品同汉德克理想中的斯洛文尼亚语最为贴合,后者是一种亲近的,孩童般单纯而(完全是赫尔德"温和理论"意义上的,它认为斯拉夫人像鸟一样勤劳且爱好和平)和谐的存在。对汉德克产生吸引力的,并不是那些决意实现百年国家梦想的反抗领袖们,而是纵然有反抗精神,但热爱和平且充满诗意的人物。比如像果农格里高尔先祖那样,用文化来美化自然,这一现象就是典范。于是,学习并接近斯洛文尼亚语自始至终都是一种对交织着图像愿景的重构,一种对状态的重现。(vgl. Th 91)

> 去年,在穿越斯洛文尼亚至的里雅斯特时,我在一段徒步的路上似乎还随身带着字典和语法书,只是并没有学习到什么,特别是在语法方面,因为我的大脑在语言学习方面并不擅长("斯洛文尼亚语教程"——几乎和二十五年前我上小学时

的教材一模一样)。也许您至少能够教我一些更好的,更偏向于文化的,并且难以掌握的斯洛文尼亚语语法。作为对政治和政党并无兴趣的人,我愿意了解的是文化的和平政策。

这种对和平的向往之情——无论它多么的决绝而强烈,也无论它有多么的乌托邦——是由菲利普·柯巴尔的母亲提出来的:

> 从所有的那些地点中间,她在我面前[……]重新勾画出了一片区域,它同斯洛文尼亚的真实区域没有任何相像之处,它只是纯粹由父亲口中(或骇人听闻或随意)的众多战场与苦难制造场所的名字所构成。这个区域[……]就是她所说的和平区域,在这里,我们柯巴尔家族总算能够永久的成为我们曾经的样子。(W 77)

于是这一片由语言所创造的、真实存在的区域,便成了人们以斯洛文尼亚语为镜像来找到自我的腹地:"我很高兴您能够给我些许的鼓励,鼓励我使用斯洛文尼亚语来找回曾经的世界。无论如何我是愿意这样做(并等待)的,只要它能够解放而非束缚我的心灵。"这样的镜像反射代表着借助加倍或重复来分离。这一分离不仅仅是国家民族意义上的,而且也是功能意义上的。斯洛文尼亚语无需被读懂。它满足于只作为一种宗教礼拜语言,代表着超凡脱俗和节日庆典("星期天"这个单词在斯洛文尼亚语中是"nedelja",它是斯洛文尼亚语的"工作",即"delo"的对立面),或者说超时间和超历史,而德语则代表着日常,当下和历史:

> 我们曾经的确有过少见的二元划分,——我不知道,克恩滕的其他地方是否也是这样,——其中一个地方,人们读书的地方,象征着国家,因为镇子的行政中心位于那里。然后还有另外一个地方,它位于我所说的地方的西边,象征着教堂。

无意识,也可称作有威胁作用的非理性,则被划入斯拉夫语。它与威严不屈的国家这一制度维护者形成对立(故在汉德克看来,或许就不应该成立斯洛文尼亚这个国家),代表着宽广辽阔,天真单纯,无界限,神话和神秘:

> 德语即官方,斯洛文尼亚语即私人:"心,宽广无界,那里没有国家,没有强迫和屈服,而同时——必须明确地强调这一点——无意识得以放任自我,自由自在。或许于我而言是一种机遇或者幸运,因为在我的童年里,无意识是由斯洛文尼亚语所主宰着的。而后便一直持续至今。这样的内心世界也曾是魔鬼的世界,恐怖的世界,但同时也是万里晴空、自由自在的世界。"

与此相对的,则是他所创立的旧世界的田园风光——比如《痛苦的中国人》里面的迪里阿·莱维斯,以及《去往第九王国》中水果种植园的意义价值——,在那里,斯洛文尼亚语享受着实实在在的自由:

> 它是响彻着树叶沙沙声的世界。或许你知道……希腊人在树叶的沙沙声中听懂了神谕。或许也可以这样讲,对于当时六岁且已将这个语言忘得差不多的我而言,斯洛文尼亚语正如这树叶的沙沙声:一种神的语言,它因其神谕而触动了我的内心,触及到了我内心最深处的地方。

在汉德克眼中,克恩滕斯洛文尼亚人所创作的文学,其根本的特色就是它的无目的性和无攻击性:

> 据我所知,没有任何一种中欧文学能够拥有如此宽广的视角。或许正是基于那种悲伤,那种始终将目光聚焦于远方

的克恩滕斯洛文尼亚人特有的悲伤,即一方水土养一方文学。[……]在欧洲,没有任何一国的文学在拥有如此遥远的视角的同时,还能够如此的没有攻击性,而只专注于拓宽世界……

然而,被认定为缺少目的,并且缺乏作为与抱负,这样的标签完全不适用于相当一部分在克恩滕使用斯洛文尼亚语进行创作的作家——杰科·迈斯纳、瓦伦丁·波兰谢克、安德烈·科科特、弗洛里安·利普斯、贾尼·奥斯瓦尔德。因此,诉说悲痛和悲伤也毫无用处。当地族群在政治上分为三股势力的这一事实就已经足以表明,在意识形态面前更加缺乏抵抗力的,并非是所谓的中间群体,而往往是那些喜欢出头露面的群体:

> 这一点也可通过下述情形进行解释:依然留恋最后一次提到的风景,特别是那内心的风景,内心把意识形态不仅仅只当作悲伤[……]而更视作挑战,并且即刻要决定究竟是去支持还是去反对它。

告别南斯拉夫,这对于东西两边的斯洛文尼亚人来说并不容易,而对于强调故乡的作家汉德克而言更是这样,因为他在寻找本源,重构或只是构建童年家中的种种温暖。由于这一向往缺乏与之对应的生平经历,因此回忆便成为多余,而重现则变得十分必要。

> 艺术家最初的起点始于一种间或体会到的欣快感,那种在自然里发现巨大空白的欣快感,然后,空缺或许后来会随着一部部作品的出现而逐渐被填补,再后来却总是——艺术家就是这样——被重新认定为令人欣喜的空缺:一种波浪般出现的留白。(PW 64f)

踏上重现之路

渐渐地,他感到自己被缺席者所吸引:"时而,我脑海中什么都不想——每到这时,我都想要它保持下去,要把它写下来。"(PW 68)《去往第九王国》作为一个讲述关于"缺乏"的故事,是对《大黄蜂》的超越,也是又一次尝试创造了一个新的开端——与处女作的白板主张截然相反,《去往第九王国》的结尾是颂歌,是缪斯的祈求。重要的不是直接观点,而是在时间上错位延迟的语言讲述:"在重现之中,我方才能够正确地认识和察觉。"(GB 98)

将认识和语言集于一身时,不能专注于历史——并受到其限制的束缚。它的没影点位于未来,超越了它自身的当下。克尔凯郭尔在他的作品《重现》中早已意识到:

> 重现和回忆本身是一回事,只是二者所指的方向相反,因为所回忆的是过去,是一种反向行进的回忆,而真正的重现则是正向行进的回忆。

童年中的创伤可以通过写作被治愈。"而以这一'臆想'为根基,它上面的东西究竟是什么,其实在汉德克创作他那些以战争为主题的作品之前,他的《去往第九王国》已经给出了清晰的答案。其他文学研究论文中的痕迹也只是起着铺垫的作用。"菲利普·柯巴尔所踏上的寻找他的哥哥及先祖格里高尔的旅途是一个圆环,一个以重现为形式的(阐释学的?)圆环。

从家乡的林肯贝格出发,首先来到的是时空上的坐标点菲拉赫——从故乡农村的质朴投身入城市内省的世界里,那里的每一个自发的决定都始于理智。穿过如产道般的铁路隧道——"隧道的涵洞与母亲的产道"往往是经常被唤起的一组联想——来到灰色的工业城市叶尼塞,这座城市多种族的民众却无处可见。

在走进斯洛文尼亚的交界地带时,菲利普已经认识了这个南斯拉夫的缩影。紧接着的便是下一片区域:旅行走进了自己的过去,通往博希尼,它是柯巴尔神话的发祥地,并同时通往柯巴里德,第一次世界大战的浴血杀戮之地。在那里,他被来自他家乡的朝圣者赶超了脚步。然后他继续向贫瘠的喀斯特地区进发,在那里,一个个自然形成的天坑里,满是炮弹炸裂而成的炮弹坑。就这样绕着所有新时代的文明行走,他最终来到了马里博尔,这是他的哥哥曾学习水果种植和开荒的地方。在受到新语言和技能的武装之后,他最终返回到了克恩滕,回到德语的世界里。

作品中的空白插页使得留白和交界地带(Schwelle)变得清晰可见。借助那些词典里以词条形式出现的定义模糊的词汇,归属于自我的(肩负着历史内涵意义的)熟悉词汇在一个陌生语言的映射下变得洁净而焕发新生。这是对声称"一个欺骗性现实在一定程度上能够被讲述"这一观点的一种反抗。通过对可讲述性这一概念进行最大化延伸,世界变得亲切而友好。

在斯洛文尼亚,人们从民族主义和宿命论的角度对汉德克的回归与寻根进行过相当片面的阐释。而这种阐释的根本性错误后来在汉德克的《梦想者告别第九王国》中被揭露了出来:

> 《去往第九王国》一方面是汉德克在民族和社会层面对克恩滕的斯洛文尼亚人居住区的清算,另一方面也为逃离后者提供了一种出路。在这部作品中,这样的汉德克摆脱了最纯粹的诗学意义上的生存屈从,回到斯洛文尼亚语言艺术的故乡,并以这样的方式来直面自己无法摆脱的斯洛文尼亚命运。而此前的屈从,曾不仅对他产生了鼓舞,而且帮助他创作

出了自身最具有深度,而美学上也最完美的诗学叙述作品,无论在主题叙述,还是内容呈现方面,它们都是世界上独一无二的佳品。

对汉德克而言,这样的选择是完全值得的。他的找寻从一开始就不以找到为最终目的:"我的心里始终很明白,不是为了找到哥哥,而是讲述有关他的故事。"(W 317)因此他这样写道:

> 这并非一个关于哥哥的童话故事。失踪的哥哥,他所留下来的一切,以及风景和各个地点本身,它们共同的目的只有一个,就是服务于"回忆":通过回忆来构建一个图像,然后对于寻找者而言,它便成了一种对于未来的想象——对于另一种活法的期望,而它自然也完全存在于想象之中。

"该如何活着?"这曾是《错误的举动》和《左撇子女人》所思考的核心。从现实出发,并不再幻想着返回现实,体验无非就是创作的素材而已:

> 但是回忆所指的,并非是对曾经的经历再一次重现,而是:[……]回忆之作赋予经历之人其相应之位,这样一来,作品始终都可以过渡至公开的讲述,来到更大的生活之中,成为一种发明创造。(W 101f)

"真实的感受",即本质的顿悟,能够授予人们权利去讲述,而此讲述,它本身便代表着现实,得到了经验而非回忆或经历的验证:

> 经历真相并试图将经历讲述出来,这本身便意味着在发明创造。于是,为了让真相得以显而易见的凸显,经历的外部情形做出了必要的退隐,重新退回至发明创造。创造式讲述

便成了一种自然而然的东西。(GB 71f)

因此,指责汉德克认不清现实实属多此一举。而现实受限于其多元的主观性和局限性,故难以通过文学来表现和传达,这也是被学界所公认的事实。汉德克则从自身的认识出发,在创作中反对现实,因为:

> 这所有的一切完全无法让汉德克这一斯洛文尼亚漫游者视而不见,避而不谈。于是在慢慢流逝的时光面前,他便更加坚定从容地高举着自己的治愈图像,以便能够将自己坚持的理想认同,至少先恒久地固定在自己的心中:此时此刻,它来自过去,却从未改变,也将始终如此,直至永远。

汉德克为自己创造了一个由日常现实的漂砾所构成的世界的对立面(Gegenwelt)。追求表象的意愿纵然显而易见,却不掺杂丝毫的欺骗:"这里不应该出现梦或想象甚至蓄意的自我欺骗[……],而是一种内心世界的真实显现。"他通过自觉的努力来与先前存在的诗学讨论划清界限,并开始竭力与之对抗:

> 诗人都在说谎,早期的哲学家中有人说过这样的话。或许一直以来就存在这样的观点,即糟糕的状态和不好的事件便是现实。因此有人说,假如艺术的主体和指导对象是恶的,或者或多或少地表现出对恶的绝望,那么艺术便是忠实于现实的。(LSV 20)

就连内心最深处,最隐私的地方,也没有成为例外,反而恰巧印证了这一点。高度的敏感性所意味的不仅是更高级别的感知能力,而且是受伤害的更大的可能性。童年时的那片区域——

> 那个人们称之为故乡的地方,已经越来越被敌人所占据。

人们想去描述这样的事实,或者对它进行讲述,这是人们很愿意做的事情,包括讲述人们在孩提时所记忆的色彩,它如今在成年时代其实变得更加浓重。但是人们发现,那个被称为故乡的地方,或者说,那个人们最初所由来的地方,那里遍布着意识形态,那里被敌人所占领。(NNL 102)

因此,人们必须夺回故乡并扩大它的领地。"我的梦想自然地朝着南部的方向延伸着。"它延伸至迄今为止在意义上从未有人涉足的语言区域,这是一个完全符合汉德克口味的门槛无人区,一个位于喧嚣之中,却独立于喧嚣之外的尘世净土。《去往第九王国》不仅是汉德克"迄今为止最具有斯洛文尼亚印记的作品",而且是对他早年创作与思考的集中展现——《大黄蜂》里的兄弟悲剧,《短信长别》里与另一半的道别,《无欲的悲歌》和《关于乡村》里的家庭故事,以及《圣山启示录》里对诗学的感悟。事实上,在汉德克的全部作品中,即使对乡村、人物和语言的观察和理解始终在经历着变化,但是斯洛文尼亚语的的确确是一个通奏低音:

> 毫无疑问,对于汉德克而言,从第一部作品开始[……],他便与斯洛文尼亚语捆绑在了一起,这门语言成了他传承先祖的文学创作范本。它最初对汉德克而言只是一个神秘的、充满古韵的"陌生方言",后来则变成了语言和风景,既代表着一种他的故乡经验,也传承着斯洛文尼亚的历史,并且或许还构成了对那个诗意时空进行文字叙述时所需的、愈发清晰的要素。

在汉德克看来,将现实转变成虚构,与其说是一种创造,倒不如说是一种建构式成就:"在作为美学成就的梦幻面前,人们或许可以发挥各自的想象,并且各自对其持有不同的理解:它可以代表一种工作,也可以是追求某种形式的努力。"(GW 280)

第四章 在故乡(世界历史的暂停)

1 痛苦的中国人(1933)

在萨尔茨堡——八十年代汉德克的居住地——或者更准确地说,"在南部的边境地带"(CS 7)有一处"拐角"(CS 7),那里的边境线因为自然地理的原因而难以划分:坐落着"遥远的斯陶芬山,在德国边境后面"(CS 9),甚至"在金字塔状的斯陶芬山前,[……]不再绵延着想象中的国界线"(CS 63)。不再将两者相提并论,而是要将它们区分开来:"我的内心中是虚无,而我的面前则一片空白。"(GB 205)正是通过对"虚无"一词运用了拟人手法,个性的东西才能够被克服:

> 不是虚无,而是空洞;不是我个人的空洞,而是一种空洞的形式。这种空洞的形式叫:小说。它也可以是什么事都没有发生。为了让小说开始,我必须抹去我的足迹,让自己不留痕迹。(CS 11)

如果说萨尔茨堡是小说《痛苦的中国人》中主人公的居住地,

那么他钟爱的研究地点,则位于讲两种语言的格洛巴斯尼茨之上的南克恩滕。在那里,离一处疗养温泉不远,在一座古罗马神殿遗址上,矗立着一间圣地教堂。这处地点已经在《关于乡村》这篇作品中被简要地提及:"当你穿过他的乡村而来,你会在半路上突然站在一座宫殿的主体结构前,屋顶和阳台都没有粉刷,混凝土砖砌成的外墙"[……](ÜD 35)这个地点完全可被赋予神奇力量和童话色彩,作为平淡的日常现实的对立面,它的存在是非常必要的。

在小说最后被异化了的痛苦,是不幸的历史对于当下所造成的一种显而易见的痛苦,因此洛泽发掘历史,他"总是参与全国各地的发掘工作,而最主要的工作则集中在克恩滕州南面的黑玛山上"。(CS 23f)在具有强烈攻击性的时刻,在只出现在戏剧中的那种空泛长篇大论的时刻,他拥有了一种归属感,或者说同属感的幻觉:"是的,我看见[……]我的同道人正朝着山巅攀登!"(CS 23)由于与同道人的和解,也使得他对每个民族的尊重成了可能:"感谢每一个民族:为它们通过自己的方式为自由所做出的贡献。"(GB 99)只有在群体中,个体才能凸显出来。

作为"门槛专家"(或者说"门槛探索者")(CS 24),他拥有一双"发现过道的眼睛"(CS 24),看到其他被藏起来的东西,知道在边缘和界线之外,在它们的另一边是他者开始的地方。这就是他所认为的圆环形状:中心是空缺,边界之外是他者,二者皆不可描述,只有通过"强化边缘"才能将二者展现出来。他通过留白、沉默和改写等手段进行的研究,就是在寻找那些不可挽回的、已经消失的东西。

"他们总想找点东西出来。"这句话使我受益匪浅,我总是提醒自己,少费些力气去寻找那些尚存的东西,而要多在意那些已经丢失的东西;那些不可挽回的、消失了的——那些被

劫走的——那些已经完全腐烂了,同时却又作为空穴继续存在的空位或空缺。(CS 24)

向他者和新事物的过渡,是一种猛烈的变形,称之为"'门槛'经历:再次处于世界游戏之中。"(LH 141)语言也超越了自身本身,指向不可言说的他者,它们虽然无法被称呼,却可以通过改写用语言描述出来:"沉默的世界大国:没有侵略和掠夺的世界大国,只是过渡,或者说'可通过性'(歌德如是说)。"(GU 108)

门槛曾经吸引过瓦尔特·本雅明和马丁·海德格尔的注意,被视作不受管辖的中间地带。同时,它指涉的绝对不只是抽象的过渡区域。汉德克的故事常常发生在这些边缘地带,通过非常鲜明的边缘视角被展现出来:"总是发生在边缘,例如在城市边缘,或者在森林与草原的边界,这是非常不同寻常的:总是在边缘,或者用一种更好的表达:在门槛上。"(ZW 113)门槛的定义制造出界限,它可能只是想象中的一条线,可以触摸,亦可跨越。用汉德克最喜爱的歌手凡·莫里森的一首歌来形容,作家就是一个"门槛上的居民"。这首歌出自专辑《美丽的视野》,这个爱尔兰人当时的唱片发行时间与《痛苦的中国人》的问世时间相同步。南克恩滕的那个门槛,不仅是古老国度曾经的见证,更是代表着——尽管它已经消失——洛泽写作的开端。

> 我的写字台上放着一个装有碎木粉的玻璃杯:那是我在黑玛山的遗址中发现的一个门槛遗存,也是我撰写第一篇文章的研究对象。(CS 25)

门槛的经历代表着危机,同时也象征着克服危机。汉德克将这种悖论提升为一种原则,视对立的双方相互和解:"缓冲与前进,无拘无束与全身心投入,解除心理武装与顽强抵抗,休养生息与奋发进取。"(CS 39)这个常常被唾骂的"缓冲"概念——也许可以和安东·布鲁克纳的音阶强弱法相比较,强调过渡,而不是将其弱化——可以追溯到七十年代早期,暗含一些亲密关系:

——还缺少一种缓冲,神秘莫测的

缓冲,

在以前,爱情曾以缓冲开始(AW 104)

由于受到古罗马艺术家的影响,特别是诗人维吉尔的影响,古典主义学者洛泽从历史中脱离出来。他根据自己的观点,摆脱了大家普遍认知的历史,从强加关联的纠缠中挣脱出来,自如地进入到历史的另一面中。对他来说,"这些物体中的每一个都这样给我打开了通往一个截然不同的故事的大门,因为它们永远脱离了那个历史,若即若离地共同存在着。"(CS 44)

在汉德克作品中反复出现的缺席者,在这部小说中以一个亲生父亲形象出现(vgl. CS 220)。他只给儿子留下了一张照片。由于他的缺席,因此他变成了一个先祖,并以他为基础(具有强调的意义)建立了其他传统。尼采的"永恒轮回"在洛泽身上表现为本质的延伸:"每一种行为都是另一种已实现或已中止行为的重现。"因此,童年中那些存于记忆,乃至跨越记忆边界的东西可被重新测定。这种无历史状态并非对童年的追溯。童年并不是天堂,而是一种最易受到伤害的状态,这一点通过移民儿童的涂鸦作品可以看出来:"大部分画作表现的都是战争,土耳其人对希腊人,伊朗人对伊拉克人,南斯拉夫人对阿尔巴尼亚人。"(CS 57)汉德克对政治上的问题地区拥有很高的敏锐度。后来,他并非阻止斯洛文尼亚作为主权国家进入历史,但他试图避开这一事实。就算冒着风险,被斥责为对历史视而不见之人,他也始终希望书写那些乌托邦式的和平：

> 自然如此，艺术亦如此。我有责任为愿意听我叙述的读者、为隐藏着的"读者的民族"（我非常乐意看到这样的民族）、为美好的世界去叙述。因此，作为写作之人，我看起来有时是个悲喜剧之人，有时也只是个可笑之人。但把另一种生活的转瞬即逝的时刻，幻想成一种规律，经历成一种温柔的强调性的存在，只有这样，才是对我重要的东西。（EF 158）

阅读可以使分散的读者集合起来，就算他们既不在同一地点，也不在同一时间。在德国时的阅读乐趣，也让汉德克对那些背负历史重担的国家产生了良好的印象："我依然有在那里生活的设想；因为我知道，这个世界上再没有哪个地方能像那里一样有那么多每天都需要写一些东西出来的'不懈努力者'；世界上也再没有哪个地方能像那里一样有那么多分散的、隐秘的读者。"（LSV 89；译者注：原作页码信息错误，正确页码应为 69 页）除此之外，对于有些生活在克恩滕的斯洛文尼亚人而言，相比于奥地利或者斯洛文尼亚，德国更加令人向往：

> 一个居住在克恩滕州的斯洛文尼亚朋友曾经给我讲述了一件看似矛盾的事情：作为斯洛文尼亚人，他宁愿不属于南斯拉夫，更愿意归属于德国：因为相比于维也纳的政客，波恩的政治家们更关心少数群体。（LIS 93）

毕竟，德国也是汉德克亲生父亲和继父的家乡，如果说奥地利是他的母国，那么他的居民就是："奥地利人，他们是一个没有父亲的民族！"（FF 480）这个国家对他而言依然陌生，让他无法适应；他提出"这是区别于国家的陆地，没有立法的权利，只有游戏规则……"（CS 82）在这里，游戏与门槛的意义相同，门槛也是一

处游戏场所:"'门槛,奏乐吧!'[……]'不停地奏乐吧'。"(CS 112)

门槛作为既熟悉,又陌生的中间地带,它既可以眺望他者,又可以加强与保障已经存在的现有之物。"重现"这个核心概念词,它很快唤起了汉德克的写作兴趣,并证实了所谓重现,实际上指的并不是虚伪的回顾,这是因为这个词并不符合人们对它普遍的偏见:

> 无论如何都十分惹眼,如同常用语里的重现总显得那么拙劣、病态,甚至讨厌。相反,难道就没有与"令人乏味的重现"相对的"令人振奋的重现"、与"被迫重现"相对的"主动重现"、与"重现的危险性"相对的"重现的可能性"吗?(CS 70)

如此这般的坚持不懈与持之以恒,自然不仅仅为了重构历史:"在此我替代重现的另一个词是——'重新找到'!"(CS 70)对此有很好的理由。奥地利的当代史是一段不公正的历史,当权者向作恶者阿谀献媚,因为他们知道,作恶者势力强大;他们置受害者于不顾,因为他们也知道,受害者对他们的权力有损。汉德克列举了他人生中所经历的两件印象深刻的不公正事件,它们也被他的父亲和舅舅们同时印证:

> 在我一生中,并没有听过、见过和读过那些关于纳粹的事件,我也完全没有经历那个历史事件。我说的这个经历指的是——如果您接受的话——南克恩滕州的两种语言。那里是我生长的地方,那里生活着两类人,其中一类人讲德语,另一类人讲斯洛文尼亚语,这类人被压迫、被视为劣等人。这是我无法忽视的经历,对我来说,它是我走上写作之路的一个动

机。它点燃了激情——或者说增强了激情,并给予了它客观的养料。(ZW 116f)

在采访中直言不讳的这些话,在虚构的小说中通过图像的形式表现出来。就算这样的经历催促他有所作为,能确定的情感也是阴郁情绪,几十年之后——人们想到汉德克在克拉根福大学被授予荣誉博士学位时的演讲——才转变成气愤与愤懑:

> 或许我完全不会因此而认为,这就是万字符吧?这些标记不仅仅在这里可以看到,而且随处可见。此外,我在从事文物挖掘工作的过程中,已经对一个个古老的标志习以为常了。这个标志具有一种十分纯洁的涵义,或者不过是个纯粹的装饰而已。[……]可以想象,在这个新喷涂的和平标记上,或许出现了同样的象征吧?不,这可是万字符啊!而正是这个标志,造成了我所有的阴郁情绪——所有的苦闷、所有的愤懑,还有强作的笑颜。(CS 98)

此外,这个案犯并非一个凶残之人。洛泽凝视着——似乎更像看一张相片底片——"自己的脸。这张脸看上去既没有扭曲,也不平静:更像是一个陌生的第三者的脸,或者更确切地说,像是一个对此仍不熟悉的、而今终已现身的、十分亲密的亲人的脸。"(CS 102)失踪者,这个反复出现在汉德克文学创作中的中心形象,这一次又出现在案犯的面孔中。观察者一旦介入,这张脸就反射到自己身上。即使通过暴力行使的是公平正义之事,施暴者也是有罪的,会因此变得孤立无援。因此洛泽很快转向德国,站在了父辈这边;即使到了1991年,斯洛文尼亚人也会对此回应。历史总是要承担某种行为的后果。

"这就是我的故事",我心里在想,"我的故事就是我的寄

托。"正义得到了伸张,而我属于罪犯之流——一个最四分五裂、孤立无援的群体。(CS 108)

孤立无援,也被称为无门槛状态,没有到达中间区域的通道,因为:

门槛不是界限——内在和外在的界限越来越多了——而是地带。在"门槛"这个词里,似乎包含着转变、洪流、河中浅滩、马鞍、障碍(是避难的障碍)。正如一句已经几乎失传的成语所说:"门槛就是泉源。"(CS 127)

门槛保护了通向群体的道路,门槛的定义也证实了这一点(CS 122ff),即使缺席,作为空门槛,它的作用依然在,作为占位符号,服务于那些不断重现的东西:"一个可能的门槛,并且以这样的方式重新创造那些失去的东西。"(CS 128)

门槛并非固定不动,一旦被发现,它就完全可以移动。人们可以联想一下黑玛山上的罗莎莉亚山洞,那里离汉德克的出生地格里芬、离疗养温泉旁边的门槛发现地点不足三十公里:"门槛作为力量的聚集地或许并没有消失,而是可以移动的。"(CS 128)当人们站在罗莎莉亚山洞的门槛上面,很多到访者都能感受到双腿的温暖,洛泽也有同样的感受:"'门槛就是我的归属',我是这么想的,且坚持这样的想法。"(CS 132)在小说《去往第九王国》中,菲利普·柯巴尔也是如此这般地跨立在(不是靠在)门槛上,同时站在门槛的两边。孩童的步伐,以及放慢下来的脚步,是找到门槛的前提:"为了不错过它,你要把脚步放慢成孩童的步伐。"(CS 190)门槛阻碍了脚步,以一种永久存在的方式:"并不是什么门槛或许使我止步不前。我更多是在一个边界上停住了脚步。"(CS 139)在门槛旁的踟蹰和停滞,完全可以用克莱斯特的逗号加以解释。

朝向他者前进需要缓冲,人们必须为此让步。首先——一个简要的结论,无需感叹号——人们需要丈量那些存在的东西:"你们首先得找到那些边缘。"(CS 139)

由于这些区域长期被出让或侵占,因此没有人能做好准备,去拾掇那些野蛮思想滋生的温床与根源:"没有任何东西能够赢得立足之地,无论是那些欢庆的队伍,还是那些身挂佩带、满脸刀疤的人的游行,或者那些傻瓜在山上那一座座褐色的棚屋顶上摇来晃去。"(CS 140)在这样的背景之下,人们可以理解洛泽(汉德克也是同样,为了躲避服兵役迁居到国外)为何并没有励志去保卫国家和国家的象征。但无论如何,汉德克永远无法和这片土地分开,也无法与他出生的小房子分开:

"但从另一个角度来说,你或许也会这样来保卫这个国家吗?"——"也许不是那个议会大厦吧,"这可能就会是我对这样一个问题的回答:"但无论如何,这边田地里的粮仓,还有那边葡萄农的小茅屋,则是一定要守卫的。"因为我可以打心底里说:我遭受着祖国的苦难。(CS 161)

国家,以及与之相关的历史,深深地压抑着洛泽,因此他杀死了喷涂万字符的人,将自己置于一切准则之外,变成了字面意义上的"绝对孤立者"。(他的名字也可以这样翻译)。叙述不是一种瞬间行为,而是永恒持久的,因为"叙述意味着:从前、现在、将来——意味着:未来!"(CS 242)这里也预示了那些文本——不考虑创作时间和出版时间——在未来的作用(NB,EF,LW,B,MN)。时间和空间的连接被打下探寻内在关联的烙印,它的实现需要在顿悟中通览全局,使人觉得几乎是一种魔法:"所有词汇中最古怪、最可怕的东西,就是'和'(und)这个连词。"(LW 63)这个连词指向《去往第九王国》这部小说中最后的那些手写体文字和那幅画:作家用铅笔绘制的一张插画,还用手写了注释(W 334),这张铅笔画超越了印刷文本和文字,特别是前面已经提到,菲利普是如何描绘着"候车室桌子上的条纹连同我放在上面的木棍"。(W 316)

在这里,小说对时间洪流的反对一下子映入眼帘:向南延伸着原始开放式地貌,向北却几乎无法通行;向南的移动总是象征着去往从前的旅行——在策兰的诗歌《换气》中不是已经提到了"未来的北方"那些河流了吗?

这种连接确定并加强了存在,由于丧失了本质,则连接部分也同时缺失,而唯有有了它,才能继续向前:"尽管在图像消失之后,再也没有'和'这个连接词,这个在脚步之间的可爱的、制造持续性的词。"(B 736)人们看见的断开标志,是段与段之间的空行,它原本在汉德克的创作中十分罕见,是作为强烈停顿的标志;但是,在作品《图像消失》中,它却作为惯例出现。

正如约翰·塞巴斯蒂安·巴赫1741年创作的"钢琴练习曲(四)",它的另一部作品"哥德堡变奏曲"(BWV 988)——并非由巴赫本人命名——更加为人所知晓。这部作品中变奏的数字低音,负责与不同声部进行和声,同时它的低声部旋律又是独立的,这与汉德克断开"表面的连接"与"深度的关联"正相反。人们无疑甚至可以用"通奏低音"一词来形容,因为这些"连续的线索"(弗兰克·扎帕)常常无法实现,而是以短小的形式、通过反复出现的"魅力词汇"(汉德克早期使用的一个单词)出现,对它的解读,或者说"实现"则要留给细心的读者去完成。

因此,这些留白与空缺都在各自独立的位置存在,甚至引文也常常打破常规,脱离了上下文语境,成为一些谜一样的东西,就像

《无欲的悲歌》前面提到的"他不是忙着求生,就是忙着等死"——一句出自迪伦的歌曲"没事的,妈(我只是快死了)"中的歌词。

因此,当人们把目光从眼角移开,就有可能获得一种陌生的目光去审视自己——一种需要去描述物体的恐惧,而它们唯有不被命名,才能将其描述。这是汉德克自身的矛盾,但并不是乔泽·桑斯意义上的那种,当他想用斯洛文尼亚语书写之时,却不会写斯洛文尼亚语:"(我不会用斯洛文尼亚语写信。这是母亲的语言,但母亲已经死亡[……])"。通过使用括号,看起来在两侧的那些语句形成了一个核心句。在这里,语言的缺失符合生活经历的空白,丢失的母亲的语言,非常适合去讲述那些缺席之物。面对一切已经被拿走的客观事物所表现出的无动于衷与束手无策,只能通过语言去克服:

> 从历史上看,缺席这一话语针对女性:女性生活安定,男性则是猎人、旅行者。[……]因此得出结论,每一个表达出他者缺失的男性,都通过女性的东西表现出来:这个等待着的,并遭受等待之苦的男性,以一种奇特的方式被女性化了。一个男性没有因此而被女性化,是因为他出现反转,因为他有爱。

爱的语言常常总是不被人们所熟知,只有这样才可以解释,为什么这首伤感的流行音乐《西班牙语是爱的语言》使迪伦赢得了声望。对汉德克来说,斯洛文尼亚语有时是一种爱的语言,有时就是表达爱的那种语言,这种爱明显不仅仅只包括性爱。当被问及他最爱的词汇之时,汉德克不假思索地在作品的最后列举出:"当然是一些斯洛文尼亚的词汇,例如 domotožje(乡愁)、brepenenje(向往)。在写下这些冗长的、被列举出的词汇时,它们可以帮助你有时在半路上过完一天,有时进入一天。"(LIS 15)在一封写给与他一起翻译弗洛里安·利普斯的合译者赫尔加·马亚柯尼卡的信中,出现了这两个词,又是写在一个括号里,将这句话括起来:"(很奇怪,当我怀念故乡时,就只怀念一个故乡,那个斯洛文尼亚的故乡。)"

2 去往第九王国(1986)

将目标转向斯洛文尼亚,以及菲利普·柯巴尔穿越斯洛文尼亚,最终又回到起点的环游,它们的目的都在于:通过再次获得诗意的手段去证实自我。穿越他者,以巩固自我。语言首先会被质疑,这是为了在语言中建立起新的信任。"在《无欲的悲歌》中,我原本非常强烈地批判语言,[……]在《去往第九王国》中,情况发生了逆转:小说涉及到寻找语言,因为人只有通过语言才能找到完整的人生。"(NNL 14)

毋庸置疑,格拉茨"城市公园论坛"和论坛主席阿尔弗雷德·克勒里施对汉德克产生了重要的影响:"一种揭示世界的作用,也就是说,真实的领悟现实的力量。在海德格尔看来,只有创作语言才拥有这种力量。"海德格尔与尼采的著作,是高尚的"庄重"之声的重要源泉,这种庄重之声出现在汉德克八十年代的作品中。在菲利普·柯巴尔的旅行结束之时,环游已完成,叙述本身成为了叙述的内容。通过不断地将已经经历过的东西当下化,叙述创造了现实。当叙述成为一种语言,现实才能有可能被认知:"人们通过回忆一些事情,于是发现了那些事情。——回忆一些事情,意味着——直到现在才第一次认识它。"所谓叙述,是和所经历的东西建立联系,"因此对我来说,回忆并不是什么随随便便地回首往事,而是一种正在进行的行为,而这样的回忆行为赋予所经历的东西以地位。(W 101)"汉德克并不追求展现一种现实,他渴望的是现实的经验,以及变形后隐藏其中的经验。"重现意味着明确的传承,也就是说,具备这样一种可能性,回到曾经在场的存在。"被聚焦的不是历史,而是当下;重现就是当下化。"回忆并不意味着:凡是曾经发生的事情,现在又再现了;而是:凡是曾经发生的事情,现在找到了自己的位置,因为它又再现了。当我回忆时,我就感觉到:事情就是这样,千真万确!"(W 100)当下与过去,两者并没有相互捆绑;与此相反,两者通过对抗,彼此相互脱离。

  重现既不是将"过去"归还回来,也不是将"当下"绑回到"过去"。重现不能够让自己被"过去"所劝服,不能够把"过去"当成曾经的现实,任其再次回归。更大程度上,重现是对曾经发生的存在做出回应。最终的回应,同时也是一种瞬间回应,是对收回今天还在产生影响的"过去"的回应。

由于当下的独立性,因此汉德克所追求的关联产生了,它使连续和持久成为可能。值得一提的是海德格尔在将来完成时中提到的观点,这也是汉德克十分喜爱的:"永恒并非是通过,或者说由许多'瞬间'连接在一起而形成的,它来自未来中曾经重现的延续不止的历史性。"只有从一个拥有不同阐释可能性的当下出发,历史才会作为一种非过去而产生:"原本的历史性将历史理解为可能性的'再次回归',因此认为,只有当存在瞬间命运般的在重现中敞开之时,这种可能性才会再次回归。"但是,不论汉德克和海德格尔在这个问题上有多么令人惊讶的相似观点,人们也不能忽视诗人与哲学家之间的本质区别:"海德格尔缺少起决定作用的东西:沉醉(无论有没有酒)。"(FF 386)

向往之地

所谓向往之地,并不完全出自这个世界,它可以被赋予天堂的美称。叙述者从触手可及的现实世界出发,同时并没有计划返回出发地,随后,他漫游来到了"事实上非比寻常的、被汉德克认为是充满传奇色彩的斯洛文尼亚"。——那个曾经隶属于南斯拉夫共和国的斯洛文尼亚,在汉德克的创作中是斯洛文尼亚第九王国神话的化身。它远离时间与空间,仿佛消失了一般。那里几乎无法居住,基本不受文明社会的打扰。共同的集体建构,逐渐开始慢慢地反抗个体的意志:

> 我多多少少被一个较早前的念头所折磨。原因并非只是因为缺少,而是显而易见的:关于民族的念头。我曾经从不相信国家民族,也甚少相信宗教民族和语言民族,我从不相信任何加上定冠词的民族。但是我现在也不再能够相信少数群体、等待着的群体、读者群体、受难群体和牺牲群体,就像第一次那样。(NB 58f)

在一切先锋战斗面前表现出被动与失败,不仅仅在战争面前。长久以来,斯洛文尼亚人一直被这样的自我形象所影响。"'斯洛文尼亚民族,苦难的民族'——(斯洛文尼亚语:Slovenski narod, narod trpl[j]enja),这种观点毋庸置疑持续到了第二次世界大战结束。"(ARN 25)随后,当出生于北部边境的斯洛文尼亚语区的彼得·汉德克来到这个世界之时,一个截然不同、勇于反抗的传统被建立起来。汉德克让菲利普·柯巴尔的失踪的哥哥——他的身上具备了一种气质,那种和汉德克失踪的舅舅一模一样的气质,并且两人的名字都叫格里高尔——与传统精神格格不入,其精神继续影响着柯巴里德。在那里,有一座因反法西斯斗争精神而建立起的斯洛文尼亚国度,菲利普和格里高尔的父亲只是偶然会顺嘴提到的它,因为:

> 这个如今彻底退化为臣民的他,居然忘记了有关自己儿子的消息,那个抵抗战士最后的消息,就来自那个著名的"柯巴里德共和国"。战争期间,那儿独独一个村子宣告为反法西斯共和国,并且也存在了好些日子。(W 74)

诸如此类的消息,对于因循守旧、沉默寡言的斯洛文尼亚人来说,他们并不情愿接受;因此父亲自动屏蔽了那些令人不快的消息,并回答道:"他既不知道什么消息,也不知道什么反抗。"(W 74)于是,儿子的反抗斗争也只是一家之词、无从考证。

但是,独立的斯洛文尼亚小共和国在二战期间的的确确存在过,即便几乎不为人所知。更加著名的是第一次世界大战时期的柯巴里德,它是一战期间血腥的高山战场。即使它的德语名字"卡尔弗莱特"(Karfreit)隐含着复活的意味,但是,在伊松佐河战役之后,它的意大利语名称"卡波雷托"(Caporetto)就成了彻底失败和毁灭性灾难的同义词。对于汉德克来说,这样的历史事实并不值得保存下来,他将它们作为前提,继而以此为背景,描绘着与之对立的图像。尽管如此,他并不想失去事实真相。

出于对名称的恐惧,汉德克也尽量避免说出具体名称。由于无名,因此人们也无法确定具体地点。因此,那个无人湾也只是位于城市边缘的一处积水洼地。因此《去往第九王国》中的菲利普·柯巴尔给格里高尔·科士尼格——《我在无人湾的岁月》中的主人公——详细列举了展示给他看的那些东西:"公交站像是在克拉根福,绘有红色天竺葵的木质长廊像在柯巴里德,地窖像是林肯贝格我父母家后面的那个。但不在这里,这里的是替代品。原品已经等你很久了。"(NB 95f)如果说,《我在无人湾的岁月》被打上了缺席朋友的烙印,那么,《去往第九王国》就是幻象的圣堂,也是词汇的圣堂,这些词汇代表了其他词的意思,或者在它们周围环绕。人们需要一种陌生者的眼光去挖掘词义。菲利普·柯巴尔的德国母亲和他的斯洛文尼亚父亲遇到了彼此;她——充满诗意的想象,他——吹毛求疵地拘泥于词义:

> 我们似乎就要这样来对那个皇帝,对那些贵族,对那帮当权者,一句话,对那些"奥地利人"——对她这个奥地利女人来说,那是蔑视人的无以复加的表现——进行报复。她惯于靠着玩弄字眼,也就是我们的发祥地应该所在的伊松佐河谷地的那个地方名称,将这个报复象征化:等我们回归并且从长达千年之久的奴役中重新站立起来以后,这个在德语中称为"Karfreit"(卡尔弗莱特)的村子,实际上斯洛文尼亚语叫作"Kobarid"(柯巴里德)的,将会改名为"Kobalid"(柯巴利德)。随之,父亲讥讽地回敬她说,这倒也可以翻译成"骑着马离去了"。(W 73)

正是"柯巴里德"这个名字散发出着一种魔力,一种积极正面的魔力:"是的,名称总是让世界越来越年轻!"(W 246)由于它的德语名字"卡尔弗莱特","柯巴里德"变成了一种符号,代表着救赎的希望。菲利普刚刚在斯洛文尼亚发现了一个小共和国,就有另一个小共和国立即出现在他的面前。它完全没有任何历史可言,其合法化仅仅是因为地理原因;它是一个完全和平的王国,也就是那个叫作"沃凯因"的地方,柯巴尔"同样考虑到它的自然位置,白天常常把沃凯因看作一个特殊的欧洲国家"。(W 149)这个独特山谷地带的名字,也是汉德克最喜爱的词汇之一(vgl. LIS 15),因为"沃凯因"是"一片开阔的山谷高地"(W 147)。这个小王国的模样与童年风景十分类似,像早年的贫乏之地——就像是《图像消失》中的卡斯蒂利亚高原那样:

> 因为他希望,在与世隔绝中,可以完好地保持五十年代末六十年代初的样子。保持贫乏的模样,比如用木头雕刻的木马做成的旋转木马。在这片区域里,既没有充足的金钱,也没有现代化的时尚。

伴随着斯洛文尼亚登上历史舞台成为主权国家,于是,曾经那美好的、能产生故乡之情的超越世俗之感消失了:

> 我曾经说过,也许有些夸张。诚然,我感到自己的家乡在斯洛文尼亚,但是,至少对我来说,我感到自己仿佛失去了家乡。因为那里变成了一个国家,而那里原本只是一个民族、一个地区,并不是什么特别被奴役的民族,至少在过去的八年中[不是]……(NNL 75)

斯洛文尼亚语隶属于斯拉夫语系,作为一种写作语言的镜像,起到对照与衬托的作用——是反异化、反唯物主义、反文明化的符号。这个乡村般的人烟稀少之地,对一个群体来说是自由的,是字面意义上的一处自由空间。整个斯洛文尼亚是一个门槛国家,在风格上属于出类拔萃的过渡区域,因此它的边缘地区很出名:边境隧道,马里博尔的桥梁,喀斯特。可以说,斯洛文尼亚超越了自己本身,成为一处地点,人们来到这个地方,并从这里启程。人们围绕着它的中心,但并不触碰它。同样,历史的记忆只是通过暗指和示意简略提及,并没有针对暴行与罪恶进行深入地探讨——它的受害者是斯洛文尼亚人,包括克恩滕在内。并且还有一个很好的理由:"每一种典型的记忆都使他忘记了无源头的恐惧。"并且,在电影这个对图像有更多要求的媒介中,汉德克也坚定不移地保持着这个策略:"在汉德克的电影《缺席》中,避免了对历史恐惧的直接展现。"他也许想到了位于格里芬的斯蒂芬特墓地里为舅舅立的衣冠冢,通过它,舅舅的缺席被放大了:"没有为死者立一块纪念碑。"(A 106f)缺席,这个词最终出现在中心位置:"人们只会在他们缺席的时候说起他们,因为人们谈论的就是他们的缺席。"当他们的缺席成为主题,汉德克就表现出"由于背负历史之债而受到威胁的默默无语。"在汉德克电影的结尾,人们看到三个人陷入熟睡,恰似格里芬斯蒂芬特教堂拱廊壁龛中的东方三贤士(它们刊印在小说《形同陌路的时刻》的封面上),它们的节日称作"主显节"——意味着"圣人显现"。拱廊的中楣上,雕刻着缺席的圣母与她的孩子。缺席之人成为最重要的指路人。电影《缺席》中的那个"女人",由汉德克在七十年代中期结识的朋友珍妮·莫罗所扮演,她和汉德克的母亲同名,都叫作玛丽亚。那些作品中的主要女性人物都被"男性精神中的女性神话图像"所影响,完全镌刻下他者的认识。摆脱先入为主的想法与概念,在门槛边朝着起源而去,不能通过语言表达,只能将其展现出来(维特根斯坦),于是顿悟出现:"我与图像一起沉入母亲的世界。"(B 745)或者更抽象些:"对童年风景的想象,表现为从语言表达到观看图像的回归运动。"

斯洛文尼亚语不具备指示功能,它作为一种自身的原始语言就足够了,无需用于交流,因此也具备了一种持久的魔力。早在《大黄蜂》中,恐惧就能够被手写的斯洛文尼亚语文字而驱散。这个古老的斯洛文尼亚文字,应该写于新正字法改革之前的十九世纪四十年代,其中蕴含着宗教的内容(耶稣受难之路),并且配有插图,使其看起来更加一目了然:"汉德克的小说并没有对此进行解释,为何要使用这种已经被抛弃的斯洛文尼亚语,这种甚至连斯洛文尼亚人都觉得很陌生的语言,在文字的结尾,还响彻着小说中不断提到的对于炸弹的恐惧。"斯洛文尼亚语让这种恐惧"保持在外部",不让它"进入内部"。恐惧被斯洛文尼亚语反弹回去。不是映射,而是反射;不是透射,而是折射;不是填满,而是最大可能地接近空缺。汉德克喜爱将"空"置于中心点,使其凸显。与他的语言理想相对应的、由于古时候对森林的过渡滥伐而形成的,就是喀斯特,它从斯洛文尼亚开始向南延伸,并早已在《铅笔的故事》中被呼唤:"哦,喀斯特。"(GB 100,131,159)保尔·策兰对喀斯特的偏爱溢于言表:

> 丢失的东西
> 在喀斯特盆地找到
> 贫瘠、明朗。

无论是语言还是地貌,都最大程度上没有被文明化所侵扰,因此它们给予了汉德克理想的创作沃土,迄今在文学上被闲置的沃土:"那些绝大多数不易理解的斯洛文尼亚语,那种自己先祖的语言,不仅——按照先祖起源的一种形式的密码——对菲利普的幻想与想象大有裨益,而且还可以从根本上确定这种想象。"(vgl. WH 164f)对菲利普而言,斯洛文尼亚是一座无与伦比的表象王国、农耕王国,从神话中萌芽。因此,历史上的柯巴尔神话——来自与柯巴里德相邻的托尔明——在民族解放斗争中再次重现。游击队员是志愿军和海盗的代名词,因为甚至连游击队员这个词——远离克恩滕,在北方,和南斯拉夫没什么关联——在德语中也是个贬义词:"一名在捷克铁路部门工作的年轻助理员,炸毁了一列来自纳粹德国占领国的军需火车。'游击队员'是个贬义词。"这就是汉德克公开表达的愿望,让那些贬义的词汇从历史的重压下解脱出来。因此,首先必须要有一个开始的前提条件,这种努力一开始伴随着对陌生东西的恐惧,以及对他者的担忧,担心失去家乡和语言。陌生的东西必须要转变成其他形式,这样可以使本源显露于当下,并再次被利用:"语音的魅力,连同翻译那些奇异的斯洛文尼亚语单词[……],都唤起了神话般的童年时期的重现。"

每一个培训过急救知识的毕业生都熟知"抢救"(死者)和"救治"(活人)的区别。在这种意义下,汉德克的所作所为更应该被称为"抢救",因为基于已完结的事实本身,没有什么东西可以再被救治了。另外,童年也无法通过写作被修改,但写作毕竟能释放出一种从未使用过的潜能,它存在于童年之中。为此,人们当然要回顾一下童年时光,没有什么比童年时期的语言更加合适。这种语言对汉德克来说就是斯洛文尼亚语。对于那些存在关联障碍的人来说,他们不喜欢已经关联好的句子,因此,幼儿时期通过一个又一个的单个的词来表现句子的魅力,可以使它再次回归到一种状态,即"去要求"和"被满足"的东西紧密相连:"这是完全可以理解的,词汇本身具有无穷的魔力,对不认识这些词的人来说也是很棒的。"重现不仅意味着加倍,而且也意味着革新,因此,斯洛文尼亚语创造了这样的词:

在别的许多语言中,表达重现之义的词汇,同时也蕴含创新之义。我现在想到了斯洛文尼亚语,例如斯洛文尼亚语中的 ponovitev 这个词,它的意思是重复或重现,但是这个词出自于拉丁语 novus,意为新的,即创新、革新。(ZW 112)

随之而来的,是他者的缺席。矛盾的是,当下化却要求一种"无时间状态"。克尔凯郭尔认为,重复,或者说重现,它是回忆的绝对对立面:"如果重现使人幸福,那么与此相反,回忆一定使人不幸。"重现的手段是叙述,包括单纯的列举、甚至包括一些口头用语。当媒介的信息洪流让这个世界变得越来越不真实,那么与此相反,叙述就是一条到达现实的道路,即使叙述的是过去发生的事情:"在叙述中,作为读者,这个被各种各样的新闻报道和观点想法缠绕的我,最终能够成为'我自己的同时代人'(莱内·马利亚·里尔克)。"(LIS 73)在这里,自我的陌生感逐渐消失。菲利普虽然有两次同时看见了自己本人和失踪的哥哥,但这并没有带来浪漫的双影人效果。在寻找自我的同时,菲利普也要看一眼镜子,为了在叙述中能够将曾经的自己和消失的先祖区别开来。于是他将先祖当下化,并接受了他们的缺席:

> 儿子对母亲一方面产生距离感,另一方面产生认同,这是一种双重束缚[……]——既希望摆脱母亲统治的主导地位[……],同时又在精神上寻求与母亲保持一致,这些都对双影人母题中的自恋情结发挥着决定作用,它们都被写进了《去往第九王国》。

母亲和外祖父是斯洛文尼亚人,这在汉德克的一生中发挥着最决定性的作用。斯洛文尼亚语使他能够寻到自己的出身,并不断将其超越:"与外祖父相关的联想,建立在一种'祖籍的想象'之上,它意味着一种祖籍的自然状态,这种状态与先祖的语言——斯洛文尼亚语相关联。"(vgl. LSV 87)于是,斯洛文尼亚这个使用斯洛文尼亚语的国家,自然而然地被置于想象之中。"床"这个单词,指涉生育、诞生和死亡,同时也指涉地形地貌与水循环:"我躺在斯洛文尼亚这张床上,我一直躺着的地方,是祖先之床。新戈里察(斯洛文尼亚语:Ita est)。"(FF 393)格里高尔,作为祖先,他通过"缺失、独眼和好看的手写体文字"现身。他拥有被弱化了的眼神,而恰恰仿佛是这种限制的眼神,使他写得一手好字。汉德克认为,另一个世界存在于内心之中,他正是通过斯洛文尼亚语的一个单词发现了这一点,它作为一个动名词,强调的是过程的发展:

> 对《去往第九王国》中的主人公的认知(斯洛文尼亚语:spoznanje):在社会中,我只能灭亡。(他看了看面前的寄宿学校)所以说……我只能在另一个世界里寻找幸福;在哪个世界呢?我心中的那个世界。(阿尔姆运河河畔,傍晚,1983年5月5日)(FF 56)

在汉德克的眼中,世界的对立面逐渐失去了魅力。

因此,他对祖籍地有一种更加积极的外部视角,他对故乡简朴之美的偏爱也在小说中表现了出来:"在毗邻的斯洛文尼亚,克恩滕有'圣美'之称,这个美誉是从十九世纪流传下来的。"(W 11)与此同时,在《在清晨的山崖窗边》这部随笔中,时间距离是小说的叙述主题,那个种植水果的叔叔、一片墓地以及《去往第九王国》中第一部分的标题"盲窗",也在这部作品中被提及:

> 古老的克恩滕,正如我今晨在拂晓中看到的它,还点着万灵节的坟墓烛光,那些盲窗,以及在果园里停放着的邮政汽车:"古老的克恩滕",我可以这样称呼它,正如十九世纪的斯洛文尼亚人将这片卡拉万克山脉北部的土地称为"lepa Koroška",即"圣美的克恩滕"。(FF 236)

在没有历史的斯洛文尼亚,借助一种完整的语言,就可以自由地选择自己的祖籍,似乎它不受历史的约束:"这里就是我的祖籍地,我就这样确认了。"(W 247)对菲利普而言,故乡必须与他者相毗邻:"故乡对他而言,必须只能在内地最外部的边缘地带,那里闪烁着电光火石般的光芒,紧靠着那些边界的过渡地带。"(FF 236)但是,扎根于历史是绝对必要的;另外,通过文字也能考证真实性。汉德克所虚构的故事,就源自一个文学单词以及一个历史上真实的名字:

> 晚些时候,当我来到卢布尔雅那时,我在一个历史展上知道了托尔明农民起义的故事。在那里,我追寻到格里高尔·柯巴尔这个名字,他曾在托尔明的某个地方安家。于是,这个虚构的、关于我祖先的故事便开始了。(NNL 10f)

通过这个独立的单词,作家就能够找到渴望已久的关联。"斯洛文尼亚词汇的叙事诗"自然而然由此产生。柯巴尔(kobal)这个词意味着两腿叉开站立;在汉德克看来,就是一种站立在边缘两边的状态,不仅仅指空间边缘,同时也指时间边缘:

> 当下蓦地一下回到童年。这不是一种回忆,而是童年本身就归属于当下。[……]通过斯洛文尼亚语的词汇,童年现在又一次属于我。(NNL 108)

于是他从童年中的声音出发:

> 因此,诗人使用童年的词汇,使用了在他看来十分神秘,且无法解释的最早叫出名字的物品名称(在今天也是一样),创作了诗歌语言般的童年。

丢失之物需要一种丢失的语言;由于语言被再次发现,丢失之物仿佛也会被找到。除此之外,对事物的一无所知,以及由此引发的想象力也十分必要,卡尔·麦的创作经历就体现了这一点。他最受大众欢迎的文学体裁就是"旅行探险故事",汉德克也十分崇拜他的作品。但是,当他在晚年真正探访了东方和蛮荒的西方之后,他就再也无法创作出真实的旅行故事了,于是他转而尝试象征写作。同样,汉德克也认为,自己已经很满意那些处于想象力中心的东西。

> 对于我成长的地方,我思考良多。但是我最终决定,把书中的地点设置在德拉瓦河的南边[……]因为我觉得,只有让我经历过的故事发生在自己不太熟悉的地方,我才能够去描写那些我深刻经历过的故事。林肯贝格,这个故事的发生地,我一共只去过两三次,而且只是路过。(NNL 12f)

但是,这个只因路过而得知的地名,也已经被耗尽;于是,一个在它旁边的、毫不起眼的地名登场;那个《我在无人湾的岁月》中的主人公,他"离开了阴郁的林肯贝格,来到了光明的林科拉赫!"(NB 90)于是,《缓慢的归乡》中的这个构想,在《去往第九王国》里被采纳,进而又延伸到《我的无人湾的岁月》这部作品中。虽然没有完整的结尾,但汉德克的这几部作品中都展现了一个"回到自己出生地的人,这完全是一个断片"。(ZW 34)甚至连"缓冲"这个核心概念,在斯洛文尼亚语中也会有些许的区别,它不再只表达被动之意,同时也拥有了些主动的意味:"POMIK,阳性,1)缓冲 2)斗争"(NNL 34)这种推动力来自逝去的先祖,汉德克一再这样强调:"假如死亡使你们恐惧,那么你们就误读了它。死者是强烈的光——他们改变了你们。"(ÜD 116)行为的产生,源自长时间的无法行动。所谓感知,只有通过他者、通过不熟悉的事物才不虚伪,才能自由地摆脱概念、已有认知和历史。进入他者的归乡,促使汉德克去往斯洛文尼亚,一个门槛国、中间地带,向南延伸至远方:"归乡,进入陌生地。只有在那里,你才是在此地;只有在那里,幸福才是接近地面的。寻找一个更大的国家。"(ÜD 84)斯洛文尼亚不是长久之地,也不是停留之地,甚至连发现之地也算不上。他的哥哥自始至终没有找到。汉德克的处理办法和那个多次援引了他的丹麦哲学家完全类似,他的小说的标题和汉德克的斯洛文尼亚小说一模一样:"克尔凯郭尔不情愿将女性视为女性,而是在远方,为了实现将世界(或者宗教)诗化的目的。"另一个案例是阿兰·罗布-格里耶的小说《重复》(与汉德克的《去往第九王国》同名。后者的德语名为 *Die Wiederholung*,字面意思即:重复、重现。译者注。),它也详细提及了克尔凯郭尔,却丝毫未提汉德克;但小说中有一个人物提到了斯洛文尼亚的一处地点:科斯塔涅维察,这个地点在汉德克的小说中也被提及。(vgl. W 299)

无法到达,无法找到,这就是目标;永不停止的寻找,是叙述的根源和温床,它助力《去往第九王国》成功地记录了一次失败。

找到是一种个人或个体行为,与此相反,寻找的过程则是一种更加广泛且非个体的行为:"由于被寻找的东西看起来已经被找到,因此寻找看似非常真实且有效,仿佛它真的被找到了一样。这样的一种寻找,是针对他人的寻找,也是针对他物的寻找。"(B 758)和克尔凯郭尔一样,汉德克的寻找也涉及爱情。克尔凯郭尔在寻找一位女性爱人,汉德克的寻找则不受性别约束,他寻找一位兄长,并且更大程度不是生物学意义,而是情感意义上的。另外,两者的高度一致也令人瞩目:"女性是重复的出发点,在结尾的时候变成了艺术。[……]在克尔凯郭尔的作品中,主体[……]回归到自我本身,因为从某种意义上讲,它始终都没有离开自身,但它却错误地认为自己存于他者之上。"只有穿越他者,才有可能进入自身、进入自我。这样的弯路也体现在语言上:"翻译:从本质来说就是与他者的相遇。"(FF 95)对汉德克而言,渴望就是一种生命的前提条件:"Dehteti(斯洛文尼亚语:深呼吸,渴望)。"(FF 297)

在汉德克的随笔中,他大致记录了创作小说《去往第九王国》的目的:"有一种渴望,去唤醒死者(即重现)。"(FF 28)于是,尊敬之情伴随着愿望而来:"去重现:即尊重死者。"(FF 218)没有祖先崇拜,没有后代,没有延续,既没有仇恨,也没有恶语,而是一种充满距离感的、尊敬的哀悼和忠诚。正如《大黄蜂》里的空白,它是《去往第九王国》的叙述前提和必要条件,因此,在两部作品的结尾处,都会有一个新的开始。

再谈谈关于父母的问题。"压制父亲,但认可他:即重现。"(FF 135)至少汉德克有这样的决心。从小说中虚构的父亲身上,可以看到汉德克亲生外祖父的一些特征;倘若再把生父的一些所作所为写进小说的话,那么这本书就超载了。"尽管德国在战争时的罪行,让我这个未成年人变成了敌人,谁的敌人?是啊,究竟是谁的敌人?但我个人并没有对他怀恨在心,至少从他的角色出发,没有觉得他和那些罪犯同流合污。"(NB 294)直到后来,他才第一次自问:"是否,你也已经失去了父亲?"(NB 149)

相比《去往第九王国》,主人公菲利普的名字在《在清晨的山崖窗边》中还是按照德语的正字法规范来书写的(即 Philip,而非后来在《去往第九王国》中的 Filip,译者注),因此,在随笔《在清晨的山崖窗边》中,小说人物与作家本人更加靠近:"再也没有这样的一个人,一个可以让菲利普·柯巴尔提问的人——提那些紧要的、扣人心弦的、决定性的问题,除了他已故的母亲,再也没有这样一个人,或许,将来什么时候有孩子了,才会出现这样一个人。"(FF 274)因此,研究斯洛文尼亚语,也是对母亲一脉的净化;一条告别之路。"菲利普·柯巴尔感觉到,他与早逝的母亲之间越来

越陌生,这也很正常。"(FF 275)

在与父母的交往中,每个人都会再次成为孩子。所以,自传性的文章往往喜欢用孩童的修改方法,"拯救一个没有来到自己身边的、没有靠近自己幸福的孩子的想象力。"童年——它那受限的眼界,更加紧密的故乡——的影响非常深远,这一点可以被证实。那些在作品中运用的元素是不可替换的,它们之间的关联必须被重新建立:"本来,我应该,且能够掌握的,只是我童年时使用的词汇——当然不包括句子——并且只是那些童年风景里的词汇。"(GB 164)斯洛文尼亚语是完美无缺的,正如十九世纪末马克斯·普莱特尼克编纂的斯洛文尼亚语-德语词典中所指出的:"斯洛文尼亚语:一首出自温情与讽刺的、永无止境的诗歌,没有一丝粗鄙。"(FF 297)比建立词汇间的关联更难的,是把握人与人之间的联系。对于一个不善交际的人而言,他会追求孤立,或只与自己的同类人交流;最终遁入一个无历史的虚假世界:

> 孤立存在,还是寻求一个民族?创造一个民族?一个什么样的民族?独立运作的,还是共同联合的?怎样的联合?一种真实的联合,比如一个国家甚至一个帝国,还是一种幻想的联合———一个梦想的统一体,正是凭借远离和独自创造,作为最初的统一之梦的反映,以作品的形式被历史放弃,从而也许更有活力?(LIS 49f)

斯洛文尼亚符合这种梦幻般的图景,至少在一段时间内如此,至少在汉德克的认知中如此:"斯洛文尼亚人,他们不建立国家,不愿成为某个国家的国民,这难道不也是他们的优点吗?"(FF 114)早在1983年,汉德克就这样议论斯洛文尼亚人,八年之后,《梦想者告别第九王国》的问世更加引发了普遍的不满,甚至肖茨家族也针对这个问题产生了明显的分歧：

> 我总是在想,我的外祖父会对此说些什么。[……]或者,我母亲的哥哥会说些什么。我在《去往第九王国》中讲述了他的故事,那个格里高尔,他是斯洛文尼亚语的热情追随者,也是斯洛文尼亚文化的追随者。我不知道,但是我相信,他从未设想过一个斯洛文尼亚国家[……]我猜想,我在一篇文章中曾写过一些东西——唯一一次真正写给南斯拉夫和斯洛文尼亚[……],我母亲的哥哥会因此非常生我的气。(NNL 94f)

这种情感标准并不针对现如今的斯洛文尼亚人,它只适用于执着于斯洛文尼亚文化的先祖们,而汉德克将此作为自己的政治态度。他十分清楚,自己在和大多数的斯洛文尼亚人唱反调。对他而言,真实存在的斯洛文尼亚是一间太小的放映室,他需要一种空白,一种单调的、远离文明风景的空白。它是不在场的缺席之物出现的必要前提:"由于空的大海,空的海边森林和空的捕鱼网,因此在某个瞬间,仿佛那些缺席的人或物——已故的母亲,失踪的父亲——又出现了,在那些空白间隙中。"(AS 19)这种"像裂开的伤口一样的空白间隙",在某种程度上,是存在于平常空隙之间的中间空白。

作家汉德克认为,在写作的某个瞬间,平行世界中的死者会来到当下,这与桑顿·怀尔德作品《我们的小镇》中漫游在冥界的亡灵有所不同。匮乏的缺席经验,促使人沿着失踪者的足迹,或是未被发现的自我足迹去寻找,来到最遥远的地方:"穿越陌生的地区,看到并体验着他者的生活,他体会到了重现,仿佛童年的初次经验。"只有在这种梦幻般、虚幻的行为意识中,投影王国的大门才是打开的,它美丽富饶,但并不持久,因为"反正第九王国在无梦想者的生命中,也只是转瞬即逝"。那种与缺失之物融为一体的追求,可以通过一个无法看见,但却能真真切切感受到的东西来展现,那"在完全不同的缺席之中的到达之风"。(A 224)后来,风的图像涵义被阐明。乌托邦被遗漏了,而事实真相却被证明占据了过多的比例:

> 然后我梦想着,
> 童年的风,
> 从童年那里吹来,
> 嗖嗖低鸣,鸣鸣作响,狂风大作,
> 这是历史的风,
> 战争的风。(ZU 71)

如果说《去往第九王国》是一种叙述的启程,那么《缺席》的结尾则表现出消失的传承,一种缺失中的生长。汉德克的好友彼得·哈姆对此十分清楚:"汉德克所有的书,都被两种看似不同方向的运动所左右:一种是出发,另一种是归乡。"

出发与未来紧密相连,与此相反,归乡则与过去密不可分。英格博格·巴赫曼认为,一切写作行为都会被历史所局限,这一点汉德克也认同——"今天没有人会相信,创作发生在历史情景之外——也只有一位诗人,他的出发点不受时间事实所左右。"但他绝不会在没有调解机构的情况下,让杀人犯和疯子与无助的幸存者和他们的后人对立起来:"但是他在文学创作中先要确定方位:通过名称和话语的文化记忆,通过工作地与居住地的全景图,还通过讲话与行为方式确定暗指的地理环境。"历史不会被置于中心位置,它像漂浮的一座冰山,绝大部分无法看见,可见的只有一小部分。单个的字,还有标点符号——"字母、连字符、冒号和破折号使句子'交叠'起来"——创作出关联。那些看起来矫揉造作的风格,都不能不说是伴随着危机而来的。有意识地游走在那些能够被表达出来的东西的边缘,必须极其的谨慎:"在生与死、自我与他者的界限消失的地方,汉德克似乎知道要保持绝对的禁言。"一方面,他面对着对于命名和描述的恐惧;另一方面,他又需要将自己的创伤变成文字;两者似乎很矛盾:"总是在某个瞬间里,突然产生了一种思想,出自深处的、几乎无法言语的感觉。"

后来,正是这些"可怕的事件唤醒了古老的怀疑,怀疑那个人们称之为历史的东西"。它们进入强大的竞争而成为典范,再通过《图像消失》成为无法避免的结果。在汉德克看来,强调联邦独立而反对统一体的做法,是历史的过错:

> 从我个人角度出发,我对任何形式的民族主义都完全没有好感,但也许不包括在特定历史条件下的被迫之举。对于一个民族来说,有必要在语言中、在独特的个性中、在地貌与风景中保持自我。

因为在群体或社会中,他者的存在同样是保持个性的必要前提。孤立意味着肤浅平庸,作为小国,斯洛文尼亚必须参与到联盟之中。

> 我曾经非常仔细地观察过斯洛文尼亚人,包括生活在其他联邦的斯洛文尼亚人,还有克罗地亚人以及来自其他联邦的人——我完全没有看到这样一种危险,即南斯拉夫联盟之中的人民可能丧失他们曾经的个性。

斯洛文尼亚的神父们(伊万·托马日奇)和游击队员们(马特伊·博尔)认为,斯洛文尼亚人起源于威尼托人,而非斯拉夫人,这种想法只是一种神话般的寄托:不希望与人们心中那个知识匮乏、经济落后的东南方捆绑在一起,企图寻找与强大的西北方之间的合作。

巨大的吸引力起因于现代的西方世界,人们曾将其称之为"资本主义"。这是不可避免的;但另一方面,宣布越来越小的民族的国家,并不能弥补这种可怕的平整和吞噬灵魂的机制。

那个对汉德克来说至关重要的斯洛文尼亚,毋庸置疑,是资本主义社会前的斯洛文尼亚。他只是"秘密地"遇到了这个文字游戏:"斯洛文尼亚是我行进中的故乡。[……]从来没有一个地方像斯洛文尼亚一样,让我在路上的时候,就已经有了家的感觉,包括在法国,也找不到这种感觉,在任何一个国家都没有这种感觉。"诚然,这里所说的斯洛文尼亚,并非今天这个真实可见的斯洛文尼亚,而是一个与历史无关的、乌托邦式的梦想之地——就像是情人眼里出西施。他并不向往那里的城市和人:"我爱的是语言、风景和风。"

唯有在远处、在回望中,那个缺失的故乡才能通过语言得以重现,才能够被理解。只有保持距离,才能完完全全将其认清;倘若太熟悉它的话,对它的认识就会产生变形,但新的东西却能激励和解放认知,正如那句格言:"尖锐刺耳的故乡,铿锵有力的他者。"(GU 182)汉德克反对一切先入为主的观点,当然也包括故乡:"我没有故乡的概念。从这个意义上讲,我从来没有过故乡——直到后来我才知道:这曾经是故乡。"在斯洛文尼亚,汉德克发现了这样一个故乡,它并不是真真切切存在的,但却是可以设想的、"还算令人满意"的故乡,与他的出身特征十分吻合:"我总能拥有斯洛文尼亚的风景,特别是内部的风景,那些房屋、那些耙子,仿佛在那个'流淌的起源地'所经历的[……]"(GU 10),他在"缺失之路上的夯土层中"再次找到了它,"在不完整的碑文上发现了那些句子,让我回忆起一副挽联;突然又从墓地消失,来到了林科拉赫的家里:'回到了他那流淌着的起源地。'"(NB 256)这样的选择并非随意而为,人生经历的事实本身是无可辩驳的。所有之后的事业心都缺失这种命运的瞬间:"后来穿越塞尔维亚,与此相反,我似乎没有离开故乡。"(ARN 140)

爱与被爱的能力,也要以坐标系中的一个极点、一个参照点和一个零点为前提:"'帮助我去爱。'——'然后指引我回家。'——'这是在那里?'"(GU 231)这就是故乡。目光从这里开始,看到那些通常被忽视的东西:

> 在斯洛文尼亚和克恩滕州南部,那里的一些并不引人注目的小地点,我总能很好地看见它们,——因为它们有意义。在法国,那些小地点对我来说毫无意义,但是在斯洛文尼亚和克恩滕,它们就对我产生了意义,那些毫不起眼的、并非风景如画的地方,人们赖以生存的地方。

这种所谓日常的出身地点,在汉德克的叙述中常被描写,它位于格里芬斯蒂芬特墓地的前面,离家族墓地不远:做礼拜的人聚集在那里相互交流,在弥撒开始前或结束后:"是的,那里正是一条这样的路,你知道吗,中心区域是一个小三角形,所有的道路都汇集于此——在那里,人们可以谈论所有的人,不仅谈论,还可以叙述。"图像边缘的客栈名叫"施提夫特客栈":它不禁使人将汉德克的居住地(斯蒂芬特-格里芬)、《残暑》的作者(阿达尔贝特·施蒂弗特)以及客栈的建造者(单词的字面意义)联想在一起:这就是所谓日常在汉德克身上的表现。他拒绝单纯的自传,因为这对他来说是不够的。一个孤独生存的个体,对读者来说是有些难以接受的。

> 我不认为,文学的任务是详察童年并将其讲述给他人;这是一种可能性,但却是一种大多数情况下卑劣的可能性,仿佛人们的年龄增长了,就不再有童年了似的。

在高度文明、大众文化和个人经历三者的相互协作下,创造的可能性被开启,去实现创作自由:"创作的本质是'保持忠实',但不是'自己本身',而是人们经历的深层的东西。"

开路者,魔法师和守护者

首先,斯洛文尼亚语属于一种无含义的符号,正如荷尔德林的著名诗句中所述的那样:"我们是一种符号,既无含义/又无痛苦,在冥冥异乡/几乎丧失了语言。"在菲利普看来,这片土地并没有受到历史和先知的束缚,于是他将语义学上空缺的语音视为一种真正的起源,但这并不意味着未开化的蒙昧状态(ARN 8),而是恰恰相反。"一开始他不懂语言的规则体系,无法理解用斯洛文尼亚语写下的句子含义,于是他使用了一种方法弥补,将能指作为一种表形或图示的元素,转换成图像将其标识出来。"

对菲利普来说,这种方法并非是一个语义学上的技巧,而是通过重新获得的一无所知,去革新世界观。所谓理解,并非指沟通了解,而是完全消化吸收:"理解的基础不可思议的牢固;词汇,它们在这个外人眼里如此精美,本身就包含着无穷的魔力。"只有当知识和回忆完全失效,才有可能出现一个崭新的开始。"语音的魅力,包括'翻译'陌生的斯洛文尼亚语单词[……],都近乎意识中某种神奇的重现,仿佛是对童年的重现。"通过哥哥的工作笔记,和那本普莱特尼克老字典,菲利普找到了一个崭新的世界观,它纵然并非完全的无忧无虑,但也轻松自在:"外国语通过既定的语言模板,终止了不自觉产生的内容联想、表达联想,以及机械的感知。"

在这种扬弃的过程中,不仅个人的一生会被倒回,还会对世界历史进行倒带;人们所追求的、作为新坐标系中心的零点,被置于时间之外。根据诺瓦斯·利巴尔的观点,"不论是忽视当下的问题处境,还是不考虑充满斗争(有结果或被淹没的)的历史发展,都可以归因于汉德克的斯洛文尼亚神话中的无历史观点,它自始至终都未有改变。"历史流传下来的价值无法持久。为了让它被新的价值所取代,必须建立一个虚无的空间。神话可以使与现实的交流变得简单一些,因为神话有助于填补"那些价值空白,只有无历史状态才能实现这一点,我在无历史的状态中成长,也将继续生活在其中"。(ZW 130)汉德克十分清楚,他需要将个人的情况普及化,这样才可以更容易地与之相处。叙述需要建构一个志同道合的面对面之人。"他断定,其他人也应该没有故事,就像他自己没有故事一样:只有这样,他才能忍受它,正确地感受它,才有兴趣去描写它。"(GB 16)这种革新的追求,不仅适用于世界观,同样适用于语言。因此"需要去重新修订那些已经被赋予历史意义的名称,使他们摆脱历史进程"。通过不断靠近想象中的起源,就会向着消失点的位置不断移动,它赋予了世界新的认知:

> 德语是存在缺陷的:由于历史的变迁,每个词汇都有可能产生贬义的意味。[……]重要的是,要让这些被误解的词汇不再被误解。人们需要将它们从句子的关联中剥离出来,这样,它们无疑就再次获得了意义,即历史赋予它们的意义。但

> 是,我的抱负,我的追求也同样是——词汇最原始的状态……去重现原始性、新鲜度和词汇与原始之物之间的关联性,或者去革新它们。(ZW 112)

这种接近甚至太过于有成效,以至于"在一个完全反现代化的姿态中——最终出现了对能指与所指进行分隔的企图"。两者的融合需要通过图像来实现,其主导,是另一种语言:

> 外语符号和母语符号之间的跳跃,正如从词汇向图像的跳跃,只有存在一个衬托背景才可以实现,图像在它上面留下痕迹,作为半意识的语言基础,来自童年记忆里的东西始终留存。

空白形式的地点,位于特里斯特之上贫瘠的高原之地。菲利普在那里找到了他"在喀斯特的童年",(W 300)他"在喀斯特的经历,就是他童年风景的经历,指引他最终实现了开放的叙述形式,实现了童年的想象"。对他来说,神奇的喀斯特风景象征着永恒,在这里,故乡和异乡同时存在。他在那里"同时感受到了在场和不在场的东西"。(W 256f)但是,熟悉之物与不熟悉的他者并不能合二为一。通过重现,他者在对比中变得清晰。重现者是一个变形了的镜像(vgl. W 18),通过它,可以同时标识出两类属性,即同一性和距离性:"当心你自己的魔鬼,也就是说,当心你的双影人。"(PW 20)重现,是一座通向他者的桥梁,但不够长度:

> 他者的直接性必须与独立叙述保持疏离,因为它是以一种神话般的、理想化的眼光去对待风景的,对顺利地融入重现关联加以阻挠。

在《去往第九王国》的故事发展中,这种双重性有助于勾勒并区别出菲利普的身份认同。甚至连从未谋面的哥哥也仅仅是一个镜像,帮助他接受自我作为叙述者的事实。

无限的向往一直保存着痕迹。他者的缺失,其作为三重痕迹,终于使双影人与自我关系中的不确定的价位,以一种有意义的、可读的形式[……]被印证了出来。

首先展示出来的,就是菲利普所踏上的道路,它早已通过那个不起眼的配角被证实,即那个护路人、写写画画之人和修复圣像柱之人,他们也可以被称为开路者、魔法师和守护者。(vgl. W 49f)菲利普·柯巴尔同汉德克作品中大部分的"格里高尔式人物"一样,他"表现出一种圆环式运动的轨迹,即遵循外出、走失、找到、归乡的模式运动"。他的旅行路线也可以证实这一点,即形成一个真正的圆环,最终回到了起点。"通过语言——通过斯洛文尼亚语和德语的相互作用——,童年的空间得以再次出现,对于柯巴尔来说[……]——通过风景的经验而回归的童年才能够被描绘。"一开始,那个拉丁语的纯元音词"eoae"的意思是"黎明"(W 115),同时,又能给它加上了缺失的斯洛文尼亚语的纯辅音词"smrt",意为"死亡"。因此,菲利普经历了斯洛文尼亚语从临终到缺席的过程,因为哥哥的下落始终不明。他的消失点同时也是起点(他最终为自己找到了一种叙述的可能性)。在寻找死者过程中,他探寻至斯洛文尼亚。"如果说这个民族对弥留之际拥有不计其数的说法的话,那么要说起女人的生殖器来就多得数不胜数了。"(W 200)那个引导(引诱)菲利普走向斯洛文尼亚语的斯洛文尼亚所不具名的女友,在起起伏伏的叙述中也像哥哥一样,无影无踪地消失了。还有安娜,那个《我在无人湾的岁月》中唯一的女主人公,也是斯洛文尼亚人,她在柯巴尔离开斯洛文尼亚的地点遇见了科士尼格:地点位于马里博尔。母亲一脉的斯洛文尼亚血统胜过了父亲的德意志血统:"菲利普·柯巴尔自始至终不仅希望,而且确信,一个女人,他的女人,会把他从自己的祖国拯救出来。"(FF 245)由于始终被女性吸引,因此他离开了粪便学领域,发现了各种各样与生殖器相关的咒骂:"骂起人来五花八门。"(W 199)

因此,在他第二次的塞尔维亚旅行之后,带回来的唯一一件小礼物,就是一句经常能听到的、很厉害的脏话:"jebiga",类似于相同情景下的德语中的"他娘的"。汉德克将它加以陌生化,重新描述成"操他妈的"。(vgl. ARN 160)

在幻想的南方

在德拉瓦河之上,汉德克一路向南。《去往第九王国》中故事发生的地点位于至今仍然深受斯洛文尼亚文化影响的林肯贝格(与格里芬和阿尔滕马克特不同),斯洛文尼亚语叫作沃格瑞斯(Vogrče)。由于许多书中都曾经描写过这里,因此它在近几个世纪中的影响越来越大。后来,林肯贝格对汉德克来说有些过于现代,或者说至少被文明化了,于是他让格里高尔·科士尼格定居在林科拉赫,斯洛文尼亚语叫作林科勒(Rinkole)附近的一个小村庄:这些代表着另一个自我的人物形象,愈来愈深入到一个名副其实的乡村的、先前的、显而易见的斯拉夫世界。

将文学图景置于现实中去考察,这种做法虽然有趣,却是多余的。出版社将《去往第九王国》命名为《彼得·汉德克去往斯洛文尼亚的文学之旅》,命名虽准确,但也存在误导。虚构源于现实,但并不强迫虚构必须再次回归现实。在作品《我在无人湾的岁月》中,汉德克嘲讽了那些吹毛求疵的读物,并将去往第九王国

（并无援引小说标题）的特点刻画为：

> 一个自由虚构的、关于"我"的叙述，使用了第一人称（每当一件事情的重点在于发现和玩弄我的时候，就会靠近我），我的所有书，他［=《我在无人湾的岁月》中不具名的第一人称叙述者的儿子］只阅读过这一本［……］并把它当作一本旅行指南，充当它的检验员，而不是使用者（"很多错误，但明显是故意为之"）。（NB 387）

可信度、合理性和事实准确性，由于诗学的特点，在创作中常常有意识地不予理会。汉德克热衷于表现悬而未决的主题，无定论的故事常常使读者感到迷茫和困惑，这一点在他的《图像消失》中达到了最高峰，同时在《唐璜（自述）》中也表现了这一主题。伴随着作家对童话体裁的偏爱（在《缺席》和《我在无人湾的岁月》中都有很详尽的展现；在《露西和某物在森林》中也隐含童话主题），随之而来的，是在后两个作品中能够观察到的特点，即把情节置于不远的将来，以便从一开始就避免它成为一篇历史化-现实化的读物。

另一种语言

对于许多奥地利的克恩滕人来说，斯洛文尼亚语就是离自己最近的另一种语言。尽管菲利普·柯巴尔刻意用斯洛文尼亚语来书写自己的名字，但是他也来自下游的平原地区，离那个四次被援引的地点不远，即曾经"来自克恩滕的奥地利社民党首相雷欧彭德·瓦格纳所处的地点。瓦格纳不否认自己曾经作为'希特勒青年团'成员的经历，他自称为'一个地地道道的克恩滕人'，因为他不会讲'一句斯洛文尼亚语'。"

柯巴尔是第一代的同化者。他的斯洛文尼亚籍父亲在战争和战后的岁月里,由于在民族情感上受到了伤害,因此变得寡言少语。他的德国籍母亲虽然表现出对斯洛文尼亚语的好感,但她缺乏语言知识。他通过研究祖先,一步步地向祖先靠近,包括祖先的语言。这种现象在克恩滕州也很普遍。一开始,柯巴尔的情况也和克恩滕州的大部分人没什么两样:"再说,我还从来没有去过国外。虽然斯洛文尼亚语对克恩滕南部乡村的人来说也不是什么外语,可我几乎不怎么精通。"(W 9)

那种被大多数居民戏谑地称为"斯洛文尼亚式"的混合方言,它虽然遵循着斯拉夫语的语法,但其中却夹杂了大量的德语词汇;它独立的语音发展状况——在第二次辅音音变之前——印证着它久远的历史。但正是这一点,即在自己喜爱的陌生语音中混杂了熟悉的元素,让菲利普·柯巴尔感到无比反感:

> 童年时期,我恰恰对外语很着迷。[……]与此相反,每天在村子里听到的斯洛文尼亚语却更多是让我厌恶。这并非来自斯洛文尼亚语的音调,而是那许许多多的德语词汇,它们一再破坏了那个音调。因此,我听到的村民的方言不是一种语言,而是一种惹人嘲笑的大杂烩。(W 194)

隐含着南斯拉夫意味的标准斯洛文尼亚语,在克恩滕州总是不受欢迎。那种被克恩滕民役组织和防御者联盟煽动起的"原始恐惧",被画在克恩滕南部的卡拉万克山的墙壁上。甚至在教堂里,斯洛文尼亚语也没有自己的一席之地。甚至连菲利普·柯巴尔也只有在各种各样不同声音的混合声中,才接受了斯洛文尼亚语。

可话说回来,无论在哪儿听到有人"按照文字"来讲这种语言时，回响在我耳际的，通常就是一种威胁；首先是讲这种语言的那些地方更多地让人想起官方公告，而不是信息传递。广播里插播每日外语新闻简要，像恐怖新闻一样；学校里那些意思空洞的句子纯粹是用来灌输语法的；教堂里布道的神父常常不由自主地换着讲起德语来，它好像远比前者更适合于这样的场合——他泰然自若地接着讲下去。可他开始却不得不用斯拉夫语吼叫着，一句接一句，拖着兴师问罪的讲话腔调。

"只有在连祷时，我才洗耳恭听，比在唱颂歌时还要专注。"（W 195）

童年的那些词汇

在汉德克的文学创作中，显而易见，人们只能看到"单个的斯洛文尼亚语单词，却看不到完整的斯洛文尼亚语"。那些语义学上的每一个单词的集合——就算它们各自独立——已经可以拼凑成一个压缩版的叙述，因为根本"没有空洞的词汇，只有空洞的句子"。（FE 80）因此，问题的关键是，如何创造关联。汉德克日记中那些放荡不羁、天真自然的记录，以松散的文字顺序而著称，这同样归功于一个相同的原因。

汉德克走近斯洛文尼亚语，并非通过会话或文章阅读，而是通过一本出自十九世纪晚期的普莱特尼克老字典来进行解密，那是一个已经消失了的、条理明晰的时代，这本老字典"作为一个词语的童话集，借助世界图像的力量影响着我"。（W 205）实际的语言运用，在这种关联下并没有什么意义。汉德克十分清楚，将那些已经远离当下这个时代的词语收录在册，这是十分必要的："而研究者们不是一再把那些连它们的渊源，也就是山谷最深处的原始居民只不过当作一种音节字谜使用的词汇收入到这个词典里了吗?"(W 209)只要不去理睬那些原始关联,他就可以自由想象,从日常现实的压力中解脱出来。斯洛文尼亚语传奇般的力量,归功于"一个词汇的童话集[……]它找回了一种灵光,一种只有不通过上下文的语境才能出现的灵光。"

通过文字对一个地区进行侵略或占领,只需遵循着一个原则:"占领你每天使用的词汇。"(GB 63)目标并非是重新建构一个真实的、已经不是自己拥有的童年,而是打开一扇新的大门,通往童年的那些现象:"通过斯洛文尼亚语词汇,童年现在再一次属于我。"(NNL 108)普莱特尼克老字典也是对战时和战后童年进行各异的平和解读的库存单。在它的两卷本简编版出版近半个世纪甚至更久之后,汉德克才迎来了自己战时和战后的童年。

> 我像阅读史诗般阅读了它,有四五年之久。[……]每一个单个的词汇,都讲述了一个来自我童年的故事。单个的斯洛文尼亚语词汇,它们在德语中没有对应词,我必须要重新改写它们,于是,一个特殊的、永恒的童年就在我的心中诞生了,也许甚至连我本人也没有经历过它;这是一个完全非戏剧性的,甚至完全属于个人的童年,在我心中通过一个独一无二的词汇[……]再次觉醒[……],也许是由于许多词汇的地域特征。[……]无论如何,在这种意义上,我把这本普莱特尼克老字典当作一个童年的编年史来阅读。(NNL 16)

通过与自我之间保持距离,他找到了一扇通向自我的大门,"我从后面,看到了我自己。"(W 255)重新发现的童年如此熟悉,仿佛超越了个体。这种融合通过加倍才能实现,即他集"融读者与旁观者于一身"。(W 218)从某种意义上说,斯洛文尼亚语作为衬托,使它前方的德语变得更加清晰:"在对我来说是外语的斯洛文尼亚语旁边,我才真正学会了热爱德语。[……]在斯洛文尼亚语旁边,德语反映出另外一种样子,每一种语言,都会通过另一种语言而变得更加丰满。"(NNL 17)这种革新,即对语言的重新熟知,在汉德克八十年代的创作中表现得尤为突出。另一种语言不可过分夸大,同样不可单独存在。显而易见,应通过辩证的解决方法来处理:"可是,这个读者不就是在袒护另一种语言,而反对自己的语言吗?他不就只是赋予斯洛文尼亚语'那种一个词语的魔力',而把他的德语排除在外了吗?——不,这两种语言的确在一起。"(W 207)斯洛文尼亚语甚至有助于再次说出"非人性的、迫在眉睫的那种需求——万岁":

> 语言只不过会被可怕的意识形态所滥用。[……]但我仍然相信,虽然存在可怕的滥用现象,但每一个德语单词都是可以使用的,甚至连那个词"万岁"(Heil Hitler! 即:希特勒万岁!译者注),当诗人赋予了它特别的转义色彩和方向改变之后,这个词就会得到解脱。(NNL 17)

人们通过列维纳斯可以看到,"语言本身作为客体而富有深意,而语言并非被思想意识所控制的客体"。对于汉德克来说,转向斯洛文尼亚语,对检测和判定德语十分必要。共同的历史不允许自己消失在与过往的关系之中,它独立于一切当下之物,和正在当下化的回忆之外——因为它不属于当下的秩序——包含在不寻常的,每天都会发生的我对于罪责和其他人的不幸的责任感之中。

肖茨·柯巴尔

当人们问汉德克,在小说《去往第九王国》里,为什么将主人公设置成历史上托尔明农民起义的首领格里高尔·柯巴尔的后代时,汉德克回答道:"我居住在克恩滕的外祖父的姓氏是肖茨(Siutz)。当我穿越斯洛文尼亚旅行时,我只在柯巴里德、托尔明和博韦茨的墓地里找到了这个姓氏。"(NNL 10)在外祖父的名字格里高尔·肖茨的基础上,辅以细微地更改,他虚构出了小说的主人公:"格里高尔·柯巴尔[……]是我外祖父的形象,一个相对清晰的、克恩滕州的斯洛文尼亚普通农民形象。"(NNL 12)汉德克甚至熟知那些不受欢迎的故事,这一点在他翻译的利普斯的长篇小说中可以得到证实,其中,他将现代斯洛文尼亚语中不常见的"柯巴尔"(kobal)这个词翻译成"三角空间":"除此之外,我在1979和1980年翻译了弗洛里安·利普斯的作品《寄宿生贾兹》,在最后一页,当迪亚茨被埋葬时,我找到了柯巴尔这个词。"(NNL 11)小说中,他在解释这个词时,首先遵照斯洛文尼亚老字典的释义:"'柯巴尔'意味着两腿叉开之间的空间,意味着'步伐',而且也意味着一个叉开两腿站立的人。"(W 10)直到小说的后三分之一,这个词义才得到扩展,且变得更加明晰:"你来看看吧,我们的名字意味着什么:不是两腿叉开站立的人,而是边缘人。你哥哥是个中间人——而我们俩就是边缘人。[……]一个边缘人,这是一种边缘生存,却不是一个边缘形象!"(W 235)或者说得更明白些,创作意义上的边缘,它从七十年代起出现在汉德克的创作中,如果从边缘向中间穿行,那么就如《地下蓝调》的结尾,会出现危机:"菲利普·柯巴尔在中心地带会迷失方向,在边缘地带又会重新找到路径。"(FF 152)

在汉德克的创作中,人们需要细致了解词语的来龙去脉以及发展过程的相关信息:菲利普意味着"热爱马的人"(W 10),而肖茨(德语:Siutz;斯洛文尼亚语:sivec)在那本老字典中的解释是

"灰色或长有灰斑的马,灰马,一种马的名称"。《格林德语词典》从日耳曼-斯拉夫语言接触的历史变化中,用最少的空间对此进行了释义。

KOBEL [Lfg.11,7],阴性,罕见词。

1) kobel 母马 STIELER 617, FRISCH I, 530b,亦指劣马、老马、瘦马、瞎马。

2) 对相近词的考证较困难。

a) 同古斯拉夫语 kobyla,阴性,母马 MIKLOSICH 294a,俄语:kobyla;荷兰语:kolula, kobyla;斯洛文尼亚语:kobíla,在那里显得具有本地性[……]

b) 尚不确定该德语词是否借用了斯洛文尼亚语,指涉斯洛文尼亚东部地区对一种古老的马匹的饲养偏爱。但施瓦本德语中有一个单词,与 kobel 母马这个词相关:kŏb,阳性,竞赛马,亦写作 kob,[……]

c) 该词更早源于其他欧洲国家,出自北地英语:capul, caple,古英语亦写:capyll, keffle ross,或者更简单的写法是:capo[……]

斯洛文尼亚语中与"母马"相对应的词是"kobali"——这个词指涉女性。此外,柯巴尔(Kobal)在克恩滕地区是一个非常普及的姓氏,时常被写作柯伯尔(Kobau)或柯巴尔德(Kobald)。汉德克一直善于用自己的名字来进行游戏,他要么在写给古斯塔夫·亚诺斯的信中使用彼得·柯巴尔(Peter Kobal)来落款;要么在《露西和某物在森林》中——标题中已经显示出名字禁忌——用他颠倒字母顺序后的新名字来展现自己作为南斯拉夫人的后代:"它(我说的是我更早以前的姓氏)总是时不时地提醒我,因为它[……]

在那个国家、那个我一开始必须逃离的国家的语言中,意为'战栗的人',并且在那里还有一些其他含义。"(LW 16)斯洛文尼亚语和塞尔维亚-克罗地亚语中的"trepet"这个词,意为战栗、害怕和恐惧,同时又有忧愁和兴奋的含义,如果人们把这个词的字母顺序重新排列一下,那么彼得"Pet(t)er"一词立刻跃然纸上。

格里高尔·汉德克

在关于汉德克的传记中,男人们都以完全不同的形象成对出现:缺席的父亲和死去的舅舅,不受欢迎的继父和亲爱的外祖父。格里高尔·肖茨(Gregor Siutz sen)是真正的一家之主;小格里高尔·肖茨(Gregor Situz jr)是缺席的他者,赋予了汉德克与之合二为一的灵感与想象力。汉德克在1963年1月13日给母亲的一封信里这样写道:"已经是清晨了,我的脸贴在枕头上,我在做梦,梦见格里高尔舅舅[……]或者不如说,我就是格里高尔舅舅。"(HAS 69)在少年的梦中,汉德克走向格里高尔,与他合二为一,合并成一个人。

他全身猛然一震。只有与先祖合二为一,才能从根本上改变他自己。因此,他必须要走向斯洛文尼亚语:在边境的那一边,死者依然活着,在充满传奇色彩的南部地区获得新生。斯洛文尼亚语中的双数词,实现了主体的扩展,它将自我和自我的对应者合二为一,融合在一起。于是,他不再是一个单独个体,这样一个双重的自己,允许他能够同时一边行动、一边叙述。只有这样,他才能应付自己无形的原始恐惧,那梦中的幽灵,正如斯拉夫语中的"trota mora"一词,即"梦魇"(现代斯洛文尼亚中合写的"trotamora"意为"五芒星",意思不同):

与我童年时的魔鬼混在一起,不同于众所周知的、类似于古希腊时期的那种妖魔,也不是历史,不是神话:它们就是赤裸裸的、恶魔般恐怖的东西。所以我喜欢古老的神话,因为我的恐惧并不了解神话:"幽灵"和"梦魇"大战"鸟身女妖"。(GB 173)

用一种近乎于精神分析学的方法,以自我诊疗般的小心谨慎,作家为自己插上了目标:"重现:从祖先的束缚中解脱出来,停止将自己视为他的俘虏,或者视为他幸运的继承人。"(FF 231)同时,个人生平、家族历史和世界历史又是不可分割的:"汉德克的问题难道不是在于,自己如同历史的牺牲者一般活着?他的历史以及那个历史——大写的、用以强调的历史?"

为了使自己摆脱这种艰难的处境,汉德克必须找到自己与历史之间的联系——即他出生以前和出生之后的历史,这样他才能来到当下并眺望未来。对此,他必须摆脱自己被动的消极状态:被认知是不够的,他必须自己去认知,其前提是在荒凉的喀斯特地区,有意识地体验和经历时间与自由——也是一块心灵白板:不是绝对新的开始,而是一块可擦拭的、可再次书写的手写板。

当他漫游穿越喀斯特时,"这'有时间'〔……〕帮他获得了特别的步态",(W 282)他"天堂般的想法"就是"当今!"(W 285)这种瞬间幸福感在整个叙述中不断出现,获得一种童话般的、神话般的永恒。所谓开始,应该被这样理解:"对这样的意义来说,这并不是在'从前',而是在'开始吧!'"(W 285)于是,历史的束缚被松绑,真正的当今以完美形象登场:"啊,历史!——与此相反,菲利普·柯巴尔想要'当今',一种当下的状态。"(FF 153)启程于"当下时间",它成就了这样一种前提,即与自己的历史之间所存在的客观距离,最晚从兰波之后便开始发挥作用:"我是一个他者。"这个他者是消失点,也是指路的北极星,可以指明方向,却永远无法到达。

他者,就在那里,毫无疑问,就在面前。或许,他以神主显现的力量进入了历史(列维纳斯),并以虔诚的方式停留。只有在爱中,我们才知道,那个他者可以是什么:最心底的"全部他者"的承担者。

这种想法是对理想典范反射的感知,从身体个体传达到超验,就像约翰内斯·克鲁兹所认为的,对汉德克来说也是很重要的参考:"对人类来说,上帝本是黑夜,因为他是一个完全的他者,他无尽的光芒,人类在生命中只能体验片片微光,无法感知到它的全部。"

比祈祷和礼拜更强烈的,深埋在心底的对于母亲的爱,涌向中心。柯巴尔同她,这个不在场的人,保持着对话。"再也没有这样的一个人,一个可以让菲利普·柯巴尔提问的人——提那些紧要的、扣人心弦的、决定性的问题,除了他已故的母亲,再也没有这样一个人,或许,将来什么时候有孩子了,才会有这样一个人出现。"(FF 274)为了学会如何去接受她的缺席,使自己挣脱她不在场的压抑,"走向母亲"是不可避免的。

斯洛文尼亚民族

在众人合吟的朗诵中,会形成一种节奏,它能够将单个的人结合成一个团体,这个团体被汉德克称之为民族。在他看来,斯洛文尼亚民族是一个通过词语(而非句子)聚合而成的民族。它经历许多统治者,被分散成小国,历史并不悠久,文献记载只能追溯到十八世纪末,直至十九世纪后期还没有标准的市民阶层,因此直到浪漫派时期,斯洛文尼亚人都是通过乡野间的口耳相传来确定的。

第一本斯洛文尼亚语的长篇小说出版于1866年,是作家乔西普·尤尔奇创作的《第十个兄弟》(斯洛文尼亚语:Deseti brat),出版于克拉根福,正好比《大黄蜂》的问世早了整整一百年。

汉德克将自己与尤尔奇之前的年代相关联。借助再次习得的童年语言,他在十九世纪六七十年代的斯洛文尼亚找到了自己贫苦的战后童年:"事情是这样开始的,词语一个接着一个[……]在我的眼前聚合成一个民族,家乡的村民清清楚楚地出现在其中。"(W 199)由于发展滞后和文明化落后,那些随着时代发展在斯洛文尼亚语中已经消失的东西,在斯洛文尼亚的乡村还能够被发掘出来。汉德克的原始资料——那本普莱特尼克老字典——出自1895年。因此他这样的判定并不奇怪:"那些词语描述的是一个乡村农牧民族,其中连一个个比喻都出自农牧范围。"(W 199)城市舞台在这本字典中缺少概念,一些仅有的关于城市的词汇,作为补充部分,都是出自于以外语词、大多以德语为范例的仿照词。因此汉德克在城市边缘就停下了脚步,这对他而言也不无道理:"城市[……]等着被人去占领。"(W 199)

乡野之人,有乡野般的粗俗无礼,又有原始的朴实纯真与机灵狡黠,真诚友善的同时,又难以接近:"在我眼前出现了一个如此充满深情却又如此粗俗无礼的民族[……]。"(W 201)穿越过重现的童年世界,如欧伯克莱恩斯,河谷地带博希尼/沃凯因和讨厌的柯巴里德/卡尔弗莱特,菲利普·柯巴尔在荒凉的喀斯特地区找到了理想中的风景,实现了最初的愿望。他找到了位于马里博尔的水果种植学校,为了象征性地从失踪的哥哥那里接管他的手工工具,以此来实现告别。此时,双数词开始发挥作用,在想象中,与缺席之人的相遇进行得很顺利,不受第三人的打扰。

但是,即便在喀斯特,也早已经遍布着独立的个体了。"在喀斯特,我没有遇到一个独立的民族(连同循环)。"(W 271)在地广人稀,并不宜居的土地上,将人们区分开来既不重要,也无必要:"这些人是一个民族吗? 是斯洛文尼亚人还是意大利人,这在我看来,无论如何不是他们的主要特征。可要成为一个独立的民族,这些喀斯特人就太少了,尽管他们拥有广阔的疆土和数以百计的村庄。"(W 269f)身处一个个的独立个体之中,菲利普·柯巴尔最终也接受了作为独立个体而存在。"自由热带稀树草原与第九王国"(W 223)摆脱了必须组成群体的强迫,放弃了对隶属关系的追求:

> 这个民族,在家乡一再被一些人引证,又一再被一些人召唤:在喀斯特,我并不因缺少它而感到不幸;也没有找到一个被驱逐的国王来悼念;也不再需要像在家乡时一样,去寻找那山间小道和盲窗,当成那个沉没的帝国的印记。(W 272)

艺术家注定要单独存在。只有每个人都是独立的,观点立场方才可以保持在总和之中:

> 但恰恰在奥地利,这种分组显得十分无言、无形和无力。一个民族的力量,更大程度上源于许许多多的个体,是的,独立的个体,艰难的、单纯的、有主见的、温和的、凶恶的、怀疑的、简洁的个体,每个独立的人就是令人骄傲的少数,我很确定,他们的总和,就产生了了不起的多数。(LIS 75f)

民族这个概念,作为想象中的、所有个体的联合,是一种美好的理想。同时,汉德克决不会对精英主义者讲出这个词,他们脑海中出现的敌对形象是小集团、派系、朋党和其他可疑的,有目的性的团体:

> 事实是：在政治家这个位置上，有很多小人政治家。因此我们不是一个民族，而只是居民。[……]但我们不会因为那些有权力的、思想敌对的小人政治家而放弃去热爱奥地利这个国家，放弃爱这里的这个民族，它意味着许许多多的单个个体，他们能够不必被强迫组成群体而生活着，也无需与歹人同流合污或与小人来往。（LIS 71f）

对于故乡诗人汉德克而言，他对故乡的情感不仅停留在热爱的层面：故乡也需要变得更好。为此，他整装待发，投入到当下的争论之中。尽管他使用了贝恩哈德式的风格进行强调——但事实上，犹太夫妇罗弗在纳粹时期就失去了他们在贝伦塔尔谷地的财产，现在它们归属于克恩滕的州长约格·海德：

> 《小报》，克拉根福：你们没有经过我的允许，就偷听了我在四年前说给和写给我更加亲密的——并非只是亲密的——故乡的那些东西，并把它印刷了出来，当然——就像托马斯·贝恩哈德所说——没有稿酬：没有给我实物，你们就在报纸上呼吁为克恩滕谷地的一块纪念碑筹募捐款，这里曾经的犹太主人被剥夺了财产，并被一个恬不知耻的政治赌徒（并非政治家）侵吞了财产。（LIS 91）

有一件这样的轶事流传在罗森塔尔的中部，虽然事件的真实性缺少证据，但它却可以十分贴切地反映出笼罩在所谓双语地区克恩滕的思想：据说，五十年代后期，在必修的斯洛文尼亚语课被废除之后，贝伦塔尔国民学校的校长曾询问过国家教育部门，在尽管没有一个孩子报名参加双语课程的前提下，能否至少在低年级开设斯洛文尼亚语课，否则，孩子们根本不懂斯洛文尼亚语……

正是这些斯洛文尼亚出身的克恩滕人，他们常常认为自己很容易被德国性的言论所左右,毕竟他们在奥地利并非是独立的民族。大多数人都拍手支持"联合"。汉德克毫不留情地反对一切所谓"无知"或"不了解",以及由此产生的从轻发落和辩解。

  我不想再听到那个来自纳粹时代的借口,什么年轻人还不知道自己该做什么,年轻人容易被诱骗蛊惑之类的话。就连一个五岁的孩子已经知道什么是对什么是错。停止这样的借口吧,不要说年轻人是被易受蛊惑的时代所害。没有人是天生毫无头脑、别人说什么就信什么的。从他睁开眼睛、说第一句话开始,他就负有责任。(LIS 70)

中　欧

  他偏爱居于边缘地区——无论如何,在那个奥地利,汉德克并没有感到家的亲切,即国歌中唱诵的那个奥地利:"顽强战斗,踊跃争先;/你是一颗坚强的心,/跳跃在大陆中间。"不仅是因为那种狂妄自大,那种欲成为权力中心的狂妄自大,还有那种巴洛克无节制风格中郁郁葱葱的田园景象,也深深地伤害了他:"(歌德说:人们只有在'古典的风景'中才能避免情绪和傲慢,而在中欧这个绿色的地狱中则不能。)"(GB 9)

  早在他著名的瓦伦西亚名言之前——中欧对他来说只是一个气象学的概念——汉德克已经开始讽刺性地使用"中欧"这个词,这个由于黑色-金色的乡愁,和回归哈布斯堡王朝的欣喜而产生的词,这个在八十年代与各种各样的蓝眼睛乌托邦相联系的词。因此,首先应该消除那些曾经的分封世袭领地的边界线,以便铺平通往西方的道路。在汉德克看来,这个新的中欧不能在历史上,顶多只能在博物学上被定义。一种被强行赋予的象征意义,卡在容易被误导的千篇一律之中:"路面上铺着色彩斑斓的圆头石(当然

走不了几步,它们就通到中欧那茂密的松林里去了)。"(W 247)

在喀斯特,菲利普·柯巴尔知道,中欧连同它的历史已成为过去,这里被"圣山"的天气分界线所遮蔽,两者间的距离清晰可见:"纳诺山山脊上方聚集着我那中欧的云带。"(W 272)从关于祖籍出身的所有压力中解脱,他的感觉并不是非常的好:"我感觉到了,就是在喀斯特,我也非常迷恋这中欧的郁郁葱葱。这是我天生就注定的。"(W 323)

再次回到奥地利时,他依然使用了这个概念,不含褒贬色彩:"和索尔格一样,这家人祖上来自中欧。"(LH 103)但他很快开始哀叹这个区域内其他人的不在场:"我期盼着犹太人也在中欧。"(GB 6)如果作为政治概念,那么中欧这个词对他来说仍十分陌生,就算进行了深入的研究之后,也只会出现一副不知所措、迷惑不解的图像。

> 还有中欧,这个在许多人的头脑中游荡和作祟的词汇,我头脑中也有。无论我多么深入地——在斯洛文尼亚,在弗留利,在的里雅斯特,也在我们国家——研究历史,并且尽我所能去学习,我都完全没办法搞清中欧这个概念。(ZW 153)

很明显,汉德克反对将不大的国家领土向西北方敞开,同时又封闭东南方。他并不想如此迅速地对自己选择的国家失望。斯洛文尼亚希望作为独立的主权国家进入世界历史,摒弃它共产主义历史的罪责,于是,所有刺耳的言论都变得不堪入耳,而一切形式的赞歌都广受欢迎,因此人们对汉德克也充满了期待。在斯洛文尼亚,人们愿意忽略那些显而易见的东西。当汉德克被直截了当地问及这个话题时,他对这个问题的回答躲躲闪闪,似乎并不愿意承认自己作为公众人物,而并非只作为文学家发言的分量。

> 您认为,"中欧"只是一个气象学的概念,这个观点在我们这里引发了各种各样的回应,在一些外行人、不知内情的人和反对三一论的人看来,您的观点被视为反对斯洛文尼亚独立的证据。
>
> 汉德克:[……]我说这个话的时候,无论如何也没有想到,这个观点会被一些人利用,或者说,它甚至被一些人肆意滥用。(NNL 65f)

最后,随着斯洛文尼亚加入欧盟,关于中欧的争论在这里便过时了,甚至连以前辩论的中心也已经不再关注它:"现如今,曾经那个魔幻的概念'中欧'在瓦伦西亚的辩论词汇中再也没有出现过。"相比历史上陈旧的争论,更加巨大的联盟拥有更多的未来。而汉德克对待不同个性事物的眼光十分犀利:

> 在我看来,对"中欧"的追求不可能实现,因为过去在这里,在这个不同民族共同生活在一个国家的地方,发生了那么多糟糕的事情,以至于他们无法共同在一起。所谓共同,只是表面现象,事实上每个民族都是彼此不同的,因此在表象之下,他们之间完全不存在联合。(NNL 67)

人们对于虚伪的、或者说的确存在的联合团体的强调,会演变成一块博爱无私的遮羞布。因为通过联合,事实上只会让强者变得更加强大。

> 地方主义固然是个不错的现象。但是那个阿尔普-阿德里亚联合会的工作团体我是完全不喜欢的。那些奥地利人需要用阿尔普-阿德里亚来掩盖他们的民族主义本质[……]。(NNL 66)

词语同一

直到第二次世界大战时期,斯洛文尼亚语都不是胜利者的语言;从1991年开始,它才完完全全成为一种政府语言。因此,许多语言腐化和语言弊端都没有出现在斯洛文尼亚语中。斯洛文尼亚语的文字记载,可以追溯到十世纪末问世的古斯拉夫语文献《弗莱兴手抄本》,这是最古老的斯拉夫语文字研究文献。

斯洛文尼亚语既轻松愉快,又古老庄严,在一定程度上蕴含着早期世界的模样。那时的世界未被滥用,正如汉德克所感知的那个世界,词汇完全可以直接拿来使用,不需要拐弯抹角。词的概念十分紧密地与它所描绘的东西结合在一起:

> jutro 就是早上,danes 就是今天,delo 就是工作,ceste 就是大街,predor 就是隧洞。连那些商铺的名称我都可以翻译了,它们真的都很简单:在奶站,与北方或者西方的市场叫卖不同,标识的无非就是个"奶"字;在面包店里,标识的也干脆就是"面包"两个字;mleko 和 krub 这两个词的翻译并不是翻译成另外的语言,它是一种回归到那些图像,回归到词语的童年,回归到奶和面包的第一个图像的翻译。(W 133)

与此相反,在德国,那些婉转的表达和竭尽全力美化的东西一直都让人厌烦:"商店的招牌上写的不是'面包'和'牛奶',而是鱼鲁豕亥与僭越乱悖。"(LSV 71)这个创造经济奇迹的国家,与那个荒凉的风景、那个不在场的中心、那个词汇宝库截然相反:"(在哥哥的词典里,整个斯洛文尼亚的喀斯特拥有最多的语言发源地)"。(W 271)斯洛文尼亚语词汇反映出一种世界观,它与汉德克的世界观完全吻合——"在许许多多的行为中嘲笑思想上的敏捷和行动上的迟钝。"(W 201)那纯洁的语言中的天真与单纯,温暖着他,在"成人的语言中交织着儿童的表达"。(W 201)

同时,他十分厌恶那些使用借译法并排斥外语元素的纯粹语言主义。他似乎要求那些他者元素必须清清楚楚地保存下来:

> 这个民族从来就没有建立过自己的政府,因此,一切政府的东西,一切官方的东西,也包括一切抽象的东西都不得不引用统治者的语言,即德语和拉丁语逐字逐句的译文,这看上去同样不自然和古怪,似乎就像这位读者在这里找到的不是像Substanz(事物的实质)这样一个词,而是一个Unterstand(风雨棚)[……]。(W 200)

文明化进程中的陈词滥调缺少那些神奇的表现,既缺少事物本身,也缺少词汇。"银行,即banka,以此类推,无非又是那习以为常的东西[……]。"(W 133)另一种语言会加强所感知到的事物的真实性;在没有直路的地方,就不得不忍受弯路。那些熟悉的东西,由于不熟悉的外表,呈现出崭新的样子,反而更加容易被接受:"那些表达方式在外语中看起来更加可信。"(GB 80)刚刚还在庆祝的图像与单词的统一体,突然变得具有了相对性。只有将多种语言的棱镜打碎(就好比人们相信,对一本经典著作进行过各种解读之后,就离它的本质更进一步),感知到的事物才会变得多种多样、丰富多彩。语言,以及由语言所产生的相同与不同之共同作用,创造出一副深入的、多维的语言现实图景:"照这么说来,有各种各样的语言,这多让人开眼界啊,那个传说如此具有破坏性的巴比伦语言混乱是多么有意义的。"(W 207)由此而导致的不知所措,实质上是一个净化与澄清的过程。如果有人将汉德克对语言模板的质疑理解成目标的达成,那么他就搞错了。他本身完全心

知肚明:"你从语言上对世界进行侵占,首先必然会被斥为'一致化'。"(GB 6)

斯洛文尼亚语的那本老字典事实上就是一个词汇的大集合,简言之,它包涵了所有生活领域的、数不胜数的故事和缩影。对于汉德克而言,很显然,"这个民族压根儿也不是那个特有的斯洛文尼亚民族,或者那个我凭着词语感知的世纪转折时期的民族,而更多是一个不确定的、永恒的、超然于历史之外的民族——或者更确切地说,是一个存在于永恒不变的、唯独受到四季调节的当下的民族"。(W 201)这样一个不受历史束缚的民族形象始终在发挥着作用。深刻留在记忆里的并不是那些重要的动作或事件,"人们回忆的不是每一天,人们回忆的是瞬间"。它们是能够被重现的东西,本身可以重复或再现,并且它不再属于现实世界,"因为梦幻世界不会消失,因为它不断地重现着"。

梦 与 表 象

令人震惊的现实经验,以及对神主显现的否定,都表现出一种"与其说是恐惧,倒不如说是一种震撼,一种对更大的梦的神迷"。(W 19)瞬间的冲动演变成持久的动力,因为菲利普"向来信仰梦幻"。(W 292)即便当一个巨大的、包罗万象的幻景遗失殆尽,还会有一个又一个的梦,在日常生活中震撼着每一天:"这一个梦结束了,肯定又会有许许多多的梦随之而来。"(W 57)于是,在这样的关联下,产生了一个很有趣的现象,即"梦"这个德语词所对应的斯洛文尼亚语词在日常使用中本身就是一个复数名词("sanje");它的单数形式"sen"只运用于诗歌语言中。在梦中,他者的存在成为可能。来到自己身边,对自己身份认同的接受等同于令人讨厌的睡醒:"那么我是这样吗?是旅程的结束,梦幻的结局吗?"(W 260)独自一人比任何一种形式的噩梦都要可怕。一个众人聚集的群体需要梦幻:"这是一个归根到底只会在梦里出现的家。可是,难道这'只会发生在梦里吗'?"(W 90)梦幻般的东西完完全全可以引领清醒时的状态。渴望群体之间产生关联,这种渴望演变成对一个完整的民族,甚至一个所属国家的梦想。

格里高尔在一句话里提到了那个传说中的王国,它在我们斯洛文尼亚祖先的语言里叫作"第九王国",是大家共同追求的目标:"要是我们大家失散后有一天又重聚在一起,乘坐上披着节日盛装的四轮单驾轻便车,前往第九王国,参加第九代国王的婚礼——听着吧,上帝,我的请求!"(W 317)

文学作品中的典范之作、民间神话《第九王国》(1878)是由乔西普·施特里塔(1836—1923)所创作的,作品中恰好也发出这样的呼喊:"我思索,我做梦!"这里所描绘的第九王国是一个农业岛屿,即莫鲁斯的乌托邦。在那里,所有人都是平等的,并通过统一而朴素的着装作为标志,国家形式也被确定了下来:"第九王国由斯拉夫民族统治。"将君主制的奥地利王国分割开来的想法,以及以一个(南)斯拉夫国家联盟为基础的念头,几乎都不会有。根据同时代的斯拉夫人的社会结构,岛上虽然有许多村庄,但只有一座城市作为行政中心,拥有每年选举一次的政府,这些无疑在道德上都是无可指摘的。除了乌托邦式的理想国,还有语言上的乌托邦。人们可以看到,施特里塔在斯洛文尼亚语那本老字典问世之前的一个半世纪,已经向他所经历的语言现实展现了一幅语言的理想画卷:

这是一种美丽的斯洛文尼亚语,在其他任何讲斯洛文尼亚语的国家都听不到这种语言。[……]一种美妙绝伦的语言！那般熟悉亲切又那般陌生,那样柔软又那样刚强有力！每一个单词对我来说都涉及到最微小的事物,同时它又如此特别地被强调！这里没有含含糊糊的发音;每一个音都被完完整整地讲出来;每一个单词都无比精准,没有一个单词会让最敏感的耳朵受伤,语言仍然保持着它最原始的力量。[……]讲出来的话,就仿佛在唱歌,但又不是唱歌;一切都那样轻松简单,那样无拘无束,自然随意,仿佛只能是这样。

令人诧异的是,施特里塔和汉德克的语言理想居然高度一致:"我听到他们在讲国语,第一次讲得如此纯正,声音清晰,也没有村子里那习以为常的大杂烩和含含糊糊的发音了。"(W 249)

施特里塔作品的最后一章描绘了斯洛文尼亚国家剧院的建立。首先上演的是实用且短小精悍的戏剧作品,只由男性来演,最好是年轻的男性,例如中学生:"戏剧应该健康,短小精悍、简明扼要;充满真挚感情,直击心灵;情节要简单,人物要少;单独的几个场景就很合适了。"男性的主导地位似乎一直没有发生改变。长期以来生活在柏林的斯洛文尼亚女作家马努莎·克雷泽援引了汉德克的话:"你永远没办法在斯洛文尼亚出版一本书。斯洛文尼亚的文坛充斥着男性沙文主义。"

正因为汉德克看到了这样的现实,因此他不去描绘它;他有意识地支持那些(还)没有的东西。即使历史和媒体报道的事实常常入侵他那个只属于自己的小世界,他和他的人物依然处变不惊:"'菲利普·柯巴尔醉心于假象!'这就是那个历史老师常常挂在嘴上的一句话,是表扬,又是批评——而这个假象又一次化为乌有了。"(W 137)假象常常会幻灭,但幻灭无论如何不会持久。他坚定不移、心知肚明地朝着反对现实的方向迈进,因为他知道"('菲利普·柯巴尔醉心于表象')比每个依然那样确定无疑的事实更加强烈地控制了我吗？那么这个表象到底是什么呢？"（W 187）因此，菲利普·柯巴尔在小说的中间部分喊出了"表象，他活着，而且就是我的素材！"（W 190）这样的喝彩。伪善和错觉对他不起作用，起作用的是陌生经历的反射，首先通过文字来传达："这样的表象尤其来自格里高尔所书写的东西。这东西给了我一个现实的图像，同时也伴随着抱怨，哪怕有些地方描述的是不可挽回地逝去的东西［……］。"（W 187）一切被叙述的东西都是不真实的；每一种复述都是失真的。被词汇所控制的感知，终结于"童话，因为作为对每个询问我的词语的回答，即使我从来都没有看到过相应的事物，即使它早就从这个世界上消失了，但从这个事物中始终会产生一个图像，或者更确切地说，一个表象"。（W 209）

一个图像只能被视作一种表面现象；许许多多的图像叠加在一起，就产生出一种综合印象。只有在儿童视角、青年视角和成年人视角的共同关照之下，这种连续图像才能获得真实可信的深度："一个孩子惊奇地注视着她；一个二十岁的年轻人观察着她；一个四十五岁的人俯瞰着她。在这个时刻，所有这三个人融为一体，也没有了年龄区别。"（W 152）

在汉德克的记忆里，有这样一件令他印象深刻的事情：

> ［……］不断重复出现的，我关于战争的第一个记忆，或者根本就是我人生的第一个记忆？："我"那时还不到两岁半［……］在外祖父家农舍前的院子里玩耍。那时是我们所说的 1945 年。我一个人呆在院子里，突然，天空中传来了隆隆的轰鸣声，天空瞬间被巨大的阴影所覆盖，有人冲出屋子，拉着我一起跑进屋，然后——又恢复了平静，阳光依旧，特别特别的安静，非常非常强烈的阳光［……］（UT 64f）

这可能就是汉德克追寻另一种历史书写,即和平的、理想的历史书写的原因,这与他的座右铭相吻合:"除了关于这个可爱的世界的事物和词汇——关于生存的——戏剧之外,我不愿意再承认任何戏剧,任何历史戏剧。"(W 220)

在菲利普动身前往斯洛文尼亚之前,他的那个生活在"人民起义之城"菲拉赫的地理、历史老师"讲过,这条邻近的隧洞是一条公路隧洞,是由第二次世界大战的战俘修建的,其中有许多人丧命了,也有遇害的"。(W 106)汉德克对于无历史状态的向往,完全建立在历史知识和历史意识的基础之上,即便他觉得洛伊博尔集中营(与维尔纳·科夫勒的《关于夜之女王的猜想》和阿洛伊斯·霍奇尼格的《路德维西的房间》完全不同)甚至根本不值一提。他的和平图景是一幅相反的图景,将憎恶与恐惧掩藏并保存下来:"在火车站低地里的那天晚上教我认识到了,一个地方常常只有通过相邻的地方——刑讯隧道通过先驱隧道——才会成为完美的化身。"(W 312)

那个失踪的哥哥——菲利普从家里出发,沿着他的足迹上路——无疑是不可能找到的,凭借叙述的力量,他转化成"选择的祖先"(W 190)。通过他,重现的感觉出现了,菲利普感觉"仿佛我又回到这儿了,不是回到一个昔日的生存里,而是回到一个预感的生存里,让你觉得更真实,或者更明确,又不可思议"。(W 151)看似毫无结果的研究,使他成了故事的叙述者。因此,寻找也实现了它的目标。"然而,这或许也是表象:伴随我心中的一个祖先,我不再只是单枪匹马。[……]要对付这种表象,什么是事实呢?"(W 190)在这个停顿的间歇,菲利普可以去发现反抗的传统,寻找或找到渴望的祖先:

> 这是一个幻觉,我当时就已经明白了。不过,这样的知识

我是不想要的,或者更确切地说:我要摆脱它,而这样的意志,我认识到就是我的生存情感。我这样从幻觉中获得的原动力,无论如何到今天都没有消散。(W 120)

汉德克有非常充足的理由,将他祖先的家乡斯洛文尼亚称为"第九王国",以此强调他在认知中的那些梦幻般的东西。表象与梦幻构建出的别样的现实,由于战争现实的突然而至而失去了现实性。

写作语言:家乡

只有同斯洛文尼亚保持着距离,菲利普·柯巴尔才有可能接受它——踏上祖先的曲折道路,当然没有崇拜祖先的迷信想法。在经过了自己的想象,坚定了出发的动力之后,他上路了。于是他找到了一个家乡。

> 它比一个想象或者感受要更多——那是一种确信,终于在度过了二十年人生之后,在一个没有地位的国家里,一个冷酷的、不友好的、吃人的产物里,踏上了通往一个王国的门槛。这个王国[……]让我来要求,因为它是我祖先的国度,无论多么陌生,毕竟也是我自己的国度!我终于无国籍了。(W 119)

这趟斯洛文尼亚之行,更大程度上是一次归来,洋溢着征服者的激情,或者说至少是发现者的热情:"望着西南方,奔向西南方,回到西南方去,无论情况怎么样,去收复那块土地吧!"(W 73)失踪的哥哥是菲利普的另一个隐藏的自我。菲利普原本要在斯洛文尼亚寻找"在我心中作祟的双影人",(W 36)他心知肚明,这个双影人,即"哥哥,会成为那个传说中的英雄,那个坚如磐石的虚幻形象"。(W 189)只有穿越非真实的斯洛文尼亚之迂回之路,即充满传奇色彩的第九王国,他才能找到自由的大草原。

在小说《无欲的悲歌》的最后一句中,汉德克曾承诺——"今后我会更详细地写这一切。"(WU 89)他用出人意料的方式兑现了这句话,这次不再是关于母亲,而是深入研究了出身和祖籍问题。通过小说《去往第九王国》,他实现了文本的补充:"《无欲的悲歌》和《去往第九王国》中关于家乡的咒语,通过长久压抑的家乡连接在一起。"

语言是唯一适宜的家乡。它不仅必须被守护和保卫,也需要被占领并且重新习得。因为只有在语言和图像彼此对应(至少是灵光一现的瞬间)的地方,写作才会再一次成为可能。不言而喻,汉德克追求的是"用文字来理解的图像和语言的统一体"。家乡与写作之间有着最内在的联系,两者互为条件。"显而易见:我不可能通过观看、聆听、嗅闻和回忆组合出一个家乡,——我必须把它写出来,虚构出来(我也从不说'我的家乡',只说'我的家乡形式'。)"(GB 22)

对于柯巴尔来说,要通往"书写家乡"之路,需要解密斯洛文尼亚语,拼写斯洛文尼亚语,并将其作为崇高庄严的语言,作为"世界之外的语言"去感知,因此他

> 无法使她脱离那斯拉夫语冗长乏味的列举。她一个接一个地吟唱着"Ljubljana""Ptuj""Kranj""Gorica""Bistrica""Postojna""Ajdovscina"(我特别期待着这个音色图像),而不是"Laibach""Pettau""Krainburg""Götz""Feistrit""Adelsberg""Heidenschaft"。(W 75)

他的行动从感知到的世界出发,进入文字世界、另一个世界:

"她把所有那些地方又在我面前[……]整体勾画成一个国家来。这个国家与事实上的斯洛文尼亚并不相干。"(W 77)并且,斯洛文尼亚语表达亲密关系的特殊语法形式也只有在文字中才能保存下来:"噢,斯洛文尼亚语,还有什么更活生生的语言呢?对二人的所作所为来说,它拥有一个特别的表达形式,就是双数形式;其间也在这里濒临消失了;唯独在文字里常用!"(W 261)双数形式在克恩滕的老标准斯洛文尼亚语中依然还是完全活生生的,因此菲利普·柯巴尔可以在两个家乡之间选择,其一是只通过口头形式、不经过书写确定的家乡,他出生于此;其二是通过书写"记录下来"的家乡,他藏匿其中。

两 本 书

只有通过文字,现实才能展现在菲利普·柯巴尔面前。两本书——一本关于语言本身,另一本关于自然——在旅途中始终陪伴着他。从离家到归乡,两本书必须共同使用,只有这样才能构成叙述的基础:"两本书的第一本原来是一个硬皮笔记本,是我哥哥在马里博尔上农业学校时的工作笔记。"(W 154)这本书非常客观实际,堪称"学习手册和教本在这里合二为一了"。(W 161)它是一本用斯洛文尼亚语写成的书,因此菲利普必须借助"那本出自十九世纪的斯洛文尼亚语-德语大词典"。(W 154)凭借着这本词典的多重音和语言全景——其中蕴藏着各种故事——菲利普一步步地靠近了保存在文字和斯洛文尼亚语中的哥哥的脚步。对于两人来说,这本词典有着一些基础和共同的东西,两人仿佛都从它的语言中诞生:"它出自上世纪末,也就是 1895 年,父亲出生的那一年[……]"(W 198)通过这本词典,一条通往自然书籍的道路向他敞开;通过自然,他又再次把握住对词的信任。从感知到描写

的艰难过渡,虽是"心理障碍",但也是捷径:

> 那些词语之所以具有如此的力量,不也是因为它们不同于德语词汇,我不是马上弄懂了它们,而通常是先将它们转换过来了吗?当然,并不是从外语转换成自己的语言了,而是从一种想象——虽然我几乎就不懂斯洛文尼亚语,可它真的让我觉得又是那样地熟悉——直接转换成了图像[……](W 164f)

这种富有成就的转换,从由于多语而变得敏锐的感知中获得。作为其中之一的语言,它摒弃了自己的绝对正确性,并由于可选性而再次成为称呼的合适工具。这种认识可以将破碎的传统纽带重新连接起来,通过语言间的相互作用:"甚至连父亲[……]一站在门槛前,就会忘记自己的愤怒,并且面对这双闪耀着机智果断光芒的转换者眼睛,顿时就会对儿子表示一致的赞同。"(W 165)将熟悉的东西与追寻的东西合二为一,同样也是一种宽容的转换,虽然不是对词句的转换,而是对图像的转换:"喀斯特虹吸管流一开始就被弄错了。我从小就把哥哥所在的那片碗状凹地当成了一个灰岩坑,因为它是再也明显不过的喀斯特地貌。"(W 266)具有保护作用的凹地就是战壕、掩体、类似女性生殖器,也是结束和开始。一种不可思议的持久性存在于这种形式之中:"那样一股力量从深处涌上来了,从而我可以想象出来,即便是巨大的原子弹也不会伤及这个岩灰坑一根毫毛。"(W 289)

另外,哥哥的家和故乡的图像都通过类比的形式增强,这与汉德克对"变换不定的图像"(W 257)的偏爱相吻合:

> 玛雅人的国家尤卡坦半岛也是喀斯特,一片塌陷的灰岩平底。然而与这个喀斯特,也就是"喀斯特鼻祖"的里雅斯特

海湾的高原不同,世界上所有可以相比的地貌或许都从这里获得了自己的名称,是它的"翻转形式"。(W 268)

暴动是从地下开始的。一个亮着灯的地下室窗户,透过它,菲利普仿佛看到了失踪哥哥的身影:"这莫非就是哥哥,那个逃兵哥哥藏身的地方吧!"(W 317)浮现在眼前的景象,因为一个忠诚善良的女性形象的出现而变得更加完整,随即又慢慢消失:"我看到自己达到目的地了"。(W 317)

与哥哥的失踪同时发生的,还有一块纪念碑上记录的历史:"1941年的某一天,人们第一次聚集在这里的地下室里,抵抗法西斯主义。"(W 225f)菲利普想成为它的继承人,将抵抗发扬下去;这个传统是他的传统:"我也想进行抵抗,[……]在大庭广众之下,在和平中,没有集会,就我自己。"(W 226)

受外界控制,却不被动

长达数百年的外来统治,在斯洛文尼亚语中留下了痕迹。在近代,斯拉夫语体系内的借用词在南斯拉夫解体之后,更让人感觉到是语言中的异类。斯洛文尼亚语在历史上既不是政府语言,也不是指令语言:因此,斯洛文尼亚人似乎天生下来就服务于他人,或是被统治的对象。在经历了长达一个世纪之后,这样的境况正如《独木舟之行》中的"白痴"所遭受的一样:"他认为旁观和接受已经是一种参与了。"(FE 50)

但是,这始终不意味着斯洛文尼亚人就可以被判定为消极或被动。在通常情况下,斯洛文尼亚语在表达被动含义时,会运用一个无名的、复数形式的人称来作为行为动作的发出者,"他们把我……";虽然在语法中有被动语态,但由于纯粹语言主义的原因(因为被动态被认作是"非斯拉夫语"的),人们一般避免使用它。

菲利普·柯巴尔毫不掩饰自己对斯洛文尼亚历史上那些主动时期的热爱——农民暴动和人民解放斗争,因此他愿意"就语法发表了演讲,首先是关于斯洛文尼亚语中不存在的'被动式',因此可以要求斯洛文尼亚民族最终一定要放弃'作为遭受痛苦的民族'而自我哀叹。"(W 309)

1991年,汉德克拒绝做出某种结论和决定,也就是说:

> [……]通过证实和主张自己作为斯洛文尼亚人的出身,汉德克在一定程度上可以装作在两者之间保持中立……并不因为他没有倾向性,所谓无倾向性,完全是谎言,而是因为他最好作为他者去旁观,这样他可以去权衡自己是支持还是反对,然后再去选择正确的一方。

瓦伦西亚国际文学奖

1987年,当汉德克恰好在斯洛文尼亚利皮察的喀斯特高原时,他被授予了瓦伦西亚国际文学奖。这里远离市中心,是专为维也纳皇家马术学院提供优良白马的原产地,与莫扎特巧克力球和维也纳童声合唱团并列为奥地利的世俗象征。重要的是,在利皮察的喀斯特高原,人们越来越多地感受到政治内容,而文学的东西却越来越少。从世俗的陈词滥调中脱离出来,汉德克希望在斯洛文尼亚描绘出一幅尚未被世俗利用和浸染的现实图景。对汉德克来说,他对这个国家和它的语言都充满着强烈的感情:"'热情洋溢',这个词是汉德克面对斯洛文尼亚世界的核心态度之一。"汉德克并不畏惧这个词——他愤怒的原因是那些历史事件,或者历史事件的后果。从历史的伤痛中产生了一种责任感,但这种责任感多半只是针对公民汉德克(作为诗人则不同)——除非是关于斯洛文尼亚的东西,这时他的政治诉求和艺术意愿才能合二为一。

> 总的来说,这样状态在我的人生中也就出现过三次,一次是1968年,当俄国人进入捷克斯洛伐克的时候;一次是在奥地利;[……]还有一次是关于斯洛文尼亚;[……]除此之外,我从来没有真正发自内心地写一些东西,它们也没有进入我所谓的那些书里。(NNL 93)

汉德克为此所花费的心血,在斯洛文尼亚立即兑现——通过迄今为止每年都颁发的瓦伦西亚文学奖。在汉德克之前,只有富尔维奥·托迈札获得过这个奖项。在评审委员会的授奖理由中,也多次提到了他与斯洛文尼亚之间的紧密联系:

> 叙述作为被叙述之物的对象,研究自己的、虚构的以及真实的历史,探寻更深层的人类身份认同和语言认同,并将语言作为艺术灵感的源泉,它们共同构成了一张形式和内容之网。在这张网中,诞生了汉德克《去往第九王国》的故事。这部小说划分了它的主题范围,在诗歌的层面上影射出汉德克的《绵延之诗》,并将其超越。最重要的是,在以上两部作品中,汉德克表现出自己对于斯洛文尼亚语以及斯洛文尼亚文学的态度,尝试在多元文化背景下确定自己的立场。
>
> 汉德克的翻译能力同样体现了一种多元文化的背景,他的翻译对象十分广泛,从古希腊戏剧到同时期文学均有涉足(埃斯库罗斯,博韦,蓬热,杜拉斯,雪莱)。同时,汉德克致力于推广克恩滕地区的斯洛文尼亚文学,认为它在文学中同样占据着重要的一席之地(利普斯,亚诺斯[!])。
>
> 因此,瓦伦西亚国际文学奖评审委员会决定,授予彼得·汉德克瓦伦西亚国际文学奖,由斯洛文尼亚作家协会颁发。组委会认为,他为现代欧洲文学的发展做出了贡献,对欧洲国

家间的文学交流起到了积极作用,并对他的创造精神大加赞赏,这体现在开放与包容之中,通过抛弃所谓的中欧概念所展现出来。

汉德克热衷于参加在斯洛文尼亚组织的作家聚会,地点就在他最爱的斯洛文尼亚风景之地。因此,在获奖之后,他开始越来越多地参加这个聚会。作家们首先以文学的名义在那里聚集。"从八十年代中期开始,这样的人每年都在斯洛文尼亚利皮察的喀斯特高原上聚会,一开始主要为了艺术以及美妙的高谈阔论(或者无所事事)。"(ARN 19)但很快,异见者的声音越来越大,作家们变成了具有批判精神的知识分子,就算并不会很清晰地阐明政治诉求。"但是一年一年过去,最初大家相互阅读作品,后来却迅速变成了百人参加的短暂集会。再也不可能听到哪怕一首诗歌。"(ARN 19)为了让各种各样的人加入进来,制定的口号不能过分狭窄,因此中欧这个老生常谈的话题一下子被选中。然后,这个话题很快被扩大,它不再是一场文学争辩,政治辩论成了聚会的主题。

[……]每次聚会的核心都是一个切题的幽灵,在其魔力下,在镁光灯下,在麦克风前,同声传译给匈牙利的、波兰的、索布的(即塞尔维亚的,越来越少提及)参会者,也翻译给立陶宛的、下萨克森的、法兰克福的、巴黎的、米兰的参会者。在这里,去年我的斯洛文尼亚朋友操着广播员响亮的声音,扬起电视评论员的眉毛,扮演着政治家们做出重大决定后的诡异表情[……](ARN 19f)

汉德克从一开始就澄清,他的某些态度在斯洛文尼亚被故意忽略,这一点是他不愿看到的,例如下面这个观点:"这个民族压根儿也不是那个特有的斯洛文尼亚民族,或者那个我凭着词语感知的世纪转折时期的民族,而更多是一个不确定的、永恒的、超然于历史之外的民族——或者更确切地说,是一个存在于永恒不变的、唯独受到四季调节的当下的民族。"(W 201)历史书写应该由被叙述的历史所替代(虽然并不意味着口头历史):"文学是中心——也许并不是每个社会的中心,但却是一个民族的历史中心。"(NNL 46)对于文学和历史之间的关系,汉德克有着很明确的想法,这在他自己的家乡也适用:"对于克恩滕的斯洛文尼亚人来说,一直以来,历史都不是通过统治者,而是通过作家来衡量评定的。"

斯洛文尼亚语文学

斯洛文尼亚曾对汉德克寄予厚望,希望他可以为斯洛文尼亚语文学的传播做出贡献,也希望他可以作为推广者,将斯洛文尼亚语文学介绍到德语国家。但汉德克仅仅翻译了克恩滕地区的斯洛文尼亚语文学作品。但无论如何,他依然对两位80年代的斯洛文尼亚作家协会主席表达了钦佩和赞美之情:"丹恩·扎伊奇和舍利戈,他们足以在任何一个欧洲国家闻名遐迩。"(NNL 92)扎伊奇的作品在此期间已经有德语的译本,对此汉德克并没有做出评价;舍利戈由于坚守传统而创作了数量庞大的新派小说,因此还没有被翻译。"扎伊奇的诗歌,以及我所认识的舍利戈的叙事作品,都和彼得·罗西的作品一样优秀,或者和某些法国文学作品一样优秀。"(NNL 93)

甚至在作家的选择上,汉德克也有自己独特的眼光。两位来自二十世纪、并非一流的大文豪成功吸引了他,他们是永远排在第二梯队的斯雷奇科·科索维尔(排名在奥托·苏伯兹柯之后)和普·沃兰茨(排在伊万·坎卡之后)。这两位作家都是字面意上坚定的马克思主义革命首领,而汉德克并不在乎这一事实。更加吸引他的,是这两位作家的童年。在《去往第九王国》中,他甚至将柯索维尔划入哥哥的双影人之列,柯巴尔:

> [……]在托马耶的斯洛文尼亚诗人斯雷奇科·科索维尔逝世的故居前鞠躬致意,几乎还是个孩子时,他就使得自己家乡的松树、石头和宁静的道路唤起了神奇的力量。后来从那里出发[……]进入("丁零当啷地走进去")他的首府卢布尔雅那。在那里,他是那个服务员和那个士兵的弟兄,俨然以新时代的示威旅游者自居,并且为了这样的事情,久而久之,也许太温文尔雅了,也过分地取决于喀斯特的"宁静"("tišina",他的心爱之词)[……],没有过多久,他就离开人世了。(W 299f)

在这里,没有任何一个词提到作家运用蒙太奇手法创作的诗歌,但一直以来,人们认为作家的世界声誉只建立在他诗歌之上,并且成就一般。

和斯雷奇科·科索维尔不同,沃兰茨是克恩滕人,他所来自的密斯河谷地区在一战后被划入了斯洛文尼亚。甚至连克恩滕本土的家乡诗人约瑟夫·弗里德里希·珀科尼希——尽管政治立场不同——也承认,"沃兰茨在他的长篇小说《森伯格》(Sengberg)中探及到至今为止人们未知的深度。"于是,汉德克彻彻底底地研究了沃兰茨的传记,并对这位作家了如指掌。

> 我正想着普·沃兰茨,那位斯洛文尼亚作家(原名洛弗罗·库哈尔),住在卡拉万克山脉的另一侧,生活在我祖父的那个年代,在两次世界大战之间。那时,社会主义思想依然非常神圣,这位作家从方方面面讲述了那个年代,因此许多空间

得以保存下来。——比如他因为社会主义信仰有多少年在监狱里度过,有多少年在奥地利度过,并在那里开始做一些新的事情——像我们这样的人,他怎样开始了自己的自由?——让我每天都意识到,自己是多么的自由(1986年9月21日)(普·沃兰茨:《我们那时的孩童拥有星星般的眼睛》)(FF 399)

沃兰茨十分接近汉德克对于童年的完美理想,这一点几乎无人能企及。沃兰茨性格上的怪僻执拗,农民般的朴素纯真,以及他对于生活和群体的包容与接纳,无论如何不是蓝眼睛人的理想主义,而是来源于地下活动、流亡生活和集中营的人生经验。

> 最近我阅读了普·沃兰茨的许多作品,我最爱的一部是他的《铃兰花》,这部作品中没有传统的模仿原则,也没有与"恶"相关的东西。它只展现了那些可以填满人类童年的东西。其中没有任何一种所谓的坏人,因为这些人都通过小心翼翼且温和的语言被描写出来,因此语言战胜了邪恶。于是我感到如释重负。(NNL 43f)

因此这一点也不足为奇:在汉德克荣获彼特拉克文学奖的授奖词中,他提到了约翰·伯格和沃兰茨两位作家,虽无挑衅的意味,但确将二人进行了明显的对比,并将沃兰茨称之为另类的历史书写者:

> 在伯格时代前的大约三十年,斯洛文尼亚曾有这样一位作家,他描写了生活在乡村的人们的历史。他是一名马克思主义者,在奥地利的监狱里被关禁过,也曾经流亡法国,他的文学笔名是普·沃兰茨。他创作了不少小说,比如《纵火者》和《妙龄》,其中展现了斯拉夫人与日耳曼人、奴仆民族和优

等民族，以及语言忠诚者与背叛者之间的战争。作为颇具马克思主义色彩的作家高尔基的继承者，他的作品自然具有政治立场。他的作品也展现了奥地利风貌，在1920年之后，又描绘了南斯拉夫河谷地区，那里是沃兰茨的出生地，他的原名叫洛弗罗·库哈尔。另外，小说中还展现了一战中的斯洛文尼亚小伙子迫于哈布斯堡王朝的压力，被迫踏上喀斯特前线的故事。这些作品描写了一个另类的历史，与我们在学校，以及在编年史册中所了解的历史不同，因此这些作品永远具有教化意义。它们无疑具有鲜明的艺术特色，因为它们中的大多数都是热情激昂的，描绘了反抗与斗争，至少是斗争的一部分。(LIS 160f)

在这里，汉德克把被剥削者权力斗争的热情表达得淋漓尽致，而这种热情在他在克拉根福大学被授予荣誉博士学位的演讲辞中达到了高潮。沃兰茨出其不意地成为施蒂弗特与汉德克本人之间的重要一环，在他的文学教父名单中占据着一席之地：

> 后来，战争胜利了，沃兰茨的作品不再歌颂农民，但依然在书写他们的历史。尽管如此，他并非隐退成为一个编年史作者，而是继续承担着叙述者的角色：他的语句在颤抖，因为感同身受，更因为自己的亲身经历，这一点又与约翰·伯格不谋而合。他现在不再描写党派斗争，而开始讲述农民的艰辛劳作，其中也有劳动的骄傲与喜悦，最重要的是，表现了兄弟姐妹和他们的父母如何通过共同的劳动成为家庭。《铃兰花》和《野生物》这两部作品（德文版由德拉瓦出版社出版），使用一种轻快的方式进行叙述，结尾悬而未决，在结尾处出现了一首歌。歌曲也许代表着那些我们童年时期所感受到的东

西,首先是孩子们感受到的。它在人生的中途出现并不算晚,是第一眼所感受到的东西。正如在施蒂弗特的记忆中,他童年的森林是黑暗的地方;同样,沃兰茨也回忆起森林里的十字路口,在那里,还是孩子的他在复活节那天遇到了另外两个孩子,他们从两个不同的方向而来,就像自己身体的一部分。同时他也允许在叙述的结尾,在某个地点、一个共同坐着的地方、一个行走的地方写下一首歌曲。正如作品《那时我们孩子的眼中有太阳》中所展现的那样。

因此,沃兰茨也是一位大众作家。(LIS 161f)

沃兰茨代表着大众与群体的声音,完全具有社会现实意义,因此他的创作可以被称为"大众小说"或"群体小说"。但他的作品也可以仅仅表现单独的个体。沃兰茨的最后一部长篇小说是《贾姆尼卡》,其中讲述了一个斯洛文尼亚村庄在两次世界大战期间的社会变化,内容上并无大型历史事件。作家展现了广阔的乡村人物群像,并以他们为背景,让单个的人物在前面独自表演着,就像露天剧场那样。尽管每个人拥有自己不同的个性,但最重要的是,作品展现了每一个男人或女人的典型人物特征。这种具有典型特征的人物形象也出现在作品《缺席》中。和《去往第九王国》一样,这部作品中也表现了"启程"的主题,但这一次并非一人,而是一群人的启程,在小说结尾,他们丢失了领路人:因此是对于前任所著文本的一个对应补充。

3 缺席(1987)

在小说《去往第九王国》出版之前,甚至也许在它创作完成之前,有一部题为《缺席》的小随笔在"1985年4月"(AS 169)问世,并成为一部电影的素材。人们无法漠视这篇随笔与《去往第九王国》中的沃凯因片段和朝圣者情景之间的紧密联系。很明显,两部作品有诸多相同之处,但它们之间的区别也同样明显。首先,随笔的主人公是一个群体,一群由克恩滕地区的斯洛文尼亚人所组成的朝圣者团体,他们都来自一个"名叫格拉芬巴赫的村庄"(AS 9),斯洛文尼亚语叫作 Kneža,地点位于格里芬和蒂克斯之间,是一个名副其实的斯洛文尼亚人的后撤地点。与此相反,《去往第九王国》和《我在无人湾的岁月》的故事发生地点则位于德拉瓦河南边,是克恩滕-斯洛文尼亚人生活的核心区域。

汉德克对于公共交通的喜爱,特别是相比于火车,他尤其偏爱大巴车,从《守门员面对罚点球时的焦虑》到《图像消失》中,这一点都表现得始终如一。对他而言,在公共空间中才能敞开通往共同群体之路,就如同在点唱机旁:

> 电影《缺席》中的大部分场景都发生在路上,在大巴车上。直到南斯拉夫北部,朝圣者们才第一次停下脚步。在另一处不起眼的小朝圣地,并且只是因为朝圣者们发现了它,因此这里才成为了朝圣地。[……]在这里,朝圣者们的朝圣之情和由此产生的兄弟之情才会被唤醒,因此这个地点可能就是南斯拉夫北部博希尼湖畔的斯万提亚纳兹教堂(沃凯因湖)。(AS 14)

在汉德克的创作中,宗教和斯洛文尼亚是常见的关键词。这印证了传统天主教对克恩滕-斯洛文尼亚人的深刻影响,同时也证实了位于斯洛文尼亚的朝圣地点对于这个群体的重要性。他们几乎都生活在乡下,尽量避开城市。另外,这个群体与祖籍国之间的关系是个棘手的主题,这一点虽然在作品中有所涉及,但并未进行更深一步的的挖掘。

"在大巴车上,人们彼此间谈论了很多,大部分人都使用母语,即斯洛文尼亚语。"(AS 15f)。这种斯洛文尼亚人彼此间私下里的交流,是无拘无束地使用斯洛文尼亚语的前提,甚至在斯洛文尼亚本国亦是如此。人们一旦在公共场合讲斯洛文尼亚语,就会条件反射似的压低嗓音:"大巴车司机在加油时讲德语,他是唯一一个可以不假思索就讲出自己语言的人(他不是斯洛文尼亚人)。"(AS 15)

在后来改编的电影《缺席》(1993)中,所有的斯拉夫元素都没有出现。世道常情阻碍了汉德克:"我原本想在南斯拉夫的喀斯特地带拍摄这部电影,因为这里的风景对我来说既熟悉又陌生,因为一种风景不可能永远被人所熟知。其间这里又发生了战争[,]于是变成了另一番景象。"(AS 147)那些地区,一旦被刻上历史的痕迹,那么它的样子就不再是永远不变的,在"行走去往故乡"时亦是如此:"行走不会长期持续,人们必须做些什么,行走必须逐渐变成实干,扪心自问一下,需要做哪些事情。"(AS 151)观察者想再次参与,但他缺少一个立足点,因此无法扎根。"从外表上看,他熟知所有的地貌,但从历史长河来看,他对每一处地点都不熟悉。他不是地理学家,因为他对历史一窍不通。"(A 217)因此,菲利普·柯巴尔在计划冒险跨越南斯拉夫边境前,先在他的地理、历史老师家逗留,这也不足为奇了。

此外,无历史状态应该尽量保持,这样也能够更好地理解作品标题的"童话"色彩:"'缺席'[……]并不意味着不存在,而是'跳出历史'。"(FF 424),在缺席状态下,他者拥有了自己的祖籍地,"缺席赋予了那些始料未及之事一席之地。"(FF 437)它打开了一片自由天地,甚至促成了自我认同:"缺席即身处自我之旁,与自

我重合。"(FF 440)

汉德克在作品《缺席》中,用最少的空间勾勒出了自己的世界历史和地理,同时不仅论证了作品的体裁属性——一篇童话,而且解释了自己为何运用斯洛文尼亚语单词并将其视为一种童真(vgl. ARN 26):

> 在每个人的童年时光中,都有一个不熟悉的遥远地方,它在山和海的那一边,人们只知道它的名字,除此之外对它一无所知。[……]当贸易运输和侵略战争来临时,当历史来临时,当人们不经意间长大之后,童年的那个地理神话就失去了它的传奇色彩。[……]只有那个地名保存下来,在史诗和歌谣中,才有传奇的王国中那充满生命热情的童话力量。(A 80f)

童年是一种无历史状态,回归童年源于对天堂乐园的向往。那些并不是天堂的地点,人们并不追求它,它在过去和将来中都处于缺席状态。

> 在童年时,我们同样给那些自己喜欢的远方地点起了名字,[……]现在我们长大了,于是那时所有的名字都失效了,无一例外。我们现在也拥有了一个历史,曾经的一切,都不费吹灰之力地更新了。我不相信曾经的时光会重来——[……]但是,我依然相信——当然和那时的笃定不同——地点的力量。我相信那些地点,并非大地区,而是很小的,不为人所熟知的,在国外抑或在国内的地点。我相信那些地点,它们默默无闻,甚至没有地名,可能被描述成:那里一无所有,而事实并非如此。我相信那些地点的力量,因为那里不再,并且尚未发生过什么。(A 81f)

在作家的小说处女作《大黄蜂》中,恰恰展现了痛苦的缺席和修正的当下;很明显,《缺席》这部作品参阅了这篇处女作:"注意,大黄蜂!"(A 188)。随着时间的推移,作家的笔触慢慢跨越出家庭的圈子,逐渐伸向民族,甚至伸向一个看不见的、幻想出来的民族保护神:"所有的祖先都在那里,凝望着我如何穿越人口日渐稀少的国家;一个完完整整的族群,我对他们至今还一无所知,他们能够看见我行走着。"(A 162)如果从基因学上寻找证据,那么,这个被神明护佑的族群就是斯洛文尼亚人,正如这个无历史地区用南斯拉夫成员国斯洛文尼亚的身份将自己保护起来。"一直以来,我们总想象着身处一个这样的地区,这里在历史出现之前就已经与之脱离;同时,这里也是一个新天地,可以重新开始一些东西。"(A 189f)但早在斯洛文尼亚发表独立宣言的四年前,这个念头已经被深深质疑。顿悟不在,图像消失。征兆很明显:历史横跨在这个国家的门槛之上。

"不论是自己的历史还是大的历史,我们都想要与之脱离,并且进入所谓'新的天地'?"(A 214)虚无被现实所填充,很显然,现实限制了有创造性的想象力所拥有的自由空间。"因此,这个国家对你来说早已不是曾经的那个国家。虚无不能预知你任何东西,你的行走也无用了,在你看来曾经那么纯粹的当下,并将其视为光明的时刻,它在你的步伐之间也变得暗淡无光。"(A 171)这次不再启程去往斯洛文尼亚,而是挥挥手告别理想国度。领头的那个"老者"消失了;在他消失之后,剩下的三个漫游者遇到了他的妻子,她在电影《缺席》中和汉德克的母亲同名,代表着那个时代的女性伴侣,也由此充分证明了作品的自传色彩。另外,在《形同陌路的时刻》第一版中出现的东方三贤士雕刻,也指涉了斯蒂芬特-格里芬镇,即先祖墓地的所在地,它今后作为坐标轴的中心

来指引方向。"壁龛中石质的三贤士,他们全部沉浸在极乐安眠中,在梦中又再次得知道路的方向。"(A 213)

在《缺席》合集(随笔、电影和童话)中,刻意的留白是其独有的艺术特色。"在电影《缺席》中,它回避了对历史恐惧感的直接表现,但它无论如何不会放弃其'艺术性'。因此,一部电影不会是一部无政治色彩的作品,因为它追寻的是历史记忆在当下的艺术性和表现力。"童话的文本完全影射了曾经的战争,甚至可能影射了正在进行的军事演习——预示着即将到来的战争,但没有指明地点,只是一种暗示。一件事情越是充满威胁,就越需要小心谨慎,用一种委婉的方式含沙射影地公开。

第五章　失去故乡

梦想者告别第九王国(1991)

> 并不存在奥地利这个国家,历史上也从未有过。[……]它真实的名称始终是"奥地利家园"。我来自这个世界,尽管在我出生的时候,奥地利早已经不复存在了。只是地下的规则和约束始终对我发挥着作用,思想在提醒着我,这个不复存在的国家依然是现实存在的。

不同于英格博格·巴赫曼的上述观点,也不同于冷战结束前人们对全球化的盼望与欣喜,汉德克认为,各个民族国家独特的个性特征遭到了威胁:"国与国之间的边界必须被再次关闭。"(GB 219)而后来,当国与国之间的确划清了界线时,他又始终站在时代精神的对立面上,第一个,也是唯一的一个,单枪匹马地跳出来抱怨和反对。反对的理由并非出于政治,只是出于世界观和价值观。找回的童年一旦离去,那么离去便成了一种自然而然,跨越时间的旅行顷刻间便画上了句号:"因为在此处,完全是私人意义上的,汉德克被剥夺了自己的童年领地。在南斯拉夫社会主义联邦共和国终结以后,他在讣告中再一次确认了这一点。"正是因为他认为自己也是斯洛文尼亚人,因此便对斯洛文尼亚的独立自主感到反感。在他看来,身为斯洛文尼亚人,这一身份绝不意味着让自己在这台老旧的民族破车面前受到注视。汉德克尤其关注克恩滕的斯洛文尼亚族群,并竭力维护他们的权利。而南斯拉夫最北边的苏联共和国争夺霸权统治地位的努力,违背了他的和谐主张,也因此疏远了他与官方的、城市化的斯洛文尼亚之间的距离:"汉德克被视作朋友,被视作'半个'斯洛文尼亚人,他竭力并坚持维护着生活在西方而并不出名的斯洛文尼亚人的利益,特别是生活在克恩滕的斯洛文尼亚少数人的利益。"可是在斯洛文尼亚,人们从自身出发,抱着一种强烈的理想思维来阅读他的作品。如果只是天真地认为,只有斯洛文尼亚人才能够理解和评判反映斯洛文尼亚状况与实情的文学,那这将导致对汉德克从未逃避的偏好做出误判。约兹·斯诺伊认为,汉德克身上潜藏着斯洛文尼亚文化:

> 证据一方面表现在他公开承认自己对几乎涉及历史民族项目的斯洛文尼亚文化的认同,另一方面则特别体现在他的《去往第九王国》在走向世界读者之路上所遭遇的阻力,因为这部作品在斯洛文尼亚语言生存层面上难以被翻译,因此除了斯洛文尼亚人之外,很难将它推广给世界人民。

后来,汉德克公开发表了政治声明,这才促使斯洛文尼亚文学界去认真研读这部被美化为民族之作的《去往第九王国》,并且开始去正视它:

> 敏锐而老练的读者在看到第九王国这个比喻时,本应变得警觉起来,并自然而然地开始对它加以关注,毕竟这个出自斯洛文尼亚语童话词汇库的表达,代表着"遥远而神秘的国

度",即一个"虚构的国度,一个乌托邦",这是我们通过上世纪出版的斯洛文尼亚语-德语老词典就已经能搞明白的词语表达,它作为一个中心主题,贯穿着《去往第九王国》作品的始终。

相比之下,更具有讽刺意味的,则是人们接下来的反应。人们自然不愿意承认自己的错误。"中了神话圈套并将这部作品等同于对斯洛文尼亚现实经验的反映,据估计,这样的斯洛文尼亚读者不在少数——报刊的文艺批评专栏足以佐证。"这种斯洛文尼亚中心主义思想促成了光怪陆离的副产物。在意识到已经丧失配重平衡的惊吓中,尾巴和狗一起摇摇欲坠:

> [……]因为他必须去证明自己的身份,证明自己不是斯洛文尼亚人,而是德国人,[……]而证明他并非斯洛文尼亚人的证据[……]不仅在德语背景下,而且在世界范围内,包括在世界文学当中,都是非常关键的。这构成了事情的核心,也是他作为作家一切能量的源泉。要不是因为这股力量,那他早就已经是一个完全无足轻重的德语作家了。

人们最初不愿意承认他的要求,并竭力去反对它。在新的集体归属感中得到强化的斯洛文尼亚的"大众感觉",它被汉德克视作自己从极其个人化的视角出发来理解社会与历史现状的主要弊病。

> 用在斯洛文尼亚的身上,即意味着人们基于伪认识来进行操作:具体的、由经验得来的意义内容被搁在一旁置若罔闻,就汉德克的例子而言,他的个人神话受到了一味地宣扬;就社会乌托邦的例子而言,则心中理想化的投射被大肆渲染。

事实上,斯洛文尼亚城邦并未在汉德克那里获得过足够的吸引力,确切地说,它完全没有出现过。汉德克真正的兴趣点在史前。这听起来或许是在指复辟,和谐安宁,浪漫主义和漫游者的极乐。汉德克的意愿与雄心——即建立一个对立世界以及历史的另一面——却遭到了刻意地忽略。文学是浪漫的,这是他一直以来的信仰。而打着意识形态的旗号招摇过市并为之赴汤蹈火,这是他毕生始终厌恶的行为。尽管如此,人们依然孜孜不倦地将政治野心和政治抱负强加于他。人们不仅指责他是天真无邪的传统左派,而且最近甚至又给他扣上了极右的帽子。

自1996年在《南德意志报》发表了题为《塞尔维亚的正义》这篇论战式檄文以来,彼得·汉德克将自己归入了在意识形态上的弱视(辨别不清)群体。[……]在这篇文章里,他将根植于自己内心深处,对田园牧歌式理想国度——那里的人民与自然和谐共存融为一体——的向往(曾经是斯洛文尼亚,那个宣布独立自主之前的塞尔维亚),投射至米洛索维奇时代国家社会主义的塞尔维亚,并抒发了他对触摸这样一个国度的土地,期盼生活在这样一个无意争强好胜的世界的愿望,在那里,人们依然远离西方的城市现代化,还没有被它侵蚀腐化。请您不要误解我:散文中有一些的的确确非常出色的诗句,特别是那些描写塞尔维亚农民的诗句。在汉德克眼中,最能够代表塞尔维亚文化角色的,正是农民。对纯粹、纯净而真实的身份的探寻,同时构成了隐密法西斯主义者的血与土意识形态的温床。

人们没有把汉德克视为文学家,而是把他当成一个象征。他象征着转变,象征着对他者的消化和吸收——只是此处的他者具有争议,人们究竟应该如何来理解这个他者呢?他者只具有一个轮廓,但是难以被准确描述,人们能够看清楚他的边界,但窥不透它的内容实质。(否则其本质——与众不同——便得以显现。)

  彼得·汉德克象征着奥地利,就像迈克尔·杰克逊象征着美国,这是同一个道理:[……]二者都代表着民族自信和各自国民的目标。[……]如果说,对汉德克而言,重要的不是他创作什么,而是他是什么样的人,那么杰克逊的角色也同样如此,他唱的是什么并不重要。他所传递出的最底层的信息,便是他的身份是黑皮肤,想成为白人。

这个他者尽管饱受争议并且不被看好,但是却长久的存在着。不管怎样,汉德克对斯洛文尼亚语寄予的综合关注持久且深入,远超斯洛文尼亚对他的关注,后者主要局限于对涉及违禁话题的审查:

  一个并不陌生的存在,它可以是未受到广告宣传和政治扭曲感染的纯朴语言,可以是没有完全被人类涉足而保存完好的大自然,也可以是尚未被共产主义压迫肢解,且适合人们生活的社会结构,将目光聚焦于这些,这对于那些在斯洛文尼亚抑或是在类似的自然保护区公园漫步的陌生他者们而言,是一种特殊的、这个国家所散发出的片刻而短暂的吸引力。

斯洛文尼亚构成了汉德克的童年故事中难以磨灭的一部分。他无法随意与这样的童年故事划清界限,也难以轻松自然地从中抽身而去。斯洛文尼亚语对汉德克来说,始终具有着深刻的印记。这一身份归属并非可以任由他去选择或决定,这是随他与生俱来且伴随他成长的东西。他从未完全中断对这些综合主题的关注,而他的这种关注,也同样基于对上述无以回避的事实的了解与认知。

  相反,我把斯洛文尼亚和这个国家的两百万人口视作为数不多的几件真正关乎我自己的事情,并称其为"我的"事情,"我的"这一物主代词并不表示物的归属关系,而代表它属于我生命的一部分。(ARN 7)

而实际上,更准确的说法则应该是:斯洛文尼亚人在心理上视汉德克为归属,而非反过来,汉德克归属于他们:他清楚那种索取欲,并愿意通过一种被内心所认同的归属感,为之打开方便之门。因此,斯洛文尼亚语极有可能始终都确确实实是他的一部分,无论是否承认这一民族性,它都被童年经历中的斯洛文尼亚语言环境和文化刻上了烙印:"因为格里芬的多数民众或许都更愿意使用德语交流,但是所有人都能听懂斯洛文尼亚语"(HAS 12)。人口统计的结果并不能真正表明斯洛文尼亚族群所占的突出比例,但尽管如此,汉德克的回忆从语言学角度来看毫无疑问是准确的。在内心中对奥地利,以及对在交际中所使用的方言的强调——这也代表着对区域特性的认可,以及对共产主义的南斯拉夫的排斥——并非空穴来风。

  但是我绝对不会以"斯洛文尼亚人"自居。尽管我出生于克恩滕的一个小乡村,尽管处于二战时期的那时,大多数人甚至可以是全部人都是奥地利意义上的斯洛文尼亚人,并且大家彼此之间的沟通交流都使用相应的奥地利式斯洛文尼亚方言。(ARN 7f)

此处已经提及到了汉德克对方言的厌恶和反感。他所看到的是文字,确切地说是书面语言,它能够永久且轮廓清晰地固定住画面。即便在这一方面,在他看来,所关乎的也绝非是历史真实。那片区域讲斯洛文尼亚语这一事实很快就能搞明白,只要去几次酒馆客栈便足矣。他更看重的,是获取一些可能性,一些先祖们未能获取的东西。"未能经历之痛"驱使着他。借助图像这条殊途,他同语言达成了和解。文学,尤其是由一幕幕图像拼接而成的叙事文学,是面对他者并与之交往最合时宜的媒介:"我通过构建出图像,借助叙述的方式构建出斯洛文尼亚先祖们的图像,它变得不同寻常[……]只是我从来都没有成为一个完整的'斯洛文尼亚人',一次都没有,尽管我后来逐渐差不多能够读懂斯洛文尼亚语,也仅算得上是'半个斯洛文尼亚人'。"(ARN 8f)

在格里高尔舅舅去世以后,舅舅这一辈的肖茨家族成员们逐渐淡忘了斯洛文尼亚语的价值。对于汉德克以及他的母亲而言,斯洛文尼亚语则代表着先祖留下的残余印记:

> 特别是受到身处异国,即在南斯拉夫-斯洛文尼亚的马里博尔学习水果种植的大哥的影响,我的母亲自记事起就认为自己(后来,在二战结束以后,则特别)是那个民族的一员。(ARN 8)

选择语言的决定性生平因素是第二次世界大战。尽管斯洛文尼亚语后来在阿尔滕马克特,这个"'随着时间的流逝'逐渐淡出人们的视线并最终消失的斯洛文尼亚乡村,这个后来就连自己的村民也打趣地将其称为'Stara Vas'(译者注:它是汉德克所出生村庄的斯洛文尼亚语名称,其对应的德语名称是:Altenmarkt;中文译作:阿尔滕马克特)的地方",最终成为了历史。而汉德克则早在《梦想者告别第九王国》之前,就不带任何讽刺意味地将这个地名作为自身的象征。(vgl. GU 412)

这个心中充满城市德意志精神的孩子效仿了他后来的魏玛偶

像:"捷克语并不是一门语言,捷克语是一种咽喉疾病,约翰·沃尔夫冈·冯·歌德这个捷克通曾这样认为。这个德国巨匠所拥有的唯一问题就是语言。"他对城市文明的疏远,以及对原始自然的追求后来并没有实现。而汉德克还没有能够区别开来出生的城市和祖国:

> [……]对于这个来自德国大城市的孩子来说,斯拉夫语的发音是对他耳朵的折磨,因此,他甚至时常让自己的母亲闭嘴不要讲话,而且尤其是母亲。(ARN 8)

他的"母子国"究竟延伸至何处,又具有怎样的广度与深度,面对这一问题,汉德克并没有做出回应。尚年幼时就失去了安全感,并且缺乏家的安全与温暖,这直接导致了一种最初的图像消失,即因惊吓震撼到了内心,因此失去了感知幸福的能力。这后来又导致他在战争面前失去了讲述它的能力,即便已不再需要直面恐怖,而只是借助他者的讲述来对它进行介绍。于是讲述的出处与动机——那个在战争中失踪了的先祖——同时成了主要障碍:借助处处潜伏着的战争来获得当下,这样并不能找回先祖,而是必须要选择并创造先祖。因此留白、雪地、白板(犹如利维坦鲸之白)对汉德克有着强大的诱惑力。(相反,女性则太过于瞬息万变)原始图像在他的生平故事中扎下了深深的根基:

> 这是我的出发地。[……]正如《关于乡村》中的格里高尔所认为的那样,他不出自任何……,出自微不足道无足轻重之人,并坚持这样的认识。并且他然后就展现了那个空空如也的墓地,这才是我最初所出发的地方,这个空空的墓地是我的文化。(ZW 131)

在人的层面上,空间里面的留白等同于无人(Niemand)。奥德修斯就曾将自己称为"无人"并且——像"加尔乔特"那样,那个斯洛文尼亚民谣中迷失的行路者,或者像阿赫斯维,那个永远的犹太人流浪者——踏上了被判定为注定失败的找寻个人故乡之路。因此,当汉德克自己"已不再能想象散布于地球上的一个个'无人'还能够团结一致"(ARN 9)时,这或许有一些令人唏嘘。

和奥地利相比,在过去由于自身的社会和经济体系,斯洛文尼亚在发展速度上明显缓慢许多。这样的时空错位,外加汉德克自身的履历和经历,共同导致了——现在回望会发现——"他即使身在世界上的任何国家,都无法像身处斯洛文尼亚那样,能有一种家的归属感"。(ARN 9)斯洛文尼亚开启了追赶超越之路,弥补着与西方国家之间的差距。与此同时,汉德克眼中具有决定性作用的差别消逝了。斯洛文尼亚不再是他心中的天堂,也永远再也无法成为他童年的替代了:

> 许多年,超过了四分之一个世纪,我都觉得斯洛文尼亚保持着我心中的样子,以至于我已经认定这似乎永远都将不会再改变,那里的各个地方实际上也确实给人一种永恒的印象,不像童年里的那些地方,那个童年已经将我和你都从中驱赶了出来。(ARN 9)

从由一个自称为"梦想者"的人的口中所讲出的东西,对一个理想图像的描述中所能读到的东西,这样的东西代表着一种更高级别的现实与真理——那个神秘的第九王国的现实与真理:"在斯洛文尼亚宾至如归,南斯拉夫?在现实里。"(ARN 9)在父亲的家乡"德国,那里的许多事物[……]都令这个从柏林返回格里芬的汉德克感到'空洞而无厘头'。"(ARN 10)而在斯洛文尼亚,那些事物则与它们各自的名称相符合,与其概念和本质相统一,故随

时对其进行辨别与调取是不成问题的:

> 多少年了,每次在重复穿越边境时,我都感到那些在斯洛文尼亚的事物于我而言是多么的具体:它们不会抽身离去——不同于期间无论是在德国还是西方世界的很多地方——它们始终与我形影相随。(ARN 10)

因此,他能够再次通过语言来捕获这个世界以及世界上的东西。它们在字面意思上变得确切而难以动摇:它们不再能够从审判中抽身。这里的重要,所指的并非特殊与过分夸张(可以想一想托马斯·贝恩哈德的夸张艺术)。人们更愿意坚守着阿达尔贝特·施蒂弗特的"温和的法律",并通过赫尔曼·伦茨的"隔壁的外面"来寻找自己的幸福。在汉德克的那个倒回的世界里,从未耳闻的东西并不全是新鲜事,而不显眼的无关紧要之物,则跻身于注意力的中心;通过可叙述性,世界得到扩展延伸。通过到达的经历,将对事物的感知提升至顿悟的高度,并超越瞬间这一时空范畴所赋予它的、显而易见的瞩目:

> 所有这些事物的共同之处,便是在一定程度上令人印象深刻的隐现,一种平凡:也正是一种真实,没有什么能比它更加让人体验到那种在家中的感觉,并由衷地说出"就是这里,现在我总算是来到了这里!"(ARN 10f)

然而就算是再持久的兴高采烈,也难以让人产生归属的错觉或者甚至家的感觉。这样的体验是片段式的,并且保持着礼貌的距离:"在斯洛文尼亚这个国家,以及在斯洛文尼亚人中间,我实际上总是感到自己在现实中只是一个客人。"(ARN 11)这一扩大了的(抑或是雕塑艺术中所讲的"被突出了的")现实的跨度涵盖了斯洛文尼亚的西北边界,与奥地利和意大利接壤的边境,《去往

《第九王国》的大部分故事发生在那里:

> [……](喀斯特或温迪施丘陵)种植葡萄的地方,(伊斯特拉半岛上的赫拉斯托夫或博希尼湖边的司文迪·筒内茨)的教堂高塔,(从托尔明到新戈里察,从卢布尔雅那到新梅斯托,从科佩尔到迪瓦查)的大巴车里,在莫斯特-纳索奇或维帕瓦简陋但发自内心的开心的客人的房间里[……]。(ARN 11f)

在他看到了双影人哥哥之后,突如其来跳跃至马里博尔的这一举动不仅仅标识出了一种时空的重大转折。与卡夫卡的美国小说《失踪者》中(马克斯·勃罗德加了副标题)的章节"俄克拉荷马露天剧场"类似,那个水果种植学校片段代表着与历史和解的开始——在逐渐距离家越来越远之后——它同时也标志着哥哥以文字形式清晰表露出的归乡的开始。

所显现出的理想图像与现实之间的不一致性,在斯洛文尼亚人走入历史这一事实面前变得既清晰又难以否认:"那个或许促成了纯粹当下的无历史性,已经成了(即便是硕果累累的?)假象。"(ARN 12)人们时常抱怨汉德克心中的斯洛文尼亚形象与实际现实之间的距离遥不可及,对此,汉德克并非丝毫不知。在经过头脑清醒的判断之后,他得出结论:斯洛文尼亚人和奥地利人并没有什么两样,也完全不愿意和他们有所区别。就算他们在历史上曾经有别于奥地利人,就如汉德克所感到的那样,但当下的他们则摆脱了历史,并享受着历史给他们放的长假:"纵观整个历史,这顶多就算得上是一个短暂的小憩。"(ARN 21)斯洛文尼亚语中那些源自于充满诗意的周日教堂祷告语言的单词"发音"留给人平静与和平的印象,它们不带有军事意味,并散发着非城市的气息,尤其适合于书面表述,与生俱来与抽象和不具体无缘。当汉德克"在为温和、不矫揉造作的斯洛文尼亚语打开耳朵倾听时,在整个国家"(ARN 12)随处都能感受到这一点。斯洛文尼亚尤其是一个投射面,非常适合创造留白。

  这样的经历有可能是我的想象,甚至是一种假象:1991年6、7月间发生的那些事件被斯洛文尼亚人不是悲伤就是自豪地称为"战争"。首先不是这些事件促使我深入思考。(ARN 12)

  同他的第(上)一个童年天堂一样,这次的天堂也同样惨遭掠夺。凭借理想的自然风光没有办法组建国家。一旦转变成国家,那么田园牧歌就会迅速失去了其浪漫风情的意味。承托着意义的斯洛文尼亚不再是一种背景衬托,遮盖社会主义阴暗现实的美丽假象,它的面纱日渐褪去。军队的进驻宣示着一切梦想的终结,不仅仅是集体的梦想,还包括每一个个体的梦想。

  人们提出了各种各样的理由,把一个独特而又符合规则的国家称为"斯洛文尼亚共和国"。可是[……]我没有看到任何理由可以称这个国家为斯洛文尼亚,甚至连"大塞尔维亚的坦克共产主义"也不能成其为理由。[……]同样,我也没有看到任何理由可以称一个国家为"克罗地亚"。这又是另一回事,跟我的关系不太大(我毕竟压根儿也没有弄明白它是怎么回事)。(ARN 7)

中欧现实

  汉德克所强调的事实(Wirklichkeit)概念(所指的并非生活现实,而指的是一个个所显现出来的顿悟时刻)不仅在意义上模糊不清,而且甚至容易使人被误导。对此,尽管在斯洛文尼亚,人们在《梦想者告别第九王国》中不得不认为能够读出这样的意味,但是他绝对无意去假设斯洛文尼亚人脱离了现实,特别是当他们从南斯拉夫联盟中脱离出来以后:"跨进历史,竭力与历史共沉浮,他[……]在自己的杂文中将此与事实的丢失等同起来。"汉德克借此想表达的,即斯洛文尼亚式的独特性在斯拉夫联盟中更易于被保存下来,而这在西方物质世界的规范化与同一化压力的驱使下难以做到:

> 在我看来,像其他南部斯拉夫语国家的独立性一样,恰恰这种明显的斯洛文尼亚的独立性——这种独立性看起来永远都不需要自治权——促成了这个自然而然的大统一。(ARN 13)

斯洛文尼亚(对汉德克而言)从那个(一直以来由他)所期盼的关联中赢得了属于自己的个性,因为"斯洛文尼亚对于我来说就属于大南斯拉夫"(ARN 13),这一点即使在1991年以后也依然完全成立:"我几乎错过了获得签证的期限,我的脑海中始终浮现着1970年至1990年之间那辽阔宽广的南斯拉夫"。(ARN 47)这里所指的,并不仅仅是它的地貌,诸如"喀斯特地貌从的里雅斯特以北的策斯特里山脉一直往下延伸到整个第纳尔平原"(ARN 13),而且还包括富有激情的图像,南斯拉夫人的团结即:

> 1918年,伴随着哈布斯堡王朝末日的到来,这些民族不约而同地聚集在一起,有些甚至满怀热情,聚集在一个自己的帝国里。在这个帝国里,各个国家都不再是充满阴暗的殖民地了。各种语言也不用再是奴隶般的低三下四了。(ARN 13f)

正如后来更加广泛宣传的那样,汉德克在"南斯拉夫各族人民以及各党派共同抵抗——几乎除了克罗地亚的乌斯塔沙法西斯分子外——大德意志帝国"(ARN 14)之中所看到的,是建立一个一体化的、属于自己的、广袤的心灵国度的神话。通过翻译斯洛文尼亚诗人古斯塔夫·亚诺斯,汉德克(在他自己的译文中)问自己:"童话所揭示的,或许不就是真实吗?"并且得出了肯定的答案;除此之外:斯洛文尼亚语是一种扩大了的真实——

> 一种第三者,或者"第九王国",难以名状的东西,确实童话般真实的东西,通过你迈出每一步——斯洛文尼亚,我的漫步之乡——都感同身受的独特存在,如此神奇的真实,如同我亲眼目睹的,正是在即围绕着你又渗透在你骨子里的——与你相应的——历史图像,即大南斯拉夫联盟中。(ARN 17f)

汉德克所渴望的历史的另一面,它并非空穴来风的构想。在童年对战争的记忆里,南斯拉夫代表着那些侵略者的对立面,而那些侵略者在舅舅们的死亡方面负有责任。值得指出的是,为他的故事开启一个新的入口的,再一次并非是那些中心,而是那些边缘,再次如旁白一般:

> (在斯洛文尼亚的村子里,我经常看到老年人三五成群地聚在一起,他们都是与我们的,也就是德国和奥地利的历史迥然不同的见证人,是具有强烈反抗精神的南斯拉夫历史的见证人。我在此只能说,我因此而羡慕她的历史。)(ARN 14)

南斯拉夫作为国家(曾在南斯拉夫国家联盟中是共和国的一部分),逐渐告别了这样的传统,汉德克对此并非一无所知,至少他在瓦伦西亚会晤中见证了由东南向西北的转变。脱离南斯拉夫联盟之后,斯洛文尼亚原本应该无缝接入旧式奥地利联盟。汉德克选择使用传说(Sage)这个概念,或许正是因为它相对更具有历史含量,并且它与具有褒义色彩的神话(Mythos)截然不同。这种由旧至新的转变,转向曾经的敌人,亦即重复一种已经被证明为失败的模式,自然无法得到拥护:"在过去几年时间里,随着我去斯洛文尼亚次数地增多,越来越多地听到关于新历史的说法。什么新历史呢?就是有关'中欧'的古老传说。"(ARN 14)作为"成为(新的)欧洲"的方法,"中欧讨论"成了所有知识分子的试金石。这些知识分子作为反对派人士和异议人士始终保持艺术家的身份,直至他们介入政治为止。(一个典范式人物便是前作家迪米特里伊·鲁佩尔,他在新的斯洛文尼亚曾担任卢布尔雅那市的市长,驻华盛顿大使以及多届外交部长。)

> 这种不同于那些保持沉默的老兵的历史没有分散的叙述者,而只有成群结队的发言人,或多或少夸夸其谈的发言人。或者这么说吧:以前有些叙述者讲述中欧的历史,而在这期间,他们的地位几乎毫无例外地被发言人替代了;又或者:最初的讲述者本身,其中有些是我的朋友,已经变得面目全非,占据了发言人的角色。(ARN 14f)

媒体批评与讨论批评再一次被证明是避之不得的常有之事。被政治洗脑了的作家(抑或是从事作家创作的政客?)所构想出的历史,在他看来是与真实时代不符。对纯粹当下的回避,是导致失去真实的原因所在。

> 特别是这种历史主义化的发言人角色在报纸上,在月刊上,在研讨会上众口齐鸣,在我这个斯洛文尼亚的客人看来,一次又一次使这个国家特有的东西越来越强烈地遁入我所说

的不真实、不可触及和不现实的境地。(ARN 15)

明确地说,汉德克的同情与好感不属于共产主义的社会体系。同样,斯洛文尼亚和南斯拉夫对他而言,也并非田园牧歌式的旅行目的地,这一点与意大利和希腊不同,后者是那些十九世纪有文化有修养的公民尤其热衷去旅行的目的地。

> 从政治方面来看,不是所谓的斯洛文尼亚对我来说似乎早就是"东部"。尽管它的方位在南边,但我从不认为它是像意大利一样的南方国家(而且在克罗地亚、塞尔维亚以及黑山,我从来都没觉得身在南方)。(ARN 15)

一首歌名为"噢,南斯拉夫!"的民谣流行歌曲唱的是"我们的战斗,创造你的那场战斗",唱的是"为你而流淌的鲜血",它流行于斯洛文尼亚的喀斯特地区,象征着广袤、团结和体谅彼此。

> 一家饭店,一家 gostilna(斯洛文尼亚语,意为"饭店",译者注),坐落在南斯拉夫喀斯特地区一个圆形山包上,远离从斯坦尼基(或者桑丹尼勒德卡索)通往公路的干道。[……]这家 gostilna 很宽敞,有好多座位,在这个早秋的夜晚——外面从亚得里亚海域吹来的强劲的布拉风(Bora)从北部山区掠过这片高原,丝毫没有减弱——坐得满满的,几乎全是年轻人:来自南斯拉夫各个共和国的许多班级的学生举行毕业联欢[……]这天夜晚,反复回响在大厅里的那首歌被当作一首充满自信的,同时天真烂漫的,甚至在一个民族的想象中可以伴舞的齐声合唱;这些学生一个接一个地按着键钮。作为重唱句,它仅有一个词:"南斯拉夫!"(VJ 113ff)

随着南斯拉夫的解体和收缩,汉德克愈发快速地致力于对这个国家中心区域的关注。只是他对边缘与边界的兴趣依然保持。在这一方面,霍夫曼·冯·法勒斯莱本的"德意志国歌",以及七十年代故乡的流行歌曲"南斯拉夫"在第一段表现出非常有意思的共同之处。被歌颂的空间在地理上界线清晰,在德语中是河流,在塞尔维亚语中是山脉、河谷、峡谷和大海。昂顿·苏帕尼可用四座城市来表示斯洛文尼亚文化中的边境庆祝活动——克拉根福,戈里齐亚,的里雅斯特,马里博尔——然而只有马里博尔位于曾经的南斯拉夫和如今的斯洛文尼亚:

> 从马斯河到尼曼河,
> 从阿迪杰河到丹尼斯海峡,
> 德意志,德意志超越一切,
> 超越世界上的一切。

> 从瓦尔达到特里格拉夫峰,
> 从杰达普到亚得里亚海,
> 像一串闪亮的项链,
> 灿烂的阳光,
> 自豪地存在于巴尔干半岛中部。

歌词中所唱到的南斯拉夫"自豪地存在于巴尔干半岛中部",相反的,同样的概念——人们只需想一想这句"巴尔干起始于[维也纳的]南火车站",遍布于整个奥地利——在德语中却是贬义,代表着混乱,血腥和缺乏教养:

> 尽管我们奥地利的《边境巡逻报》同样试图持久地蒙骗读者,至少在过去几年的转折期如此,声称从耶塞尼采、德拉沃格勒或者在穆尔斯卡索博塔就已经开始是"巴尔干"。但

是,哪个成年读者今天还会将"巴尔干"这个词与某些真实的东西联系到一起呢?(ARN 16)

马克思主义哲学家斯拉沃热·齐泽克作为近几十年在斯洛文尼亚所诞生的最知名的思想家,一语中的地指出了斯洛文尼亚的变革:

> 作为来自斯洛文尼亚或者说前南斯拉夫的一员,我似乎生来就适合谈论现任对下一任的恨:难道巴尔干不是一个由黑暗的、(自毁)破坏性的种族热情所构成的漩涡?它代表着一个在种族上由不同阶层所构成的包容互助式社会模式的完全对立面,几乎可以说是一种与此截然相反的对立呈现。斯洛文尼亚人对此最常见的反应是这样的:不!斯洛文尼亚并不属于巴尔干,我们属于中欧,巴尔干还要更靠下,他始于克罗地亚或者波斯尼亚。我们斯洛文尼亚人是最后的门槛,是真正的西欧文明对垒巴尔干野蛮疯狂最后的堡垒。

至少从克恩滕来看,斯洛文尼亚没有展现出一丝一毫的西方意味:被时代所抛弃,一座被祝福之岛,这里尚处于正常的前文明式古老社会。这一认识从斯洛文尼亚的视角出发去看待则会完全被推翻:

> 汉德克,以及在他之前的英格博格·巴赫曼,都误以为自己认识到了斯洛文尼亚不同于它周围的邻国们,认为它在历史、文化和传统方面没有任何难以摆脱的精神负担。因为他们认为斯洛文尼亚人民免遭了异化之苦。

对于斯洛文尼亚的过去,存在两种对立的看法。乡下人汉德克受到了斯洛文尼亚知识精英们的猛烈抨击,他们认为汉德克是

天真幼稚的老左派,指责他选择性失明,刻意摒弃不愿意看到的现实:

> 通过他那引起轰动并遭人鄙视的气象学现象,汉德克摒弃了中欧的文化身份认同。他以探寻民族最初的原始状态作为怀旧情怀,居然对九十年代塞尔维亚的种族清除政策完全不予理睬。[……]我无法摆脱这样一种印象,即这其实代表着一种思维方式,它在汉德克身上表现得再明显不过了,并且在如今的欧洲既不罕见,也并非不典型。这是一种来源于六十年代的左派刻板印象,它在西欧以外的国家中代表着一种未遭西方破坏与腐化的、异域风情式的吸引力。它源自于基于追随本源所散发出的魅力,在这种情况下,这种魅力出现在了巴尔干民族的身上。

在各种讨论的碰撞之中,方才显示出人们对关键概念的理解和界定是多么的不一致。斯洛文尼亚人深受自己业已形成的理解的影响,并坚守着自己的理解,不去认真考虑是否对其进行改变或修正。

> 在斯洛文尼亚,人们所表达出的针对汉德克的愤怒回应,对于当代社会反应机制而言也非常的典型:人们往往错误地以为在参与温和派的讨论,后者以坚定的态度,以及在共情与回避方面完全的无能,翻来覆去地去讨论自己的问题。

在斯洛文尼亚,人们的讨论偏离了文学的范畴,因为它"不再关注作品,而只关注公众。人们在作品于1986年首发时,围绕它展开了深入、正面而热情地接受,之后便将《去往第九王国》视为了政治的典当品"。在《去往第九王国》中,与其说斯洛文尼亚在(出于自己的意愿)展现自己,倒不如说它为奥地利(及其现状)支起了一面镜子。具有修正作用的源动力掌控着整个作品，并在此处得以尤其清晰地显现，这一点是不容忽视的："汉德克的作品从一开始就证明了他在持续不断地关注着自己的故事，使之处于'秩序'之中，这是他所在乎的事情。"以他者为尺度，则有助于勾勒出自我的轮廓。通过从没有负担压身的斯洛文尼亚语中解脱出来，菲利普·柯巴尔因而重新拾起了他对德语的信任。他以周游斯洛文尼亚这种方式依次认识了这个国家熟悉的、贫瘠的、城市的一面，并最终返回到了本源，从而才使得对自己出身的接受成为可能。《去往第九王国》在"构建'另一个奥地利'方面堪称是一篇杰出的典范之作"。向往和平并思念一个不受战争侵扰的地方，这源于那些被反复述及的心灵震颤，后者总是闯入一成不变的日常和谐生活里，并带来犹如难以扭转的自然现象那般巨大的冲击力。至于斯洛文尼亚的独立最终可能会导致战争，汉德克对此则将其视为对他个人的威胁：偏偏是那个他一直以来始终渴望和平（或者回过头来纠正后这样讲：曾坚信已找到）的地方，爆发了犹如大面积火灾蔓延之势的新的战争。他将挑起事端的责任归咎到斯洛文尼亚人的身上，并因此而生斯洛文尼亚人的气，认为是他们让自己的和平帝国变了模样。

既然出发点就是一个始于童年，并在当下被反复证实的自然惊吓，那么行动的真实初衷便不应该是抱怨和指责，也不应该是愤怒的表情，而是某种更难以做到的行动：解救！

这种拾起并营救的行为，只有通过一种方式才能开始：向前并回到原点。出身并不能被重构，只能被重新创建。第一步便是面对表面上的空洞：属于缺席者的那个地方是一片留白之地。这一留出的空白是一个被禁止触及的禁忌所填充的中心，后者聚积着一圈可描述之事，而这样的圆环又划出了与他者之间的界线。"留白，以及它的可见形式，都属于[……]围绕那个'非常的他者'所经历的视野。"介于留白与他者之间，以及在这两个语言所无法触及的领域，"重现"才能使对恐惧与愿望的回忆变得可能：

> 作为一种模仿，"重现"追踪过去与逝去的足迹，探寻生活中的恐怖和未实现之梦。[……]重现最关键的阶段即是开始和结束，它们毫无疑问地在童年里得到了展现。由于包罗着一段彼岸的存在，因此作为"他者"在此时此地最富于联系意义的象征，它肩负着纯粹和无辜的理念，此理念将生活的乌托邦与天堂能够被找回这一思想统一了起来。如果说童年早已被驱逐，那么对童年的兴趣，后来则显现得愈发持久。

暗藏在这种坚持性背后的，则是无节制的风险。此处，"重现"的意义双关性便得以显现："相反，难道就没有与'令人乏味的重现'相对应的'令人振奋的重现'，或者与'被迫重现'相对应的'主动重现'，与'重现的危险性'相对应的'重现的可能性'？"（CS 70）借助重现，身份同时得以被巩固和瓦解，汉德克自然也无法摆脱这种两难境地。一种无节制、无目标的盲目重现会带来灾难性后果。通过生成一种逼迫要独立自主的吸引力，它成了空洞的机理构造："强制重现足以证明，只是单纯的重现是不存在的。"重现决不能变成双倍，而只能有助于暂时性地消除缺席。过分地传递现实不仅会导致失去直接体验，而且会持续地破坏体验的能力。在驱逐并罢黜本质的媒介图像之洪流面前，径直地形成观点认识变得越来越困难："实际上，重现的确令可知性大打折扣。"重现是一种目标明确的、对抗现实的手段，是回忆的反面，而并非对失去的时光的找寻（vgl. W 47）：

就是这个认知,对确切无疑逝去的认知,它能够从重现的意义上迅速激发回忆。[……]那些无法重现并不得不如此的东西,那些猛烈地挑战着对立面的东西,以对"他者"重现的名义而异化着逝去者。

受洗之地也是埋葬先祖的地方,从一开始起,汉德克的写作就是为了他们。他的很多作品都是对生平故事的后续修正:"毕竟,相比于生者,我在逝去者面前则能够承诺更多(11月17日,家乡的公墓)。"(FF 539)对出身的探究回归到了初始状态,而这种对隐私的侵入,则与羞耻和禁忌相联系。"'不要给任何人展示你的故乡!'——但那个如今向我展示其故乡之人,则会变得年轻——我同他一起返回到了青春。"(FF 539)出发点同时也是零的起点,在那里,存在陷入停滞并消失。'兜兜转转归故乡'在奥地利语中即'杀死自己'。汉德克的目标是,"把我写入故乡,通过工作让我进入故乡——别的一切都没有用。——在故乡徘徊,我更像是一个幽灵而非一个灵魂"。(FF 395)即一个不死之人,一个死而复生者,一个被驱动之人,他的意愿总是遭到违抗,他被拉回至故乡的狭小角落。《去往第九王国》意在与故乡划清界限:"所谓与故乡联系在一起的叙事诗总是少不了诡计,后者却并不急需有关无故乡之人的叙事诗(见《去往第九王国》)。"(FF 399)抛开一切脱钩的欲望,最终剩下的,则是空洞的感觉:"或许忧郁和心情沉重只是'无故乡'的另一种同义表达。"(FF 505)于是,重现最终确确实实回归至了一种双重意义上的缺席:

> 对于过去的考古学家/词源学家也是这样,"缺席"代表着一种摇摆不定:一方面是"离去,距离遥远,抛弃"——另一方面则代表着某种意义,如"赏赐"自己的庇护所;远离所有

其他人,作为一种"恩赐"。(FF 429)

汉德克所脱离的故乡,首先便是他童年中南克恩滕的那一片区域,他由此便告别了奥地利。而紧接着,他又坚定地告别了斯洛文尼亚:

> 1991年6月26日,斯洛文尼亚宣布独立,值此之际,汉德克以书的形式出版了自己的杂文《梦想者告别第九王国》,并借此宣布不再支持斯洛文尼亚人,这在当时令很多人感到惊讶和不安。

如前所述,时事事件是一种发挥促进作用的因素,但绝非促成汉德克改变立场的唯一原因。自二十世纪八十年代中期以来,汉德克在立场方面的转变趋势已经变得越来越明显了。其中,他所采用的方法,是从先祖那里借鉴得来的,他"以文学的方式在实质上与斯洛文尼亚对抗"。

在斯洛文尼亚一方,汉德克最知名的"回应者"除了洛伊泽·科瓦西奇之外,便是二十世纪下半叶斯洛文尼亚最著名的散文作家德拉戈·扬察尔。这个中欧的知名辩护士发表过一篇题为《假象抑或本质——来自第九王国的报告》的精炼杂文。它探讨了汉德克的比喻式表达,并将其阐释为机智的手腕。

> 起初是兴奋,紧接着是惊讶。[……]然后是愤怒:对面的那些人和下面的那些人。他们想拥有我们所拥有的一切:民族,富裕,欧洲文化,民族国家。[……]
>
> 梦想者在痛苦折磨中醒来。一些世界碎片尚处于睡梦中,但是周围也有一些大的碎片已经回到了现实中。苏醒的梦想者所看到的那个画面难以被人们反驳,它同时既是此前又是此后,同时既具象又不具象,人们难以反驳这样的画面,

即便是挑毛病也无从下手:梦想者,你在这里混淆了梦境与真实。[……]因此,彼得·汉德克在他的《梦想者告别第九王国——对斯洛文尼亚的回忆》中所讲的一切,自然而言同样适用于一切,也不适用于一切。

在文学中表达对事物的批判,这一指责适用于《梦想者告别第九王国》,它展现了事实,能够被验证的,以及被推翻的事实。而讲述这一切的,就是那个喋喋不休的作家。汉德克在相同的时间就相同的话题表达出直截了当不容误解的观点,这一事实有报纸采访为证。

你们总是看不起斯洛文尼亚人,正如你们蔑视犹太人那样,因为他们任凭被屠杀却不知反抗。现在他们开始还击了,正如后来犹太人所做的那样,顷刻间,他们受到了重视。这是一个令人尴尬的现象。过去的那些法西斯主义者,那些欧洲最残暴的生物,如今在克恩滕和施蒂利亚的交界地带依然存在,这些令人厌恶的残余分子影响并鼓动着我们的儿女们。忽然间,这些皮裤杀手受到了那些曾经遭他们蔑视的斯拉夫奴仆们的拥戴。

这一时期,斯洛文尼亚的香烟品牌"西方"采用"尝试一下西方"这样的广告宣传语来宣传自己。但是选择去尝试的人的确不多:人们早已心知肚明,在向欧盟靠近的时期,去批判西方邻国并非明智之举,毕竟它们曾为这个年轻的独立国家提供过支持,并且能够决定它是否加入欧盟。德拉戈·扬察尔在他的《假象抑或本质——来自第九王国的报告》中质疑自己的发现。在大加赞赏从《去往第九王国》到《梦想者告别第九王国》中斯洛文尼亚梦想的美学价值的同时,那些在他看来偏离了文学的地方,他也表达出了不同意见甚至批判。在这一方面,德拉戈·扬察尔在他所处的时期是超前的。数年之后,汉德克才再次在斯洛文尼亚被当成作家来看待,并且人们不再拿他的政治见解来妄加评论。

> 面对那些令人出乎意料甚至喜出望外的作品,人们倾向于认为斯洛文尼亚是汉德克的梦寐以求之地。我站在梦想者那一边,并认为像汉德克这么伟大的梦想者完全配得上人们对他的赞叹。

对扬察尔而言,这种立场十分自然,在七十年代,他作为政治囚徒的经验非常有可能被融入他的巴洛克小说《盖略特》。

汉德克在《南德意志报》的文艺专栏首次发表了檄文《梦想者告别第九王国》之后,其文章的文学品质并未受到任何质疑,但人们却没有把它当作文学,而是视作政治辩论去阅读了。汉德克在谈话中竭力维护自己意图。他认为,自己对斯洛文尼亚人独特个性的同情,以及为维持和保护这种个性所付出的努力,这些都是毋庸置疑的。他甚至承认自己的知识现状与事实不相符合:

> 斯洛文尼亚人努力通过自己的一言一行、一举一动来保护和维持自己的民族、传统和风格,这是毋庸置疑的。只是我从未感受到这一切的确已经受到了威胁,从未感受到斯洛文尼亚民族作为一个民族,作为一种独特的个性特性,或者说作为一个灵魂而受到了威胁。或许是我自己搞错了。(NNL 75)

汉德克心中的斯洛文尼亚形象,肯定与斯洛文尼亚本国人民对自己国家集体形象的认知是不一致的。对此扬察尔举了一个准确的例子:

汉德克这次从侧面展开了清晰明确的叙述。叙述从历史和政治角度进行,他所讲述的是一个对梦想的考察之旅,汉德克达成了自己的目标,并十分失望地得出结论,即第九王国并不存在。那里纵然存在一个王国,但却是一个别样的王国,它并非欧洲玛雅人的王国,并非一个"镜子民族"的王国,它并不是没有历史的,并不是我们想发现的那个欧洲稀罕之国,那里的人同样经商,投身政治,并与一个类似于国家的愚蠢之物打着交道。尽管考察早已经证明,侵入者从未、真的是从未梦想过一个这样的王国,但正因如此,他们才变得有趣。[……]他看到来自整个南斯拉夫的青年人如兄弟般拥抱着团结。[……]直至普遍的兄弟情义和平均化最终导致了令人窒息的、凶残的、致命的拥抱。

然而,汉德克对团结互助的决心是不可动摇的:"德拉戈·扬察尔曾说过,这是行不通的。我只知道我从未真正明白它为什么就行不通。"(NNL 84)就像在其他所有的作品中那样,在《梦想者告别第九王国》里,他也认为显而易见之事不值得一提。由于对他者在内心深处,或者在边缘持有偏见,因此,他时而会忽略中心和表面。德拉戈·扬察尔认为汉德克梦想着。

他的考察探索发生在一个远离斯洛文尼亚人为铁托幸福的共产主义而欢呼的南斯拉夫,远离青年人欢乐而友爱的团结互助。于是他在这样的考察探索中不仅没有仔细察看,而且必须换个地方到别处去察看。

汉德克不仅戴着有色眼镜看待当下,而且也是如此看待那个斯洛文尼亚民族被动地反抗占领者的时代。那样的反抗并非受到了世界观的激励,而是被一个民族乌托邦赋予了灵魂:

汉德克认为,斯洛文尼亚人之前从未在任何地方梦想过一个属于自己的国家,但是在解放前线除外。他们不仅有此梦想,而且在战争中间颁布了支撑国家的文件档案。游击小分队使用斯洛文尼亚语进行统帅和指挥,犹如人们在勒克莱尔将军大道中间听到有人使用斯洛文尼亚语在发号施令,这是汉德克此前闻所未闻的事情,直到南斯拉夫军队解除了游击小分队的武装,并引入了塞尔维亚语作为指挥语言。在斯洛文尼亚战时后备军中,以及在一些奥地利旧式部队中,曾使用过斯洛文尼亚语进行统帅和指挥。斯洛文尼亚语并非只是用于撰写诗歌的语言。

汉德克眼中斯洛文尼亚语纯洁无罪的形象,以及它在南斯拉夫战后民族解放战争中为建构国家与民族身份而发挥的内在角色,二者在这里都被同时追问。扬察尔最终在汉德克心中的理想面前支起了一个负面的偏见认知,那些来自具有很强优越感的、高傲自大的德国-奥地利人的偏见认知,他们在原则上否认斯洛文尼亚人有资格成为历史的主体。

汉德克出生的那片区域的统治者,曾在数百年前自称斯洛文尼亚人有可能并不是一个民族。[……]而问题是,彼得·汉德克,这位斯洛文尼亚科学与艺术院的成员,也讲述了同样的内容。

至此,汉德克同斯洛文尼亚的事件暂时可以告一段落了。大家如果想了解来自斯洛文尼亚那边的支持性声音,那么推荐大家阅读被翻译成德语的、来自乌罗斯·祖潘的《迟到了十五年的迷惘之诗》。

再一次激起斯洛文尼亚人情感的,应该是汉德克的塞尔维亚游记,这一次的情感激荡没有《梦想者告别第九王国》那般猛烈。两者的具体差别在汉德克的这两本书中也是十分明显的。斯洛文尼亚痕迹的明显之处,表现在它在汉德克不同时期的文学作品中所显示出的连续性,这归功于汉德克本人的生平故事与斯洛文尼亚所存在的相关性。与此相反,汉德克对塞尔维亚的热情与投入则主要体现在非虚构性的文本中。

暂且搁置与德拉戈·扬察尔的争论,汉德克认为一个神话正在遭受另一个神话的排挤和驱逐,并且视自己为斯洛文尼亚传统的守护者,认为自己是一个党派追随者的空洞话语的反对者:"如今,第九王国的古老斯拉夫童话已经年复一年地消失了,取而代之的,是幽灵似的中欧流言。"(ARN 18)汉德克从自己的世界观出发,描述了斯洛文尼亚独立的创始人与鼻祖:

> 在斯洛文尼亚,幽灵却开始干预现实。那些与幽灵一起穿过这片土地的人,既不是他们的祖先,也不是以种植葡萄为生的人,而是通常被称为"精明的脑袋""善于思考者""沉思者"。科学家、诗人、画家。(ARN 19)

他不吝啬于对特别是在斯洛文尼亚受右翼民族势力追捧的马丁·海德格尔的论战式嘲笑,在吹捧自己的政治远见方面,后者并不算是很有资格。此处,汉德克"隐匿式对待引用的方法"再一次被证明是正确的。

利用意识形态来分裂国家,汉德克对此持怀疑态度,并基于自己从文化领域所积累的经验来论述自己的看法:

> 共产主义几乎早就成了传说。它的实践在斯洛文尼亚,无论是在文化还是在经济方面,都是自由的。[……]斯洛文尼亚人在法律上是自由的,和你我一样,只是这个专制国家的

法律已经好久没有再被解释了。(ARN 21f)

有人说,民族和国家主义动机是推动建立主权国家的两重动机,它符合人们对界限与感觉的需求,即追求成为西方国家反对东南战线的最后堡垒——不顾"天然存在的"和"氏族史发展形成的"彼此关联:

> 我越来越多地听到有人这样说,每一次都越发奇怪地受到触动,有熟人,也有素不相识的人,在卢布尔雅那或马里博尔的街道和桥梁上,那里有一些河流自古以来就流入贝尔格莱德的多瑙河;要在斯洛文尼亚和克罗地亚南部边境上建一道比柏林墙还要高的"城墙"(柏林墙那时候还没拆除),"两层楼高",用来阻挡塞尔维亚人、波斯尼亚人。(ARN 23)

对南部的蔑视植根于深层土壤之中,有时甚至开出令人费解的伪科学花朵:"今天在卢布尔雅那,我在橱窗里看到了一本书,书名是'难道我们事实上不是斯拉夫人而是伊利里亚人吗?'"(NB 392)这种思维方式——只要不是斯拉夫人就行,至于是罗马人或者日耳曼人都可以——还可以追溯至哈布斯堡君主国。然而令人心存疑惑的是,伊凡·参卡尔的认识是否被奥地利人和意大利人所接受:

> 对我来说,任何文化甚至语言意义上的南斯拉夫问题都是完全不存在的。[……]从血缘上来看,我们是兄弟,根据语言来判断,也至少是远亲,——从代表着数百年来不同教育成果的文化来看,那么我们彼此之间要陌生很多,就像一个上克拉尼斯卡农民眼中的蒂罗尔农民那般陌生,或者戈里齐亚葡萄农眼中那个来自弗留利的葡萄农。

汉德克虽然没有在任何地方提到自己读过参卡尔的东西,但人们可以想象,他一定会猛烈地批判这位世纪之交的古典主义者。当南斯拉夫的核心人物铁托去世时,当人民解放战争的传统松动时,民族主义者开始到处庆祝欢乐的原始状态。汉德克忽略了一个事实,即一个团结统一的民族主义式南斯拉夫完全能够把塞尔维亚人联合起来,而反过来,那么其他的民族主义者会逼迫至分裂。同样的态度导致了截然相反的方向指向。就连汉德克也认为关键点在 1980 年。"在铁托逝世之后的几年,就已经出现了这样的情形。现在我觉得,南斯拉夫北部民族中的大部分人,起码是多数人,都是被外界说服而接受了国家解体这个事实。"(ARN 20)然而那些向心力量,那些早在塞尔维亚-克罗地亚-斯洛文尼亚王国(南斯拉夫王国,SHS 国家,缩写字母组合常被认为戏谑地读作"他们'Sie'憎恨'Hassen'彼此'Sich'")便发挥着作用和力量,受到了它的轻视,包括对斯洛文尼亚民族主义也是一样。"在斯洛文尼亚的历史上,没有什么东西,压根儿就没有什么东西迫使它成为一个国家。历史上从未出现过这样的情况,斯洛文尼亚人民也从未有过这样的梦想。"(ARN 24)没有斯洛文尼亚人会在这上面签字:公元 700 年产生的卡兰塔尼亚侯国曾是一个斯拉夫亲王国,它至少有一部分领土位于今天的斯洛文尼亚。最晚从浪漫派开始,这一事实再一次深入人心,变成了无可否认的集体向往。汉德克从不可靠的前提出发则自然而然得到了一个错误的结论:"对一个国家和民族来说,今天突然宣布自己是一个独立的国家[……],这有必要吗?况且这不是自觉自愿实现的,而仅仅是针对某些东西的反应,再说某种来自外部的东西,更何况有时是些令人厌烦的东西,但不是真的什么迫不得已的东西,甚至令人发指的东西。"(ARN 25)

在有些人看来,丢失了的关联曾是一种原始式的与旧世界的关联,它通过各个民族的艺术表现得以被清晰展现:"远离斑斓的色彩,也不仅仅是塞尔维亚式的幼稚想象——会让人想起十九世纪斯洛文尼亚的蜂箱画(可以在布拉德湖畔的拉多夫利察一家可爱的博物馆里看到),或者还会让人想起格鲁吉亚流浪画家皮罗斯玛尼的旅馆招牌画。"(ARN 44)尽管如此,汉德克依然保持着对乌托邦的幻想,虽然这种原始是无法复制和再现的:"当然,到处都会听到有人说,在通往一个截然不同的、全新的南斯拉夫的发展道路上,斯洛文尼亚这个国家不过是一个阶段而已。"(ARN 29)然而这个新的国家依然缺乏建国神话。

盲人摄影师埃夫根·巴夫卡尔让汉德克想起了马加什一世的传奇故事,他为了起义并拯救斯洛文尼亚人民,曾带领自己的军队在大山深处蛰伏多时。与这个哈布斯堡中欧神话相应的,同时还有两个斯洛文尼亚神话。充满力量的父亲形象最终成为了斯洛文尼亚的统治者,他与这片土地上第九王国被动的母亲神话相伴左右:

> 迄今为止,在整个的斯洛文尼亚历史中,始终只有母亲的存在。我们的父亲总是在睡觉。在深山里,你知道的。他最多短暂地冒出来,跟梦游者一样,昨天在这里,明天又在那儿,你知道的,第九王国的国王,立刻又消失了。现在,父亲醒过来了。(ARN 31f)

1 我在无人湾的岁月(1994)

《我在无人湾的岁月》中的主人公,是人们在《真实感受的时刻》里面已经熟知的格里高尔·科士尼格,但是他出生在位于双语地区的下克恩滕村庄林科拉赫的这一事实,却是在这部作品中才被揭晓的。在一座距离大海十分遥远的西方大城市的边缘,他追踪了七位始终铭记于心的好朋友。其中的两位是斯洛文尼亚人:来自马里博尔的女朋友安娜(当中唯一的一名女性),以及来自克恩滕罗森塔尔的神父帕维尔(他的原型是现实中格里芬的神父约翰·德索拉)。对于像科士尼格这样的他者而言,保持距离感是他无法放弃的事情。对他而言,缺席是参与其中的唯一一种可能的形式。"他们,甚至是神父,甚至是我的哥哥,总算又能够在一起了。我身在他们中间时,就是个多余之人。我应该作为缺席者独自与他们保持距离,这是最恰当的。"(NB 247)在自我责备中,科士尼格明白了主动退缩和自我孤独是导致自己的集体构想失败的原因,也是导致他的理想破灭与丢失的原因:"你通过让自己缺席,同自己的人民开了一个玩笑,至于去相信一个分散的读者群体的存在,这就连你自己都早已做不到了。"(NB 96)然而消失殆尽的不仅是这一群体,集体主义构想早已过时。一旦缺乏认同,集体便是天方夜谭。由于空间距离的扩大,伫立在故乡的集体之树(对圣经原罪形象的悔过并非是一个偶然)借助着它的凝聚力,人们去体会远古时代,而并非假装去重构它,便成为可能:

> 在林科拉赫村庄,确实曾有一棵谁都能够接近的樱桃树,它位于村子的中心位置。或者反过来讲,正是因为有了它,所以才有了所谓的中心?不仅仅是它那当时的味道,而且那种特殊的树梢情感——比站在一座高山的顶上更加强烈,包括摇摇晃晃地站在教堂顶上的那种感觉——让身处国外某城市边缘的我回味无穷;回味,失而复得?不,首先应该察觉过去:变得从容不迫,认识过去,权衡判断,一种形式的精确——这便是记忆!正是处于半影之中的我,对这个世界看得更加清

晰,并因此而更为惊讶(从一个城郊到另一个城郊,直至深入森林之中的平地,这一点被证明始终都是正确的)。(NB 171)

如今,在整个林科拉赫村庄,鉴于土壤的特殊情形,已经再也见不到樱桃树开花的样子了,汉德克很显然还记得自己故乡的村庄,他在《在路上的过往》中使用了它的斯洛文尼亚语的名字:"有义务使用美好来表示:大约,在昨日,在拾起儿时(Stara Vas,阿尔滕马克特)樱桃树下的三颗樱桃时。"(GU 412)此处的神秘数字如童话般奇妙,那三个红点使人联想起汉德克钟爱的《帕西法尔》之中雪地上的三滴血迹。风景中充满了彼此和谐排列在一起的标记。作为它们的证人,《去往第九王国》中的主人公菲利普·柯巴尔要求科士尼格:"假如还有时间,就再次加入我们共同的斯拉夫语连祷,它历来能够震颤你的内心,而同时还能做到这一点的,就只有《圣经·旧约》里的诗篇,奥德赛,以及复活的钟声了。"(NB 96)斯拉夫语将二者团结了起来,而斯洛文尼亚语则仅是一个特例,即使它对于科士尼格而言,或许代表着内心最深处的边界。纵然身处异域,他的心中也萌生了感动,其根源深深地根植于童年:

> 柯巴尔知道如何能够将我召唤回故乡,这是他提及连祷和《圣经·旧约》中的诗篇的缘由。对此,我依然无法抗拒,一种讲话的声音轻松地过渡至说唱,并再次转变成讲话。于我而言,俄罗斯教堂的神父在此处使用斯拉夫语诵读福音时的曲折婉转并非必要,我不得不控制住自己,以便不要让泪水流淌下来。是的,正如柯巴尔所说的,我在颤抖。(NB 104)

科士尼格此处对某人的回顾并非完全不吹毛求疵,他曾一度(或许太过于没有道理)认为此人早已比自己更加深邃、成熟和自由：

> 比如，应该如何去评价那个就连在我行走与思考时都一直纠缠着我的，来自林肯贝格的菲利普·柯巴尔呢，这个来自林科拉赫邻村的人？在写作方面，我曾将他视作我的后继者，认为他比我更能打动人，比我更有肚量，更有劲头，更绚丽多彩。在他那个时代，我们常常会就此而展开交流，认为事实原本应该是反过来的，因为我来自阳面的村庄（Sonnendorf），而比我小一些的他，则来自阴面的村庄（Schattendorf），它背靠着很多绝壁山丘。(NB 89)

在双语的南克恩滕，从事文学创作的人所占的比例异常之高，而他们中的大多数往往只是在当地才略有名气，这些事实也被拿来进行细致而精准的探究："隔壁林肯贝格村庄的菲利普·柯巴尔也是这样，他已经颇有一点名气了，他每次见到我时，都诚实地表示自己越来越感到有些尴尬，因为我并非当地唯一的一个作家。我能够体会他的这种感受。"(NB 247f)

传统在他的心中占据着决定性作用，他决心要跨越过去与未来之间的鸿沟。"在平淡无奇之中过一个作家的生活，同我的儿子以及几个虽已逝去却常现于梦中的先祖们一起"。(NB 198)分离是必要的，它有助于找到自我。并非囿于出生之地的那一片狭窄之隅，而是在虚构中、先祖们的那一片一望无际的广阔区域——大海："在初次的独自旅行中，坐在斯洛文尼亚皮兰湾的岩石上面，发呆"。(NB 28)然而震撼并非因为眼前的穿梭往来和宽广无垠，也并非源于周而复始的潮水和大海，而是因为一座被筑得牢固而密不透风且年久失修的建筑物，它不仅抵挡住了时间的流逝，而且同时让时间永驻："现在我想起来了，那个使我感到触动的建筑确实是石头建筑,比如伊斯特拉半岛皮兰港务长的那栋房子,我第一次去到海边时,就是站在它的旁边,就像独自一人站在临江大街那样[……]"(NB 109)在交谈中,汉德克坦诚这些画面包含着他本人的自传背景。通过在斯洛文尼亚与自己告别后所得到的距离感,他才赢得了一种自我的感觉:

> [……]就像我曾在皮兰用另外一种方式所体会到的那样,在那里我感受到了自我,如多德雷尔所讲的关于他的英雄那样。他总算是感受到了自己从自我中脱离了出来。当时在皮兰[……]我也是这样的感受,当我第一次——那时我二十二岁,已经是相当晚了!——见到大海,看到那里的港口旁的那些岩石。

科士尼格和他的儿子同时都拥有这样的斯洛文尼亚经验。在斯洛文尼亚,他与世界以及自己是一个整体,在一个神秘的婚礼上,父亲与儿子合二为一,时代也同样如此:清除界线和身份认同都不复存在了,它们被当作一个整体来体验:

> 那已经是二月份了,当时他坐在皮兰港的防浪堤上,它距离新戈里察不到一天的旅行行程,坐在我的那些没有情感的石头上,三十五年前亦恍如隔日,那时的我,正是他现在的年纪,当时站在那些石头面前的我,忘掉了一切所学到的东西包括出身[……]我没有感到自己沉迷于这个世界,正如忆及皮兰和我见到海边的那一天,它们已不再合适,或者说完全不合适了。(NB 395)

同样是在斯洛文尼亚,科士尼格积累着另一种在双数中清除界线的经验,有代表性的就是在一个门槛之地,"在马里博尔的主桥上,在那里我迅速就明白了,我们似乎是一对"。(NB 120)同那个有着回环姓名安娜(Ana)的女人成为合体(这代表着进去出来)则必然要促成疏远,即"同那个在此期间距我遥远并已成为我的女朋友的人"。(NB 31)

感觉的原因不得而知。在男性之间的友谊中,世界观作为一个分离要素而属于其中。梦想者菲利普·柯巴尔摆脱了自己对表象的信任,成为科士尼格那种情系故乡与乡土的反面:

> 这个菲利普·柯巴尔可以认为自己被我读懂了,这种情况可能每个人的一生中只会发生一次,他永远地避开了我,我认为是这样。[……]他对我沉默的原因,或许是因为我们从前共同的世界岛南斯拉夫,他将其[……]视作自己"最私人的幻想"[……],而它在我面前,则一如既往地代表着闪耀的真实。(NB 91)

菲利普·柯巴尔试图当面与真实交锋,决心要迎接事实,并拒绝梦幻面孔。因此,当格里高尔·科士尼格从地理意义上被定义为从真实之中撤离出来,回到清除了界线的写作之中时,他认为这是一种畏缩和胆怯的表现。

> 天呐,菲利普·柯巴尔不再将我当作朋友了,因为我没有符合他的期许,而是在适应了遥远的国外生活后,在那里安定了下来。正如他最后给我说的那样,他认为我蓄意且任性地抛弃我出生的那片区域,这是他所不能接受的,他认为这完全没有任何必要,特别是还以一种"流亡"的形式(坦诚地讲,我在自己的人生中从未动过这样的念头)(NB 91)

在自己的无人湾,格里高尔·科士尼格成为定居的奥德修斯,成为作家,他明白如何借助这种疏远与距离感来大量地表达愤怒的讽刺:

同在这一年,发生了很多事情,林科拉赫国际象棋俱乐部获得了尧恩河谷地区的冠军,克恩滕的一位老游击队员成功竞选了州长,边境那边,南斯拉夫多民族的青年使节们聚在一起,又一次唱起了"南斯拉夫!"在德国,一部分人民开始了大屠杀,日本建起了日本城墙,地球迎来了自己的第二个月亮[……](NB 246f)

或许,他把未来刻画得过于夸张和讽刺,把过去描述得细致而朴实。作品《大黄蜂》并不难被鉴定为一本纪念逝去者的书:

我或多或少地[……]受到了一本书的引导,于是便自己也写了一本,这是我的第一本书,一本处于"半睡半醒状态下的故事讲述",[……]讲述了关于我身为农民的先祖们的故事,关于那些已逝去多年的亲人,那些在克恩滕南斯拉夫边境的逝去者。(NB 74f)

外祖父和母亲长眠于此。而两个舅舅在死后都未能回归故乡。他们的墓地是空的。

[……]在公墓的泥土之下,堆积着我的亲属们的白骨,它们横七竖八地交错在一起,此处象征着一种缺席,外公的两个儿子为了第三帝国而在俄罗斯前线阵亡并缺席,后来又和我妹妹的骨骸混合在了一起。(NB 114)

帕维尔神父带给了科士尼格一件教堂后院墙壁上方带状雕刻的东方三贤士画像的复制品。顿悟的守卫者在自我的最外围找到了属于自己的位置,并保持着可能的最大距离。

[他]到来了,来得很突然,仿佛距离他有三个国家之远,我的房子也处于他的教区范围内,他的车的尾部完完全全溅

满了泥巴,就像这里猎人的车,车里载着我们村教堂里的罗马皇帝塑像,然后我们一起将它们拖到了花园里最远的角落,在那里,这三个齐膝高的人物肖像的脸上,笑容满面。(NB 58)

神父象征着那个克恩滕的斯洛文尼亚人,他在面对那些多数族裔怀有敌意的姿态时,无法摆脱自己的出身。德拉瓦河又一次象征着一种门槛,彼此对立、互不相容的两面狭路相逢。

> 从青少年起至今,德拉瓦河北边的克恩滕[……]就是一片极其陌生的区域,甚至可以说是一片敌对区域,仿佛南斯拉夫式的真挚情感和故土情怀在那里——若公正地去看待,则完全不是这样——顷刻间便戛然而止。自河流北岸起的风景,包括那些看起来千篇一律的农田,以及远处被日耳曼前线士兵扫射的千疮百孔的教堂尖塔,则完全被德语所占据。(NB 376)

帕维尔的目光变得阴郁,或许真的是因为偏执的成见,或者更是由于多年的经验集合,因为:

> 前不久他才刚见过这样的面孔,那是 10 月 10 日——奥地利南部纪念 1920 年全民公投的日子——在首都,一群孩子们搭着军用大卡车穿梭在这一片区域,他们很显然因为不用在学校上课而非常开心,当然也因为能够以这种方式去兜风,我看到了这些阴森的志愿者的脸,或者至少是这些在心里已经没有任何善良的孩子们的脸。(NB 376)

但是,帕维尔并没有过度地沉迷于过去。只是在这样的边境地区,人们并不乐意见到那些对斯洛文尼亚的过去所做的书面见证。不仅当地的路牌要么在一夜之间消失殆尽,要么在它们还没有竖起时便被搁置,甚至就连碑文都会招致不愉快,似乎没有任何一位死去的斯洛文尼亚人能够算得上是一个正面意义上的斯洛文尼亚人……

> 于是,他的邻居告诉他,鲁登公墓仅存的一块写有斯拉夫语的碑文也被抠掉了,或者至少被藏匿了起来,扔进了围墙与一堆石头之中,于是在这时,他,的确是他,便对这位邻居说道,这不能说明什么,这是另一回事情,人们需要一种力量来忽视这一切。(NB 376f)

这个所谓重要的、超越民族界限的东西,在帕维尔看来,就是上帝的话语。远离自己在南克恩滕出生地并成为无名之士的科士尼格,也依然保持着儿时的习惯,逢周日便走入教堂。通过从事宗教活动而成为真正意义上的人,这一现象从神学视角来看很有意思。其中的一个决定性因素,毫无疑问便是通过来到当下,从而与时间的深度建立起联系。

> 能够触动来自位于尧恩河谷平原的林科拉赫的我的东西,那一定是祷告![……]它不能带我回到童年,但通过它,我能够成为一个人,成为我自己,它能够使我颤抖,但不会使我无助。[……]先祖的斯拉夫语,我听起来犹如在祷告,这不仅是应该的,而且是顺理成章的。(NB 571)

对格里高尔·科士尼格来说,斯拉夫语难以言表的悦耳声音始终是一种尘世间的弥撒。他列举了七个地名,将第一个和第四个(最中间那个)用斯洛文尼亚语命名。第一个地名位于边境的那一边,是马里博尔,是《去往第九王国》中菲利普·柯巴尔的斯洛文尼亚之旅的终点,也是他的女友安娜居住的城市。

于是,故乡的各个地方都拥有了各自朗朗上口的名字,即使它们都是村庄:朵布,海力格拉布,米特乐,比斯特里察,林德,鲁登以及林科拉赫。那些城市的名字,都是小城市,如布雷堡,弗尔克马克特和沃尔夫斯贝格都没有被提到,更别说克拉根福或者菲拉赫。越过边境以后,才出现了马里博尔,乌迪内,特里切西莫。(NB 242)

格里高尔的儿子瓦伦丁最初和年轻的菲利普·柯巴尔一样固执,然而他的经历更容易使人想到彼得·汉德克。

在一月份某个严寒的冬日,瓦伦丁乘坐火车路过格拉茨和马里博尔来到了卢布尔雅那,接着又继续乘坐大巴去往新戈里察。

起初,南斯拉夫对他来说无非就是一个中转国家,他徒步的最终目的地是希腊。同他的先祖一样,南斯拉夫在他心中同样也没有什么地位。尽管他懂语言,并且在外语方面拥有天赋,无论是新的还是旧的语言,但是他却与斯拉夫语保持着距离,单凭那发音就足以劝退他,但是斯拉夫文学则除外。(NB 388)

汉德克甚至曾斥责自己母亲的"斯拉夫语古老发音"(ARN 8)。在讽刺斯洛文尼亚语方面,流传最广的一种方式即从审美出发:"Windisch is schiach"(即:斯洛文尼亚方言并不优美)。即便是对于并不敏感的耳朵而言,特别是当一个克恩滕的斯洛文尼亚人讲德语时,斯拉夫语中的舌音也令人难以假装没有听到:"在格里芬乘坐公交车时,我一上车就能够感觉到:格里芬曾经使用过温迪施语,在那些来自圣安德烈或沃尔夫斯贝格的人的身上,人们能够听出方言的区别。"

瓦伦丁代表着一种无历史主义的态度。与《真实感受的时刻》中的孩子不同，他的父亲似乎剥夺了他的历史主义视角，进而避免它去驱逐当下。

> 在他眼中并没有什么诸如历史的东西，并且在政治中，他就是公知公认的白痴。他甚至不知道他在自己章节中所使用的南斯拉夫曾受共产主义统治，在早些时候曾被德国人攻陷，在更早些时候是一个王国，在更更早些时候……，当有人质疑他时，他则顶多会反驳称这样的"过去"在哪里都能找到，直至远古时期。这样说或许是有道理的，并非每个人从自己的一个个"过去"中都能够刻意得出一整个人们声称的历史，并由此而有权利去要求现在。（NB 391）

这种以当今为出发点来扩展历史的行为，父亲在奥地利共和国那些（伪装或的确）健忘的代言人身上常有所见。

> 奥地利给青年时期的我带来了创伤——讲这句话时我很谨慎——，认为这应该是我一个人的情况。然而后来我才了解到：奥地利带给了很多人创伤。是的，奥地利带给了我们创伤，这样的创伤与我所想象的，德国带给德国人的创伤有所不同。然后这样的一个人成了国家元首，确切地讲，一个将我们原本或许早就快要忘掉的青年创伤再次勾勒出轮廓的人，不仅唤醒了我们的创伤，而且同时证明这是一种无药可救但又伴随终生的伤痛。（NB 394）

库尔特·瓦尔德海姆曾在初次竞选总统失败时坦言，那时他便在《短信长别》里遭到了负面抨击，因为他"在一次竞选大会中驳斥了别人对他的指责，有人认为他是纳粹党党员或者甚至是犹太人"。（KB 170）在他十五年后的第二次竞选中，早已不再有所顾忌并且敢于指名道姓的汉德克依然没有忘记,"那个曾经参加过竞选的瓦尔德海姆再次不遗余力地声称:'有人指责我是纳粹党党员甚至是犹太人,面对这样的指责,我必须坚决地予以否认。'"(LIS 79f)在汉德克看来,这样的一个国家领导人诠释着我们受排挤和压迫的传统,而这是绝对不能继续下去的。一个够格的继任者,更应该继承外祖父这样一个既有行动力又有成效的人的品质,他的创作源于自己的亲身经历,而非源于随处得来的东西:

> 那个木匠所创作的那些作品,我时常将它们作为我的榜样。[……]能够写下这一切的人,先前一定曾使出了全身的力气工作过。[……]木匠的这些作品饱含着力量与热情,优美而匀称,它们富含生命力,正如作品中所表现出的那样;我把它们当作证件来解读。(NB 349)

汉德克借此抒发了一种激昂的情感,一种为先祖们所遭遇的不公正进行辩护的激昂情感:"我相信,我之所以不放松[!],是因为那些来自克恩滕的穷苦父辈,那些斯洛文尼亚的小农父辈:一不做二不休。"

2 黑夜离家(1997)

就在小说《我在无人湾的岁月》的故事情节所发生的年份,汉德克又推出了他的下一部作品,作品的标题取自出生于西班牙阿维拉的神秘主义者圣十字若望(1542—1591)的代表作。十字若望眼中神的经验,便是汉德克眼中对留白的经验,它在《痛苦的中国人》中表现得尤其清晰,在这部作品里,想象被点燃。继《黑夜

离家》之后,《图像消失》的情节也发生在一处幻想之地,它将十字若望和德兰两个神秘主义者的家乡与南斯拉夫等同起来:

> 十字若望和亚维拉·冯·德兰的神秘风景非常适合我的故事。在这个故事里,以及在此前主要发生于科索沃的《特克瑟姆的药剂师》中,我将这一片区域与南斯拉夫的喀斯特稍微做了一些混合。在对历史进行深入构想方面,这一片空白的石头风景给我提供了很多帮助。

杳无人烟的风景并非远离文明,亦并非没有文化之地。荒凉的区域(例如《圣经》里的第一句话)天生使人振奋。就像在幻觉里,失踪知己的守护神画像作为样板帮助着讲述者:

> 一直以来都是如此,正是这些人的缺席,或者说他身边人的离去,在守护着他,至少他是这么想的。另一方面,在面对他时,缺席也有义务竭尽全力地坚持下去,从而使他或者她能够在一段时间里保持着缺席状态,安静而无忧,完全沉浸于在路上的享受之中,沉浸于天堂之岛的享受之中,当然,也包括沉浸于他的幸福之中。(DN 35)

其中,他那独一无二又充满个性的绝对命令,作为推动事物转变的动因缠绕着他(类似于《我在无人湾的岁月》开头中的触发动因):与他们之间的距离无法逾越,只能通过正当的举动来维持,其标准他们则并不知晓。

> 他身边的人的缺席[……]时不时给予他额外的生存震撼。"假如我能够颁布道德或生活法律的话,"他说,"我定会这样规定:你的言行举止须确保你缺席的家人们——广义上的家庭成员——即使没有你,也依然能够时常在远方不被打

扰!"(DN 35)

如此一来,写作便是——正如雷·布拉德伯雷的一部作品标题所说的那样——"一件孤独的事情",唯独通过接受,它方才能够赢得自己的意义,忠实于琐罗亚斯德对太阳的致辞:"你这个大星辰!倘若你失去了你所照耀的一切,于你而言将是多大的幸运啊!"写作的目的是将分散的单个读者通过文章而集合起来,但不去接近他们:"即使他在工作中始终是独自一人,但是能够感觉到他这是为了某个人,为了其他人。此处,这些缺席的其他人都曾是他的家人。"(DN 299)这又成了一次缓慢的归乡,或者寻找至少一个故乡,即使并非"那个特定的"故乡。他者借助熟悉的标签被表示了出来,这些标签却迅速被证明是骗人的。转变是显现的一种大形式,完全是突如其来的疏远的对立面。伴随着一种出乎意外的、神秘的震撼,主人公忽然间到达了目的地,身处世界,犹如人在家中。

汉德克所有小说里的故事都是这样,《黑夜离家》也不例外,故事情节围绕着长途漂泊而展开。它围绕着熟悉的名字背后那些陌生的风景展开。它围绕着那些看不到——因为无法描述——却读得懂的人物展开。它围绕着独白展开,独白最终在重要位置转变着情节、主人公和风景。

过渡得以完成,"门槛和界线则留在了我们的身后"(DN 285)。这不应被作为象征来理解,而是九十年代真实的欧洲经验:"尽管国家的边境在增加——数量如此之多,史无前例——,但是这些常常位于隧道中的边境不容易被人注意到,至少所有的边境检查都已经被取消,边防哨兵也不再能够见得到了。"(DN 120f)于是,汉德克在他那个时代为年轻的斯洛文尼亚国家所许下的虔诚的愿望也得以实现。追随着他的英雄菲利普·柯巴尔的足迹,汉德克在喀斯特地区徒步旅行,多次成为并非主观故意的偷越国境之人。

> 我认识每一个餐馆,每一条道路和每一个宪兵,因为当我在边境地区活动时,宪兵们时常把我拦住。假如一定要我期望您的国家能够给我什么的话,那便是一种特殊的证件,一种类型的作家护照,有了它,我作为孤独的旅行者则能够畅通无阻了。(NNL 41)

无归属感或许使得人们更加难以对边境加以察觉。一个个分散开的作家,是没有祖国的世界主人:"哪有什么烦人的异国人?我是一个没有背景国的作家。"因此,他处于强制被动之中。他必须及时为自己安家落户。"如果我没有很快回家,那我则永远不会再回家了。"(DN 282)此时,他又一次想到了在异国阵亡的舅舅们。然而真正开口讲话的,是那些留在家中的人。叙述者从"失孤"父母的视角讲述:"三个儿子,在战争中就走了两个。"(DN 282)然后距离与幸存的舅舅进行身份认同仅有一步之遥:"在我当兵时,我在前线战斗了三年,返回家乡走入家门时,母亲从黑暗的厨房里递给我一杯牛奶,没有说一句话。"(WK 12)家便是一处地方,在那里,人们会自然而然地被接纳和善待。

3　筹划生命的永恒(1997)、独木舟之行(1999)

在九十年代的舞台上,熟悉的人物走进了《筹划生命的永恒》,他们是:"外祖父或祖先",以及"末代国王(三位)"(ZU 6)。作品在一开头就重新提到了死去的舅舅这一主题:"你们要为你们那些死于乱世、遭到毁灭的高贵兄弟们报仇"。(ZU 10)前线的来信也再一次受到敬仰:"兄弟们从前线寄回的信里充满思乡之情,首先就是对这里的工作的思念。"(ZU 18)文中随后便提到了一个总主题——让历史缺席,以及由此对叙述者所带来的后果——自《大黄蜂》以来,这个主题始终贯穿着汉德克的全部作品:"这里没有传说,没有历史,没有伟大的人物。人们讲述的至多是些失踪的故事——可是讲述什么呢?他们下落不明。"(ZU 21)这个失踪者与菲利普·柯巴尔以及《缺席》中的长者存在共同之处,作为缺席的他者,他又一次成了模范:"确实因为他的失踪,我才成了这个样子。他还在的时候,我虽然时常持续地感到备受鼓舞——这确实也是真实的我——而同时,他的在场阻挡着我去跟随那个[……]。只有等到他最终彻彻底底地离开了,我才符合了他的期待。"(ZU 60f)三个另外的指路者,格里芬斯蒂芬特教堂后院墙壁上方带状雕刻的那三个国王,应该早已经证明了自己,他们如同斯洛文尼亚的传奇国王和拯救者马加什一世那样保持着沉睡,这样一来,就没有人再会指责他们错过了什么,恰恰相反:"国王们在自己沉睡的时间里所达成的效果始终都是最多的。"(ZU 117)这是人们始终以来的持续发现,"在我的出生地阿尔滕马克特,它在斯洛文尼亚语中始终被叫作 Stara vas,以及在埋葬我先祖们的地方,格里芬斯蒂芬特教堂。"(WG 48)斯洛文尼亚语自然是不能缺席的。最先被提及的,是斯洛文尼亚的首都。在当地,它的意大利外来语地名也在争取着一席之地,并使人联想到它所处于的、并不牢固的根基,即人们所说的"卢布尔雅那沼泽"(ZU 37)。前南斯拉夫加盟共和国的独立也受到了影射:"从今天起,这里不再是一个飞地,而是一个独立的国家。地球上所有其他国家都已经承认了我们是独立区域,是独立国家,是如今世界上一千零七个国家中的一个新成员。"(ZU 74)由于这一独立宣言,对其人民冷却的爱便有据可循:"曾经有过一段日子,这片飞地的居民是我最喜爱的人民。我的外祖父就出生在这里。听他给我讲述的事情,我每每都会有一种思乡情怀。"(ZU 53)与这种情感相伴而生的,那一定是思念和向往(vgl. LIS 15),于是,两大主要动向又被简要而形象地展现出来——汉德克文学创作中的向心性和离心性趋势特征——,二者交互影响,并决定着汉德克的作品。

正是在这个斯洛文尼亚的首都城市,在自然历史博物馆,那个专心的观察者发现了一件物品,果不其然,前历史是它鲜明的特征:"来自卢布尔雅那沼泽的史前独木舟,在博物馆里,他在它的面前走过。"(NB 390)于是,在《独木舟之行》中,那个身着皮毛的妇女(Fellfrau)便被允许去提问——"我在哪里能找到那艘独木舟呢?在 Emona(卢布尔雅那在古罗马时期的名称)和 Sirmium(锡尔米乌姆)的博物馆吗?"(FE 117)——并使用卢布尔雅那和斯雷姆斯卡·米特罗维察先辈居住区的拉丁语名字,直截了当地去讲述。

> Emona 和 Sirmium 沉降了下去,独木舟在再次从卢布尔雅那沼泽中露了出来,滑入了卢布尔雅尼察河,驶入了多瑙河,一路逆流而上进入德里纳河,跨过了黑山的崇山峻岭,一路向下进入马其顿和阿尔巴尼亚边界上的奥赫里德湖,掉头后,永久地停泊在了巴尔干的地理中心位置,在斯雷姆斯卡·米特罗维察宽阔而静静流淌的萨瓦河永久地抛下了锚,在这座古罗马帝国时期的世界之城锡尔米乌姆。(FE 115)

《独木舟之行》从斯洛文尼亚来到塞尔维亚。它紧贴着近代历史事件,并且难以避免地触及到了它们。很显然,为了营造出距离感,汉德克有意让这部作品发生在未来,即最早也是2004年,因为作品中提到了"大约九年前,战争结束了"(FE 44)。或许是为了回应外界对他的立场的反对,并表达自己的批判,这位持历史批判主义的剧作家让一位史学家站出来说话,他的立场与众不同:"客观中立地进行历史研究,不掺杂私人和集体立场。[……]但是并不允许神秘主义对历史进行修订。历史的发展超越了神秘主义。"(FE 34)

作品中的史学家人物一旦偏离了作者所宣扬的观点,又会迅速地向它靠拢:"我们所依靠的,是个人神话;因为后者拒绝了民族传说,采用了一种被全世界所公认的语言体系来表述自己。"(FE 36)此处,它对神话传奇与神秘主义的区分并不严格。在《左撇子女人》中,据丈夫布鲁诺讲,玛丽安娜让她的朋友弗朗西斯卡重复道:"你知道吗,她是怎样称呼你的?——神秘主义者。是的,你是一个神秘主义者。神秘主义者!见鬼去吧。你有病。"(LF 35)他似乎想放弃反抗,史学家最终承认:"人们所称之为历史的东西,无非就是一纸荒唐的伪造。"(FE 41)至此他便透露出了"希腊人"的立场,后者很显然就是作者的传话筒:"一切或许更因修昔底德而起。并且我还有一种疾病:我把历史当成一个巨大的伪造者。"(FE 98)

电影导演奥哈拉——继《短信长别》结尾处的自画像之后,致敬约翰·福特的第二人——发明了(此处必须特别的提一下易卜生的《野鸭》,它早在托马斯·贝恩哈德的小说《伐木》中已受到高度评价)他的创造性规划:"于我而言,历史只是讲述故事的材料。[……]为什么不去认真对待传说,这个在我看来即生活谎言的东西?为什么不继续通过胡扯而让它们维持下去呢?[……]有史以来,最具有破坏力的一个人物便是:生活谎言的启蒙者!"

(FE 42f)

这些神话必须作为导致争端的原因而受到正视,并且必须被解释给相应的另一方。站在当代翻译理论的高度,汉德克赞成为了情景式的翻译而摆脱文字式翻译,因为前者同时还重视着文本的文化和社会特征。相同的词汇(更别说错综复杂的词组了)在不同的文化圈中虽然能够表示同一个物件,但尽管如此,它们可以拥有完全截然不同的意义价值。

奥哈拉:我感觉到,这里的每个人似乎偶尔都需要一个翻译。不是上帝,是翻译——一个同声传译的译者。优秀的翻译或许的确曾经有过,但是正如人们所说的,他们已经死掉了。

马查多:全都死了?

奥哈拉:是的,全死了。后来的译者发挥着他们的价值。他们的翻译或许代表着最高的科学,最有用的科学。在彼此的荒谬与憎恨之中,一方常常在内心深处嘲笑着另一方。只是这样的嘲笑并不会表露出来。翻译,过来一下吧,帮双方沟通一下——或许另外一方的内心深处同样在嘲笑。翻译,过来一下吧,帮忙同声传译一下。

马查多:这样的翻译不就是审讯吗——

奥哈拉:——也是法庭辩护意义上的盘问。这种翻译的首要原则:你不应该只局限于字面意思!(FE 122)

汉德克对理解的坚持与追求,最终是为了致力于和解。然而即便是他,也并不总是能够让别人理解自己,因此在日常生活中,有时他也需要翻译的帮助。那些(对他自己的文学作品的)援引和参阅赋予了他在政治讨论中所使用的概念以实际意义,但并未完全如汉德克所愿,成为公共知识财富。因此,他在南斯拉夫的所作所为的动机,对他的多数读者(以及非读者)而言是难以理解的。以南斯拉夫各冲突党派间的水火不容来衡量,诸如所描写的那些对峙,看起来并没有导致严重的后果。斯洛文尼亚又一次成了塞尔维亚的对立极:

> 此前,在(数年奔波于南斯拉夫之后)几乎再次熟悉的斯洛文尼亚一个加油站餐馆休整。邻桌一个微胖的青年男子用我们双方都熟悉的克恩滕方言友善地向我致以问候,他的旁边坐着一位面露笑容且年纪更轻的南欧女士,她有一张东方人的面孔。起身离开时,邻桌的克恩滕青年男子充满着伙伴情谊地把一只沉重的手搭在他的肩膀上说:"您应该是又要前往塞尔维亚了,我的朋友。请您在贝尔格莱德代我的妻子向您的朋友米洛舍维奇致以美好的问候,感谢他将我的妻子驱逐出了她的家乡。"这句话说完后,便完全安静了,唯有身边这位同乡的手压在我肩上的力量变得越来越重,以及旁边的女士脸上的笑容越来越明显。对这种别样的复仇方式心满意足之后,这对夫妇启程离开,一路向北,去往那位女士的新故乡。(UT 90f)

4 图像消失(2002)

在这部迄今为止篇幅最为庞大的作品集里,汉德克讲述了一位女性的故事,确切地说,是一位斯拉夫女性,更确切地说,她是一位卢萨蒂亚索布女性。因此她属于西斯拉夫孤立语言区少数族群的成员,在原东德的国家领土上没有自己的祖国。她的语言与斯洛文尼亚语一样,在语法上都存在双数这一语法现象——这让人又想到了另外一个双数语言,即阿拉伯语。作品题目所宣告的消失的图像,自始至终都保持着消失状态。而观点和看法,则还未等提出就已经被相对化了。因此,读者在阅读时,时常感觉内容缺乏真实准确,表达模棱两可,需要凭借自己的判断和理解,故阅读体验很压抑。作品的情节不看重因果、逻辑、可信度和真实性,且对情节进行漫不经心地随意幻想,给人一种自由和镇定自若的印象。扬·波托茨基的《来自萨拉戈萨的手稿或者莫雷纳山脉探险记》由一位波兰贵族用法语撰写而成,是尖锐反对非理性主义的论战之作,在想象力方面毫不逊色于同类作品,其影响力显然也不言而喻。汉德克以锐利的眼光洞察到了自己的创作方式:"乌托邦式的,也许吧。其他的风格我也不会,要我进行现实主义写作,我不会。真糟心。"这种清澈而"玻璃般透明"的风格具有坚固的单调性,就如《左撇子女人》那样,它非常容易让人联想到阿达尔贝特·施蒂弗特在《维提科》里面庄重的后期风格,后者同样也反映了一个斯拉夫的主题。对汉德克而言,更本质的——这一点也可以在他最新的作品《地下蓝调》和《唐璜(自述)》里得到证实——是爱情主题:"这些画面尽管清一色没有人,也不反映任何事件,但是却一致关注着爱情,一种爱情。"(B 23)比如对主人公杜尼娅的爱,该人物姓名在塞尔维亚语(而不是索布语)中的意思是'榅桲'(Quitte)。如果谁愿意,可以想一想雅克·布雷尔的苦苦祈求之曲《不要离开我》(VJ 48)。要说离开,则叙述者早已经被所有的神灵抛弃,因为他作为职业写手,受雇于一个女资本家。除了一切声称确确实实被赋予的自由,还能有什么扼杀精神和摧毁感情的东西呢?

  在因巴尔干的暴力,以及媒体对此的传播和呈现方式而失去了梦想之后,人们在汉德克身上能够观察到一种更为强烈的转向——向音乐的转向。他在《图像消失》里面,冷不丁地指出自己的叙述不归属于任何一个层级:"我的外公在远处歌唱。"(B 593)因为这或许根本就不是那自己的唯一的外公:"是的,那一边的外公在歌唱,尽管我听不到他的歌声,但是我认出了这首歌,我知道这首歌,我在这里跟着一起唱。"(B 623)这是圆满之后的汉德克针对卡夫卡的《审判》所提出的一种反面构想,他似乎在影射倒数第二段里突如其来出现的,后来又被拿掉的那个切换,从第三人称切换到了第一人称,那个与自我更近的距离切换:"我有话要说,我举手发言。"这种感受已经侵袭过他一次了,那是在誊写《缓慢的归乡》手写稿件时:"当时,在敲击键盘的过程中,我的身体有一种如此清晰的感受,即这些句子,这十页纸上的东西,就是对卡夫卡《审判》的最后十页的一种对立式构想(Gegenentwurf)。"(ZW 55)一个围绕先祖所展开的句子,它所到达的顶点,与一个日耳曼式的发现相一致:"对外公的想象性叙述,纵然往往是极其顺带被提及的叙述,它成为彼得·汉德克探究出身与开端所难以割舍的构成。"

最终,杜尼娅也继承了她的先辈:"她不去大声唱歌,这一点不像她的歌手外公那样,而是唱得几乎让人听不到,在我这种超敏感的耳朵听来,有时候都不像是在唱。但是,或许这也是正常的吧。起初,她的歌声听起来像是在模仿孩子的一种哭声。"(B 753)人们将作品中持续出现的喋喋不休的歌曲,想象成了儿童般枯燥的吟唱似的声调。在这里,汉德克采用了昆德拉的定义:"喋喋不休。重现:音乐作曲的原则:音乐式的讲话。我觉得,小说在叙述方面,时而可以把自己变成歌唱。"歌唱的联结属性能够蕴化并产生一种本质,正如"他自己和外公的双影图像,其他人也能很容易就发现它"(NB 413),或者说不能再表达得更加触动了:"相爱的一对,双双消失在风景中,外孙和外公,远远地消失在风景深处。"(PW 99)一对,且不止是这一对,最恰当得讲,是双数,这是索布语和阿拉伯语——让一些批评家不满的是,《图像消失》里面的女英雄就是这样一个原始的混合——同斯洛文尼亚语的共同之处,其目的则早已再明了不过了:"他们两个人,以双数'我们俩'为形式,去往家的方向"。(B 704)

或许是由于"索布语"(Sorbisch)和"塞尔维亚语"在发音上存在极大的相似性,因此,汉德克在《图像消失》里偏爱使用索布语的旧式写法"Wendisch",它在发音上容易使人联想到"温迪施"(Windisch)——一个原始的德语单词,意为"斯洛文尼亚语"。作品中的一些斯拉夫语表达只能使用斯洛文尼亚语来阅读:例如,人们在"国道"(斯洛文尼亚语为:cesta)(B 181)上开车;"土豆"(斯洛文尼亚语为:Krompire)(B 393)在生长。最没有歧义的一处:"一个地方特色的谚语这样说——并非在那个异乡,完全不是在那个异乡,'陌生的门会敲击一个人的脚后跟'。"(B 565)

无论在《大黄蜂》还是《图像消失》中(以及介于这两部作品发表年份间所创作的多数作品),斯洛文尼亚语或许代表着一种边缘现象,但是它就像喀斯特的渗滤河一样,所建构的是根基和基础,即使人们在表面上并不能一眼就察觉到。在托马斯·贝恩哈德的《阿姆拉斯》中流散着的,对整部作品的结构富有启发性的"巨大的河流,在地下流淌",听起来像是"格洛巴斯尼茨小溪以及林根巴赫小溪在全世界流淌,流向了广阔的天地,比克恩滕上空蓝色的天空还要宽广"。(NB 406)这便是斯洛文尼亚的渗滤河的景象:"就像穿梭在格里芬斯蒂芬特教堂旁,混杂着石头的土地上的田间小径间,它深入地下,绕过卡拉万克山脉,在喀斯特又重回地表。"出生的那片区域,即同时也是先祖们最终的栖息地,或跨越天然障碍,或从它的下面穿行而过(与戏剧里的水陆两栖独木舟并非不相同),与汉德克创作的新发祥地紧密相连。原本处于边缘的目光得到抬升,从"位于当地最高处,也同时是最后的一处小屋"(B 458),延伸向每一处尽可能偏远的远方。借助语言,它得以被拉长,并且变得锐利。但愿针对可讲述性的质疑能够自行消解。而自七十年代起,汉德克保持着对受到媒体沾染而固化的刻板语言的批判。因此,消耗他的顿悟,并且给它带来消解风险的,不仅是诸如南斯拉夫纠纷这类现实,而且还有那些对它们进行语言描述时的方式与方法,后者导致了"图像的消失"。汉德克把自己的写作当作站在主流媒体话语对立面所表达出的一种立场,是一种不同的声音,而前者,即主流媒体的话语,则早已深远地影响了人们的直接认知。"'事实而非神话',这是其中的一个历史记者[……]曾建议的副标题。在所有口号中间,包括这个口号,并且特别是这一个,把它带到了对立的一面或者说另一面,即作者所坚持的那一面。"(B 15)他的叙述是对现实活动布景的一种游戏式、近乎杂耍式或者平衡式处理,而这样的现实却既无法被当作完整,也不能被当作具有普遍约束去看待。

> [……]并非一定有必要指出的是,那个人把事实藏着掖着,或者伪造事实——或许他只是在某些地方忙碌于额外的、别的、人们没有料到的事实,并为此沉默甚至忘掉(为什么不呢)一切自然而然的、没有必要再提起的事实?(B 15)

汉德克时刻铭记自己的生平,并且同德国的媒体精神展开对赌,他有两类很好的理由去质疑它,并在父亲的语言(德语)和母亲的祖国(斯洛文尼亚)之间被来回撕扯。因此,他在这个由"母亲"(Mutter)和"语言"(Sprache)所构成的复合词"母语"(Muttersprache)中,埋下了一个纠缠不休的问号,即德语究竟是不是他的"母语"(UT 49)。自从汉德克发表饱受指责的南斯拉夫言论以来,他的文学作品显而易见的必须接受一个新常态,即人们看待它们时,忽略掉它们与现实之间所存在的联系,汉德克被卷入了这个猫和老鼠的游戏。对于斯洛文尼亚的独立,他又一次发出了清晰明确的申明:"独立后的斯洛文尼亚,已不再是我愿意去选择的第二故乡了。在斯洛文尼亚被俘虏期间,这个第二故乡已经被判给了另外一个新建立的国家。"(B 119)此外,他再一次公开指出南克恩滕广大民众对双语性的否认:

> 曾经有一个时期,他越来越习惯使用自己所选择的、第二故乡的语言去表达自己(比如他所写的,或者他不得不请别人帮忙翻译的书信里——问题在于:除了那个州之外,完全没有任何人懂得那些方言习语,就算有人懂,这样的人也像掩盖自己的罪行或耻辱那样,尽量不去告诉别人自己懂这些知识。)(B 118)

尽管如此,或者说正因为如此,汉德克决意不错失归属的机遇。保持孤立既非他的事情,也非他的主人公的事情:"倘若失去民族,我则失去了自己。"(B 294)最终,杜尼娅具有反叛精神的哥哥并未去寻找人人夸赞之地,和她一样无故乡归属感的他,"踏上了前往寻找所选定民族的路"。(B 295)它既不是索布尔族,也不可能是斯洛文尼亚族。也就是说,此前对尽人皆知的斯洛文尼亚式卑躬屈膝的责骂,明显是针对卢萨蒂亚的索布尔人:这一点在所有细节上都适用于克恩滕的斯洛文尼亚人。

> 她的哥哥蔑视自己的斯拉夫民族。[……]而他之所以这样做,是因为这个民族为了金钱,职位,发言权和大国旗帜

下的生活而不仅选择去顺从那个无可比拟的大而强的国民，而且为此竭尽全力，并且全身心地出卖自己，以及自己的语言和"风俗"（？，是的！）。（B 293f）

索布人的复活节彩蛋，以及（由来自斯洛伐克和罗马尼亚的专业舞蹈者撑场的）民间舞蹈文化，同样也是克恩滕文化想象中不可或缺的重要组成部分，例如夏日傍晚用以娱乐在数量上变得越来越少的游客的彩色节日帐篷，或者致力于民间音乐的电视节目：

> 对此，他既气愤又厌恶，因为人们将此称之为"民族"，或者说使自己被冠以"少数民族"的称号。它在事实上早已沦落为一个勉强被人们接受的民俗团体，一个由二十或三十个歌者或舞者所组成的、由陌生的交通部所刻意安排的社交演出，或者在我看来，就是一个电影录像带，其背后——空洞乏味，无任何内容实质。（B 294）

不仅作品人物们深感各自的民族身处危难，就连汉德克本人也有着同样的感受。他认为民族即一个扩大意义上的家庭。拓宽基础即便无法阻止根基的流失，但至少能够对此加以缓解。然而，事实情况却恰恰相反。

> 在《图像消失》里，"民族"这个词代表着一种东西的回响，一种我曾极其感兴趣的东西。然而下列的反面情形也是存在的：银行女职员失去了自己的国家，风景，部族，和让她更为痛心的先祖及父母——即人们以前称之为"祖先"的东西。因此，她才坚持着一种祖先崇拜。在这一点上，我也是一样的。我的先祖们所埋葬的地方，曾被我视为世界的中心，那个教堂，那里的土地和果园。如今，一切都消失了。我也接受了

这一现实。生活就是这样。

先祖作为创作叙述人物或主人公的驱动力量,在画面构筑方面功不可没。他在一篇特定的、刚强不屈的文章中,以"在四面八方烟消云散,一去不复返,没有任何爱还能够拯救,永远难以再获得"(B 10)的形象出现。甚至后人的不幸,也不再能产生曾经的唤醒效果。外祖父遥远的歌声尽管难明其意,却始终持续不断地在心中回响,在这样的歌声进入叙述者的耳朵之前,他并非毫无根据的害怕"那种类型的陌生,那种祖先们通过诗歌所传递给他们的陌生:当某个身处此类陌生中的人听到了远处传来的音乐,并且感到歌声是如此的撕心裂肺时,那是因为他意识到:我永远都不再会有机会回家。"(B 566)

而这个家究竟在何处,却越来越难以知晓。处于被德语包围之中的斯拉夫语言岛,可以被称为卢萨蒂亚,(也)可以指的是克恩滕。即使在斯拉夫语项内,人们也可以进行准确的推测。有些线索似乎是故意在诱导人:"'真的,千真万确'(就像儿时在温迪施村庄的玩伴挂在嘴上的话。)"(B 123)不管怎样,反正在南克恩滕,这样的词语表达在当地很常见,但萨克森州的卢萨蒂亚索布人或许并不认同。

通过至少双重的分配和多重的命名,任何精确性和同一性都变得清晰明了。不光杜尼娅是所谓索布人和阿拉伯人的"杂交",就连那些最简单的现象也都依次采用西班牙语,德语,斯洛文尼亚语和阿拉伯语来表示:"carretera, Landstraße, cesta, tariq hamm,它们都表示'在公路上'。"(B 181)结构主义的德里达式认识,以及逐渐流行起来且被广泛认可的多重身份,其实都无需再被提及:发展脉络显然始于禁止命名,经简单命名,最终被多重命名所废止。

只有这样的曲折迂回才将汉德克带到了终点。因此,《重温之想象》便已经表达出了这样的意图:"我意已决,将步入迷途。"(PW 99)这位作家所认为的,于自己而言正确的东西,他的主人公一定也认为是正确的,至少随之而来迅速奉上的,便是对那些所有歧途的解释说明:"步入迷途——往往是故意的,出于好奇,出于对求知的渴望。"(W 285)于是,步入迷途便成了《图像消失》"(最长的章节)"(B 125),足足有四十节,与所讲述的民族在沙漠里迷失的四十年时间一样长,这便完全不足为奇了。

然而汉德克并未让自己局限于保守的一方。引人注目的是,在那些交易理论家中间,由德国人、俄罗斯人和斯洛文尼亚人组成的思想家三人组合被顺带着提了出来:"马克思、列宁和爱德华·卡德尔。"(B 503)汉德克应该不会认为,卡尔·马克思早在一百五十年前(那时,汉德克的书还没有出现呢)便已经读过自己的书了吧?

> 此处便可迅速看出德国人伟大的历史智慧所坚持的立场与态度。他们用尽了正面的材料,既不兜售神学,也不交易政治或文学闹剧,他们所书写的并非是历史,而是"史前史的光阴",却不告诉我们如何从这个"史前史"闹剧中步入真正的历史——尽管从另一方面来讲,他们对历史的推想完全单单只针对这个"史前史",因为它认为自己能够经受得住"粗糙的事实"的攻击,也同时因为它能够在此处充分地放任推想之欲望,并成千上万次地印证与推翻所有假设。

汉德克似乎是在回应这一诽谤,而他也脱离了传统。表象和梦想本身已不再是一回事了。早在《大黄蜂》中便是这样,《图像消失》也是对战争的回应(二者拥有共同的口号,这便是证据[H

5,B 5])。只是,《大黄蜂》试图擦去战争的痕迹,通过文学创作而让它在这个世界上消失,并创立一个远离战争的新的开始。而《图像消失》,则通过重点强调和平图景来反对战争。"我的写作生涯实现了一次跨越。[……]我注定要迎接某种东西,某种我曾拒绝过的东西:历史学。历史。亦或者说,它完全将永远不复存在。"然而,重心发生了转移:如果说前一部作品的特征和本质汲取于逝去者,那后一部分作品,则正是由于战争和战争画面而危及到了他者的特征本质。

> 或许这也是我自身疯狂的部分体现:这一画面经历,即人们曾到过的某个地方,在多年后以画面的形式突然间又完全在另一个不同的地方出现,并在片刻后又随即消失。或者这样说吧:以画谜的形式,一种介于画面和文字之间的形式。我始终将其视作一种生命中的要素,一种超乎于我的要素,其中,人早已不再重要,画面远超乎于人之上。

汉德克在东德度过了一段童年(1944—1948),具体来说是在柏林,那是他继父的家乡。而后来,在东德建立之前,一家人又举家逃离了这座城市,其间母亲的斯拉夫语言知识在逃离的路途上帮了大忙(vgl. WU 46)。一家人又回到了母亲的家乡,她身上的斯拉夫印记,让从大城市返回,且操着一口标准德语的儿子感受到了异域风情。因此,对于家中的男性一方而言,经过斯洛文尼亚语的迂回之路是必要的。"超越父亲并认可他:重现"。(FF 135)和继父布鲁诺·汉德克一样,汉德克的生父恩斯特·施恩勒曼也来自东德。在他晚年的时候,汉德克曾试图努力同他保持良好的关系(vgl. HAS 47),尽管汉德克最初是拒绝与生父往来的(vgl. WU 27)。在文学的隐秘画像中,汉德克甚至将他划入果农先祖的一方:"亲爱的雅各布·勒贝尔(Jakob Lebel)——一个按照某个农民命名的古老的苹果种类——,请保佑我[……]。"(B 647)如果将汉德克的另一个自我,即菲利普·柯巴尔的名字中的菲利普,与汉德克的第二故乡,即法国结合起来看待,则勒贝尔(Lebel)这个名字的思路应该是"Philippe le Bel",德语即"Philipp der Schöne"(1268—1314),即"Schönemann"(施恩勒曼),亦即生父的姓氏。

一切已盖棺定论,至此,寻找失踪先祖的路便也行至终点。现在是帮助他人的时候了,为他人寻找自己的失踪者提供帮助,更准确地说,是寻找他人失踪的后人:"那位年长者,自他出现在这里以来,他日夜寻找着他不知在何处失踪了的儿子,但愿他至少能够见到儿子的骨骸,至少能够找到一块儿子的骨骸,并将其埋葬。"(B 651)

他者不言而喻的成了干扰因素。一切近距离,哪怕是想象出来的近距离,也成了《图像消失》中让"残余厨师"(Restekoch)(B 159)困惑的因素。

> 据说,或许是因为那个友善的女访客的到来,才导致出现了这样或那样的不和谐。他指的不是她这个人本身,而是单纯指出现在场中的那种陌生。(B 159)

把过去和当下尴尬地结合起来,这是任何读者都无法容忍的。借助一种引人入胜的象征,并同时包含着轻微的讽刺,汉德克展现了他面对历史这一现象时更加从容自若的新方式。

> 在打通残余与新鲜之间的联系方面,他堪称行家里手。他能够让残余变成他呈现给我们的事物的主体。正是这些残余,才填充了我们的当下。曾经的彼此与当下共同交织,构成了他的,也是我们的秘密。(B 56)

同样因为《图像消失》讲述了对近距离的恐惧和对保持恰当距离的向往,因此,把它和《地下蓝调》与《唐璜(自述)》当作一个完整的爱情故事来阅读,是极具启发性的——因为"这里所适用的,是截然不同的神话传奇,并非直到今天并且只有此处才这样。在这些神话传奇中,处于缺席之中的追求、向往、满足和实现最终归于同一。这些神话传奇不再是卑鄙的谎言!"(B 606)

5 愤怒与秘密(2002)

2002年11月8日,汉德克在克拉根福大学被授予了荣誉博士学位。在学位授予典礼上的讲话中,委员会主席克劳斯·阿曼特别提到了汉德克为维护斯洛文尼亚人的权利和文化所做的努力与贡献。汉德克对斯洛文尼亚人的支持贯穿其一生,并且在他的文学作品中得到了显而易见的体现。而他这样做的原因更是显而易见:

> 在追求归属于某个"大的、抵抗着的"整体的这一过程中,彼得·汉德克并未因其私生子的身世而被困住手脚,这一点是毋庸置疑的。同时,有待于强调的是,受汉德克爱戴与崇敬,并因此而数年来愈发得以升华的南斯拉夫一方,它代表着母亲的出身,并最终在充满胜利的抵抗中战胜了父亲一方的纳粹民族。

一方面努力划清界限,另一方面追求归属,这正是汉德克对一个再明了不过的立场的真实写照:"我完全无法接受任何立场——任何抵抗的立场,确实是这样的。"(ZW 223)

早在《去往第九王国》里面,菲利普·柯巴尔便已经知道了失踪的哥哥格里高尔:"我的哥哥从未成为一个叛逆者,包括后来在战争中,他只是总是处于将要成为叛逆者的边缘。"(W 181)曾经有站在抵抗者那一边的经历,这个心中的理想则一定是从未实现过的。

于是,这便更像是一个传说了:母亲想让儿子在接受完所谓的"种植培训(培训更像是一种度假)"之后就加入游击队,并成为战士。而在我的想象中,他则径直消失了,没有人知道他究竟去了哪里。有人说,他也曾真心跟着一起吼唱过粗野的游击队战歌。(W 183)

在政治上受到激发而有所行动,汉德克早在《痛苦的中国人》中便触及了这一话题,只是在手法上缺乏组织性、计划性和集体性。在通往这条路的过程中——远离让人怒发冲冠的冲动情节,却又以它作为出发点——汉德克(人们先是指责他脱离社会,过于关注内心,后又批判他面对历史和现实时选择失明)找到了一种正确的方式,它再次让人们从语言文字游戏的角度,以一种批判的态度来走进他早期文学作品的成为可能:"使用'战斗'来造一个句子!"(W 226)从叙述之中推导出思想,后者让行动成为可能——尽管前者只是一种言语行为,一种语言行动。《我在无人湾的岁月》(1994)扉页上引用自《圣经》的句子并非平白无故地将"坐在写字台前的施暴者(Schreibtischtäter)"这个臭名昭著的概念更正为"写作中的施暴者(Schreibtäter)":"成为文字施暴者吧,不要仅仅停留在听者的角色。《雅各布斯的信 I,22》。"(NB 55)然而,即使对于菲利普·柯巴尔而言,在书房中安于一隅是不够的,即使抵抗团体(汉德克意义上一个新的民族)于他而言是一种陌生:"包括我也非常想进行抵抗,[……]上街去,和平地抵抗,就我一个人，不去聚众游行。"(W 226)我们需要诗人和抵抗战士勒内·夏尔这样的榜样，从而让行动与话语、愤怒与秘密、可盼之事与明了之事皆能得以显现。依据这位诗人的愿望，行动者对话语的向往对应着行动："他们，尤其是抵抗的战士们，所需要的是写出文字的东西。"(WG 58)

汉德克在克拉根福的致谢发言，它的标题借引自夏尔对马基游击队的文字记载，他提到了三本回忆录——其中只有一本（安德烈·科克特的作品）是文学作品——，在克恩滕的斯洛文尼亚人看来，它们共同描绘了另一个二战中的克恩滕（或奥地利）的画像。

最古老，最根本，也是最少富有个人情感的作品，当属雷尔·普鲁斯尼克·加斯佩尔的《雪崩之中的岩羚羊》，它综合展现了克恩滕的反法西斯抵抗。一开始，可能是在为创作《去往第九王国》进行前期准备的时候，汉德克便脱离了粗野的语气：

> 当时我专注于阅读内容。作为对美学敏感的人，当时的我比如今的我对美学更敏感，我（必须得承认这一点）脱离了语言和观点看法，就像人们——偶尔——所描述的那样：这里指的是敌人！盖世太保或者纳粹分子，或者：人们像射杀猎物那样将其猎杀。(WG 50)

这种书写历史的方式，在他心里种下了一颗厌恶历史的种子。如今他将自己的注意力集中于中间幕，其中的叙事长篇轻松缓和地讲述着游击战争的故事。这种叙述方式是他一直以来所思考着的一种（剧本）形式。他不再以结果为导向来进行思考，转向了由流程和发展所构成的过程。这或许正是学习斯洛文尼亚语法的收获，这门语言拥有两种动词形式：完成时和过去时。借助对其他语言的观察学习,事实能够以不同形式得到刻画。"语言的风貌向来并非同一的,正如我们所看到的那样,各种语言所占据的并非同一片区域;上升至表面的东西并非始终相同,而所出现的,则是一种截然不同的形式。"取代作品中争夺和冲突场面的,是一部关于离别、恐惧和质疑的、近乎温柔而胆怯的叙事长篇:

> 像游击队员——艾森卡珀尔周围,尧恩河谷或罗森塔尔的伐木工人、普通农民、农场雇工的后代——并非迅速,并且并未心怀暴力念头进入森林和群山,像他们那样,缓慢而不慌不忙。这曾是一个多么艰难的决定和过程,完完全全的消失,离开父母,留下孩子独自一人。[……]并且相当的准确:森林中发生的故事,是如何日复一日、年复一年地发生与流逝。(WG 50f)

丽佩耶·科雷尼克的回忆读起来更像是将《雪崩之中的岩羚羊》的切口放大,他是一名"普通"的游击队员(与加斯佩尔"游击队领袖"的身份完全不同),其作品:

> 的书名用斯洛文尼亚语表述,听起来则更加优美:Mali ljudje na veliki poti——伟大路上的平凡之人——,而德语的书名听起来则更加侧重道德:《为了生命,对抗死亡》。我极力推荐您阅读它,去了解日复一日的匮乏和贫困,去体会斯洛文尼亚人对每一个村庄,每一条河流,绍山山脉,珊瑚,克恩滕,玛丽亚萨尔铃铛声的爱。(WG 52)

始终一再吸引汉德克的,并非是战斗本身,而是与之伴随而生的东西,并非是高潮,而是延续不断且不引人注目的东西,并非是核心,而是边缘:

[……]年轻人消失在令人难以想象的匮乏和残酷的森林、群山与告密之中,夏去冬来,整整三年。这是无人能想象的:他们连生火都不被允许,因为生火后很容易被察觉,在冬天,他们从来都无法取暖。(WG 52)

那些游击队员往往都是半大的孩子(大部分出生于1920—1925年间)。汉德克在阅读他们的同代人安德烈·科克特(1936年生)的作品时能够明白,当人们被邻居当作斯洛文尼亚人而告发,被驱逐出院落时,当胞兄惨遭杀害时,当人们被迫迁出至"帝国"时,一个人的童年能够受到多么持久且长远的摧残与破坏:"安德烈·科克特的第三本补充性质的书的名字叫作《那个孩子,那个曾经的我》,他的书中所讲述的,是当众多的年轻人消失在森林中时,随之而来发生了什么[……]"。(WG 52)汉德克进行了原因分析,从那些现象出发,以研究者极其缜密的思维研究背后的事和人。特别是对于探究自己的出身和根而言,保持一定的距离是必不可少的,至少在克恩滕这个例子上的确是这样。

我怀疑自己在克恩滕是否真的能够写出东西来,要知道即使身在遥远的陌生国度,我的创作都万般艰难。但是,当然我在克恩滕也可以做到"旗鼓相当"的;这样的例子有很多——或许不太适用于奥地利——,因为克恩滕在罪恶方面,与其他地方相比,并没有甘拜下风。

然而,克恩滕也并未放过汉德克,同时,汉德克也没有回避克恩滕。他通过支持另一个克恩滕,让这个地方本身变得宜人。越来越不愿意公开露面的汉德克,在2004年7月18日参加了纪念克恩滕游击队的徒步活动,以表达他对抵抗传统的尊重与认同。联想到他曾对热心文学(engagierte Literatur)的不认同时——人们想到了他的纲领性杂文《文学是浪漫的》——,有人质疑汉德克,质疑他是否真的有权利离开文学所传承下来的领域。

在阅读普鲁斯尼克·加斯佩尔和丽佩耶·科雷尼克时,我第一次开始在心里思索非美学的东西。我第一次被引导着去思考:其实并非是诗人(作家)的责任,人们不能像勒内·夏尔那样进行诗学的写作,并且始终与文学作品和诗相伴!(WG 54f)

但是,汉德克作为具有辩证思维素养的思想家,要实现从命题与反命题到二者的和解与综合并非难事:诗歌与政治,二者彼此并非相互排斥,甚至截然相反,二者彼此互不可分。

首先,在你年轻时,你更偏爱的是诗歌,而非时事报告和粗鲁的历史。现在,还是那粗鲁的历史事实,比如克恩滕游击队的故事,年事稍长的你尝试着去发掘它们,而冷落了借诗和文学表达自己的这种方式。这同样也是错误的。两者是一个统一体。两者应该且必须被结合起来看待。(WG 55)

于是,通过隐暗的迂回之路,失踪者最终回到了故乡。作为纵然难以捉摸,却也无法否认的中心,他依然不可想象且难以理解,只是这一中心带来了勒内·夏尔在下面这段话中所说的安全、温暖与安慰感:

缺席者

这个哥哥尽管粗鲁,但是讲话却让人感到可信并有把握,他在受害者、钻石和野猪面前拥有耐心、创造力和助人精神,他居于一切误解的中心位置,犹如松脂树居于长驱直入的严寒之中。对于利用精灵与超琼精力来折磨他的兽人,他为其提供自己的后背,直至他最终失去了它。他通过无形的小路来到你们那里,去接近猩红的果敢,他不会妨碍你们,懂得去微笑。就像蜜蜂为了收获而离开花园一样,妇女们忍受着这张不显露任何担保意味的脸,忍受着脸上的荒谬离奇,却不言说出来。

我尝试着为你们描述,描述这位坚不可摧的少年,我们中间的一些人一定已经认出了他。我们将在希望中沉睡,在他的缺席中沉睡,因为理智还完全没有意识到:那个被他不假思索地称为缺席的东西,在集体中安下了家。

第六章 归乡再无可能?

摩拉瓦河之夜(2008)

第九王国,这个汉德克的乌托邦故乡,从现在起开始逐渐向南延伸。很明显,随着时间的推移,它的中心也在不断转移。为了深化从前的主题,并将其加以区别,又为了避免作品间的鸿沟,于是汉德克在他的新作《摩拉瓦河之夜》(2008)中,重拾旧主题,并展开新的探讨,再次围绕世界的可叙述性问题进行创造。叙述者讲述了在不太遥远的未来中——那时他已经不再写作了——的七个朋友的故事。和《我在无人湾的岁月》不同,他们都用同一种声音讲述了一个故事,最后所有人都成了叙述的对象,他们都称自己是叙述的发起人。

这种失效的讽刺,既通过一个对真实性和可信性刨根问底的人,或者说指手画脚的人,表现了出来,又十分矛盾地归功于一种强烈的表象——在理想破灭后对幻象的坚定不移,其后果:直接化被迅速增长的媒介化所取代。如果人们相信,从文学视角出发,《我在无人湾的岁月》中的故事发生地影射了汉德克在法国的居住地沙维尔镇的话,那么,《摩拉瓦河之夜》中的故事发生地点则简直一目了然。另外,"波罗丁城"这个词——斯洛文尼亚语比塞尔维亚语更明显——流露出"出生"和"后裔"的意味,同时使人自然而然地联想起《去往第九王国》中的主人公在进入斯洛文尼亚时穿过的那条隧道。叙述地点与叙述时间同时出现在标题中,正如随笔《在清晨的山崖窗边》,"地点时间"都在标题中被交代了清楚。这篇小说亦是如此,因为"摩拉瓦河之夜"同时也是行驶在塞尔维亚的摩拉瓦河上的一艘船的名字,在这艘船上,作家整整讲述了一整夜。

当位于大城市附近的河湾因无人而得名,且奥德修斯定居于此时,一个不知疲倦的骑士帕西法尔通过叙述的方式又再次踏上了征程。汉德克仿佛知道,在沃尔夫拉姆之后的那个天真的傻瓜,正如他的先祖一样,定居在德拉瓦河畔:

> 他出发前往卡利芬,我选择了罗希施的方向。我骑着马离开奇利去往罗希施。每个周一,我都在那里战斗三次。我觉得自己成绩不错。随后,我骑马踏上了一条最快的路,去往遥远的坎丁——那里是你祖父姓氏的起源地坎丁。伊特尔这个姓氏在那里家喻户晓。那个地方坐落在格拉耶纳河流入德拉瓦河的河口地带。

尽管小说没有详细描写全部的水路行程,但它通过情节叙述(与《去往第九王国》类似),展现出了一个圈形(或环形)结构,从波罗丁出发,又回到波罗丁——从原始起点出发,进入一个充满可能性的未来。出自戏剧《独木舟之行》中的原始交通工具独木舟,在一开始就被提到,它出自卢布尔雅那的博物馆,经过陆路水路向南,半路上经过塞尔维亚——"所有的独木舟都在河面上"。(MN

524)——然后,时间仿佛倒退,沉没在叙述的河流里:"曾经的船,缩小成了独木舟,独木舟沉没了。"(MN 556)尽管途中的弯路不可避免,但通过第九王国世界的道路必须经过南克恩滕河斯洛文尼亚:"不,不可以将'归乡方向'的路缩减至返回巴尔干半岛。"(MN 315)

值得一提的是,这里使用了方言表达"归乡",因此呈现出回归本源和原始状态的转折。具有最强大吸引力的故乡,位于常常被诽谤的南方:"吸引他的并非是来到奥地利,而是从那里出发,归乡。是的,归乡去往巴尔干半岛。"(MN 306)同时,人物与克恩滕之间的联系并没有被放弃,甚至更加被强调,"卡拉万克山脉[……],它的背后,对他来说,就是巴尔干半岛开始的地方"。(MN 543)斯洛文尼亚也被明确纳入这个巴尔干概念中——尽管这个巴尔干不仅仅是地理概念上的,同时也是那个因为敌意而被贵族化了的南斯拉夫:"回到巴尔干半岛去,它理应得到这个名字,它愿意为了大多数人而背负骂名。"(MN 523)

当然,小说《卡里:一个入冬前的故事》中的地点最初并不针对斯洛文尼亚人,但它可以恰如其分地形容斯洛文尼亚人与他们在"南边的兄弟姐妹"(这是针对其他南斯拉夫联盟国家的委婉说法)之间的关系,仿佛被压抑的潜意识里的东西在进行着诉说:"什么叫:我丢失了我的灵魂?应该说,我对别人不再有隔阂了。隔阂被撕破了。那么,其他那些人对我来说意味着什么呢?噪音。"(KA 157)小说《摩拉瓦河之夜》非常细致地展现了针对塞尔维亚人的仇视和对立态度,这一点很明显可以通过大巴车司机这个人物的语言表现出来,他尽量避免说出那些人的名字,那些憎恨,并伤害他以及和他同类人的名字:

> 他们总是憎恨我们。他们已经得到了他们想要的一切,

但依然憎恨我们,比之前更甚,比之前更盲目。他们拥有了自己的国家。他们现在是一个拥有国家的民族,就像立陶宛人、加泰隆尼亚人、摩尔多瓦人、山地斯洛文尼亚人、多瑙河和湄公河三角洲独立地区的人。他们是拥有国家的民族。哦,于是当然希望美梦成真,希望成为一个单民族国家,憎恶我们这样来自其他民族的余孽,我们这些没有自己国家的民族。他们憎恨我们,仿佛我们是民族的余孽,而非他们。(MN 103f)

诸如"塞尔维亚人必须去死"这样的思维模式,在一战结束后的很长一段时间内都没有消除,特别是在克恩滕地区。不论是1919年至1920年的防御战和全民公决时期,还是1941年之后的南斯拉夫游击队武装反抗时期,这种思维模式都一直无法被打破,并且变得越来越极端,越来越非理性。汉德克曾在一封信中回忆阿尔弗雷德·科勒里奇:

[……]在我们克恩滕,对塞尔维亚人的偏见是相似的,但也有所不同——他们是盛气凌人又专横跋扈的兄弟(在斯洛文尼亚人看来),但是,谁又了解他们呢?佩尔尼格在他的长篇小说中描写了一位塞尔维亚的首领(?)带着同情和怜悯,同时也带有陈词滥调的偏见。

既拥有多样性,又隐藏着偏见,汉德克通过自己的经验,一针见血地指出了克恩滕地区的典型特征:"克恩滕位于边境地区。相比于其他区域,所有的边境地区一方面更加生机勃勃,另一方面又更加狭隘且受约束。因为他们既要面对两个国家的问题,又要面对两种语言的问题,这些问题像幽灵一样层出不穷。"在这种加倍分裂中,汉德克将自己戏谑地称为"克恩滕的斯洛文尼亚村夫,同时又是德国私生子",并解释道:

我自身的一半是克恩滕-斯洛文尼亚人,这是事实。但我并不想敞开胸膛,在胸口刺上身份纹身并永远保持。但我不想就此炫耀。就这样吧。我自身的另一半是德国人。我的父亲来自哈尔茨山,德国境内的一座中等高度的山脉。我想,它也在我的身体中。

在前两章已经解释过,作为中欧观点,即多瑙河帝国再版的蔑视者,汉德克并不想通过语言仅仅找到自我以及一种(或多种)身份认同。他在斯洛文尼亚喀斯特地区瓦伦西亚的文学聚会上,用一种很明显的影射,充满讽刺地教训了斯洛文尼亚人和他们年轻的国家。舞台设在一处"人造天坑",是一种"人工"形式,恰好"位于特里斯特上面的喀斯特地带,世界上任何一种喀斯特都可以在这里[……]找到它的名字——它是一切喀斯特之母"。(MN 510)这里不再有菲利普·柯巴尔在《去往第九王国》中提到的自然形式的痕迹,在这个天坑里,人们甚至能够抵御核战争:

> 这些喀斯特天坑也可被称为"中欧的自然文物古迹",它们中最大最美的是那个叫作德雷纳的天坑,位于众多"中间村庄"(喀斯特的中心地点被命名为"中间城市",一众村庄则被命名为"中间村庄1","中间村庄2"等,这里的"中间"即"中欧"的"中",意为事物的"中心位置"。译者注)之中距离最近的一个,它拥有欧洲国家圣殿的地位,是"中欧国家的圣物"之一。[……]在喀斯特天坑的坑底和坡面上,整天整夜地举行着各种中欧庆祝活动、中欧博览会、中欧作家朗读会、中欧球队比赛和中欧政治国会。(MN 513)

每一个单独的个体都消失在各种各样的团体与集体之中——无法单独现身。创造力被转移并且不再出现。这一点对于汉德克而言,是与语言之间的、连续不断的创造性的交往,文学创作使他能够更加专注地去表现自己的起源、出身和故乡。

> 写作就是我的故乡,[……],它是我危险的故乡。有一个可爱的故乡,它是我出生的村庄和村中的一切。另外,还有一个也许同样可爱的故乡,但没有那么可爱,它有时很陌生,它是环绕着村庄更远一些的周边地区。另外,当然还有一个故乡,它是奥地利。(KE 13)

按照荷尔德林的观点,汉德克也认为,只有作家和诗人才能建立一种形式的"永久存在"。平日源于节日,日常语言以周日语言为基础,庸俗之物被高雅之物替代并保存,并且不会再逆转。基于这种认识,汉德克对生活在克恩滕的斯洛文尼亚族群的继续生存进行了相当不乐观的预测:

> 语言保存于写作语言和创作语言之中。新闻语言并不能保存自己的语言。那么斯洛文尼亚语——如果我没弄错的话,以前有两种报纸,而现在只有一种斯洛文尼亚语周报——,它并不能将语言保留下来。作家和诗人保留着母语和先祖的语言,但年轻一代的斯洛文尼亚人中几乎无人从事文学创作。(KE 20)

尽管如此,汉德克总是不知疲倦地回忆着克恩滕-斯洛文尼亚人的利益问题,总是在采访中,以及戏剧中提及克恩滕-斯洛文尼亚人的游击战,这在国内一直是个有争议的话题,甚至是个禁忌话题。但汉德克决意要这样做:"在某个特定的时刻,我决定开始为那些少数人做点事情,我母亲的家族就来自他们。"在两个舅舅身上,都很明显地证实了他们进行反抗的意志与决心,但这一点只能在小说中得以保存,因为他们在前线阵亡,再也无法将自己的心愿变成现实：

> 对我来说，确定的是我母亲的哥哥和弟弟，他们在二战中阵亡。之所以确定，并非只是因为他们在二战中——正如人们小心翼翼提到的——阵亡，而是通过我母亲的讲述，更多地是通过我母亲对她亲爱的哥哥与弟弟的亲切讲述——这是我童年印象中记忆非常深刻的一件事情。并不因为我自己是个孩子，而是因为听到了关于这两人的讲述，他们为了希特勒而失去了生命，或者就像人们总说起的那样，虽然他们原本是斯拉夫人，不是原本，虽然他们就是斯拉夫人，虽然两个人愿意加入游击队，甚至他们还留下了亲笔信。两个斯拉夫人，原本应该为了南斯拉夫而战，或者至少应该对抗德国，却为了所谓的大德意志帝国而丢掉了性命——这是确定的事情。

为了实现舅舅们未完成的心愿，汉德克尝试与那些在反抗斗争中活下来的人建立联系。他亲自去寻找那些人，以便了解第一手的情况。在这些人之中，利佩·科列尼克·斯坦科（1925—2008）堪称反抗战士，记忆作家，是法国诗人勒内·夏尔的缩影。

> 利佩·科列尼克是一个战士，一个英雄。因为他通过自己的人生和作品，对抗着自己原本的意志和自己原本平和的本性。他是一个战士，一个英雄，并非出自对斗争和英雄主义的兴趣，而是由于困境与反抗，为了解救自己和属于他的一切。通过他的人生，他的作品，我改变了我对我们克恩滕故乡的目光。我的克恩滕，我们的克恩滕，他们是像利佩·科列尼克一样的人。利佩·科列尼克曾经是、现在是、将来直至时间的尽头也是一个榜样。我十分感激，认识了他和他的毕生事业。如果可以的话，我希望站立在他的墓前，向他承诺一些

事情。

汉德克已经承诺,在科列尼克去世以后,将他的最后一本书出版。这个承诺也同反抗与和平相关联,关系到游击队事业的完成,可以以此真诚地纪念他的舅舅。通过那本斯洛文尼亚语的水果种植手稿,汉德克滋养了他的南斯拉夫情结,找寻同一个在平和群体中的联系:

> 我母亲的其中一个哥哥,她的大哥,他曾经在马里博尔学习农业和葡萄种植,是二战期间一个充满热情的南斯拉夫人。在我现在巴黎的家里,还保留着他的水果种植书本。它搁在高处,挨着天花板,我每天一抬头,就看见斯洛文尼亚语关于苹果和梨子这些东西的描述,或者至少是一些相关的词汇。他无疑是个南斯拉夫人,非常确定。

尽管第九王国的神话在它的起源地斯洛文尼亚失去了力量,但汉德克将小说《摩拉瓦河之夜》的第九章命名为阿尔滕马克特(Stara Vas),与他的故乡村庄同名,这也绝非偶然。这是他的故乡名第一次出现在自己的文学创作之中,尽管与现实不同,这个地点变成充满宗教色彩的撒马尔罕,包括克恩滕低地的宣礼员和清真寺的宣礼塔,但他毫不在意那些文学之外的可信度。

另外,人们一定还会想起《图像消失》中阿拉伯与索布混血的银行女职员杜尼娅:"这难以置信地证实了,这个斯拉夫人与阿拉伯人混血的银行女职员所追求的、有些疯狂的幻想,至少还具备某种可能性。一些东西一旦具有了某种可能性,那么,从诗学上来说,比它已经发生了要好,比它已经真正实现了要好。"在叙述中,有这样一种关联出现,它通过词汇间的互相参照,以及语音间的自由联想被证实,就比如"尧恩河谷"这个例子:"他也长年在阿拉伯

工作,因此他将所有故乡克恩滕的谷地都称为嘉姆干河床(Wadi-al-Jaum),这里白天是干谷。"(MN 491)

他先前的"另一个自我"返回了起源地,这个"另一个自我"是《感受真实的时刻》《去往第九王国》和《我在无人湾的岁月》里的主人公。他们在这里定居,甚至自然而然成为家人:"不需要特别接触,他就感受到与兄弟之间的亲近;不论是菲利普·柯巴尔,还是来自无人湾、不久前刚刚逃离家园的格里高尔·科士尼格:在他看来,他们都仿佛是来自同一个国家的知己,但并非奥地利。"(MN 306)"那两处位于下克恩滕的故事发生地,即《去往第九王国》中的林肯贝格和《我在无人湾的岁月》中的林科拉赫,合并成为共同的林肯村,离老街不远"(MN 422f),人们可以自然而然地联想到阿尔滕马克特。但奥德修斯并没有回家,而只是在旅行途中经过:

> 不,那条狗并没有认出他,或者不愿意认出他;它没有舔他的手和脸,而是冲他直叫,一步步地朝着村庄后退。这个自以为是的归乡人突然发现,撒马尔罕(Samarkand)这个词拥有和家乡的村庄阿尔滕马克特(Stara Vas)相同的元音,都是A-A-A这样的元音组合。这样看来,难道不是归乡了吗?(MN 461f)

因此,汉德克再次驶向三条道路——一条个人之路,一条大众之路,一条高雅之路——驶向另一个开始。由于一直以来熟悉的日常事务,以及与之搭配的工具"铁锹、U型钉和图钉"(MN 326f),汉德克得到启发(那些古旧的单词再次回归),并从中收获了令人惊喜的语言,这是一种地方语言,甚至一些词汇和短语有着方言的音调。与已故母亲的和解,以及对自身出身的接受,成就了一个崭新的起点(就像《大黄蜂》和之后的许多作品中所呈现出来的)。因此,归乡再一次成为启程。通过三个短短长格律,语言以三条道路的形式,即以语法、修辞和方言为基础被再次获得:"还有一些东西停留在他的脑子里,是关于夜晚的:一个来自阿拉伯时期的单词,它的意思是'在交谈中度过夜晚',这个词叫作萨马拉(Samara),正好与阿尔滕马克特(Stara Vas)和撒马尔罕(Samarkand)相同,也含有字母 a,且重复出现了三次。"(MN 559)

通过它们,时而沉重严肃、时而轻松愉快的写作游戏,再次开始,或者用汉德克自己的话来说:开动起来。另外,他还在未知领域寻找冒险,并无惧风险:"人们必须要做许多错事,这样才能到达正确的终点。[……]假如我一开始就是正确的,那么我就什么也发现不了。[……]我是如何犯错的,这样我才能认识错误。通过犯错,人们会了解到一些东西。"

通过作家在歧路与弯路上留下的足迹,一个令人惊喜的全新彼得·汉德克出现在大家面前。这个公众人物甚至偶尔也会撩起私人的面纱,比如他在不久前曾愉快地坦白道,自己在社会中常常明显地感到十分不适,人们可以设想一下他的自言自语:

> 和别人在一起的时候,很遗憾,我很少会快乐。我宁愿更快乐些。当我一个人的时候,我常常很快乐。我用方言同自己交谈,我讲斯洛文尼亚语,我像外祖父那样骂骂咧咧。但是,和别人在一起的时候,我就无法吐露真情。

写作是一件孤单寂寞的事情。人们对于世界的认知解读还远远没有穷尽,而汉德克的创作方式与种类却鲜有变化。但是,古老的找寻与向往之情,自始至终是他创作的动力;它不会消失,因为它历久弥新,不断被重新书写,却又无激烈的革新。它一直就在它

的起源之处,不断清晰地传来斯拉夫语的声音。在它的中心处,汉德克说,能清楚地听见斯洛文尼亚语:

> 不久之后,这种热情,即找寻的向往之情,它又回来了,犹如一个所谓的自由信号,预示着勇往直前。[……]我从来不愿意在文学中创新,我也从不想成为一个创新之人。一旦怀着这种找寻的向往之情——或者斯洛文尼亚语所说的这种热情(hrepenenje)——就会出现一种内生的冲动,它激发出意欲启程上路的情感,于是便伴随着出现新的变化,那些基于已有创作的变化。它们比所谓的鸿篇巨制更加热烈而真挚。从这个意义上讲,我不希望,正如您说的那样,被外界打扰。

附录:作品名缩写索引

A　Die Abwesenheit.《缺席》Frankfurt/M.：Suhrkamp 1987.

AS　Die Abwesenheit. Eine Skizze, ein Film, ein Gespräch.《缺席:随笔、电影、访谈》Dürnau：Edition 350 1996.

ARN　Abschied des Träumers. Winterliche Reise. Sommerlicher Nachtrag.《梦想家的缺席——冬日旅行之夏日补遗》Frankfurt/M.：Suhrkamp 1998（= suhrkamp taschenbuch 2905）.

AW　Als das Wünschen noch geholfen hat.《当愿望还有所帮助时》Frankfurt/M.：Suhrkamp 1974（= suhrkamp taschenbuch 208）.

B　Der Bildverlust oder Durch die Sierra de Gredos.《图像消失》Frankfurt/M.：Suhrkamp 2002.

BDA　Begrüßung des Aufsichtsrats.《监事会的欢迎词》Frankfurt/M.：Suhrkamp 1981（= suhrkamp taschenbuch 654）.

CS　Der Chinese des Schmerzes.《痛苦的中国人》Frankfurt/M.：Suhrkamp 1983.

DN　In einer dunklen Nacht ging ich aus meinem stillen Haus.《黑夜离家》Frankfurt/M.：Suhrkamp 1997.

EF　Das Ende des Flanierens.《漫步结束》Frankfurt/M.：Suhrkamp 1980（= suhrkamp taschenbuch 679）.

FB　Falsche Bewegung. Filmbuch.《错误的举动》Frankfurt/M.：Suhrkamp 1975（= suhrkamp taschenbuch 258）.

FE Die Fahrt im Einbaum oder Das Stück zum Film vom Krieg. 《独木舟之行或者关于战争电影的戏剧》Frankfurt/M.：Suhrkamp 1999.

FF Am Felsfenster morgens. Und andere Ortszeiten.《在清晨的山崖窗边》Salzburg und Wien：Residenz 1998.

GB Die Geschichte des Bleistifts.《铅笔的故事》Salzburg und Wien：Residenz 1982.

GD Gedicht an die Dauer.《绵延之诗》Frankfurt/M.：Suhrkamp 1986（＝Bibliothek Suhrkamp 930）.

GU Gestern unterwegs. Aufzeichnungen November 1987 bis Juli 1990.《在路上的过往：1987 年 11 月至 1990 年 7 月》Salzburg：Jung und Jung 2005.

GW Das Gewicht der Welt. Ein Journal. （November 1975 – März 1977）.《世界的重量》Salzburg und Wien：Residenz 1977.

H Die Hornissen.《大黄蜂》Frankfurt/M.：Suhrkamp 71995（＝suhrkamp taschenbuch 416）.

HAS Adolf Haslinger：Peter Handke. Jugend eines Schriftstellers.《青年时代的彼得·汉德克》Salzburg und Wien：Residenz 1992.

IAI Die Innenwelt der Außenwelt der Innenwelt.《内部世界之外部世界之内部世界》Frankfurt/M.：Suhrkamp 1968（＝edition suhrkamp 307）.

IBE Ich bin ein Bewohner des Elfenbeinturms.《我是一个住在象牙塔里的人》Frankfurt/M.：Suhrkamp 1972（＝suhrkamp taschenbuch 56）.

K Kindergeschichte.《孩子的故事》Frankfurt/M.：Suhrkamp 2002（＝suhrkamp taschenbuch 3435）.

KA Kali. Eine Vorwintergeschichte.《卡里:一个入冬前的故事》Frankfurt/M.：Suhrkamp 2007.

KB Der kurze Brief zum langen Abschied.《短信长别》Roman. Frankfurt/M.：Suhrkamp 1972.

KE … und machte mich auf, meinen Namen zu suchen … Peter Handke im Gespräch mit Michael Kerbler.《彼得·汉德克与迈克尔·科布勒的访谈》Klagenfurt：Wieser 2007.

LW Lucie im Wald mit den Dingsda.《露西和某物在森林》Frankfurt/M.：Suhrkamp 1999.

LH Langsame Heimkehr.《缓慢的归乡》Frankfurt/M.：Suhrkamp 1984 (= suhrkamp taschenbuch 1069).

LF Die linkshändige Frau. Erzählung.《左撇子女人》Frankfurt/M.：Suhrkamp 1976.

LIS Langsam im Schatten.《在阴影中慢慢来》Frankfurt/M.：Suhrkamp 1992.

LSV Die Lehre der Sainte-Victoire.《圣山启示录》Frankfurt/M.：Suhrkamp 1980.

MN Die morawische Nacht. Erzählung.《摩拉瓦河之夜》Frankfurt/M.：Suhrkamp 2008.

NB Mein Jahr in der Niemandsbucht. Ein Märchen aus den neuen Zeiten.《我在无人湾的岁月》Frankfurt/M.：Suhrkamp 1994.

NNL Noch einmal vom Neunten Land. Peter Handke im Gespräch mit Jože Horvat.《再次关于第九王国:彼得·汉德克对话若泽·霍尔瓦特》Klagenfurt：Wieser 1993.

NSch Nachmittag eines Schriftstellers. Erzählung.《一个作家

的下午》Salzburg und Wien: Residenz 1987.

NT　Noch einmal für Thukydides.《再次献给修昔底德》Salzburg und Wien: Residenz 1995.

PW　Phantasien der Wiederholung.《重温之想象》Frankfurt/M.: Suhrkamp 1983 (= edition suhrkamp 1168).

SF　Das Spiel vom Fragen.《质问的游戏》Frankfurt/M.: Suhrkamp 1989.

SWE　Die Stunde der wahren Empfindung.《真实感受的时刻》Frankfurt/M.: Suhrkamp 1975.

ST 1　Die Stücke 1.《彼得·汉德克戏剧集I》Frankfurt/M.: Suhrkamp 1972 (= suhrkamp taschenbuch 43).

Th　Die Theaterstücke.《彼得·汉德克戏剧集》Frankfurt/M.: Suhrkamp 1992.

ÜD　Über die Dörfer. Dramatisches Gedicht.《关于乡村》Frankfurt/M.: Suhrkamp 2002 (= suhrkamp taschenbuch 3260).

UT　Unter Tränen fragend.《含泪质问》Frankfurt/M.: Suhrkamp 2000.

VJ　Versuch über die Jukebox.《试论点唱机》Frankfurt/M.: Suhrkamp 1990.

VM　Versuch über die Müdigkeit.《试论疲倦》Frankfurt/M.: Suhrkamp 1989.

VT　Versuch über den geglückten Tag. Ein Wintertagtraum.《试论成功的日子》Frankfurt/M.: Suhrkamp 1991.

W　Die Wiederholung.《去往第九王国》Frankfurt/M.: Suhrkamp 1986.

WK　«Warum eine Küche» Texte für das Schauspiel *La Cuisine*

von Mladen Materić,《〈为什么是厨房?〉读姆拉登·马特里奇的戏剧〈厨房〉有感》Franz? sisch/Deutsch. Wien: Edition Korrespondenzen 2003.

WG　Peter Handke / Klaus Amann: Wut und Geheimnis.《愤怒与秘密》Peter Handkes Poetik der Begriffsstutzigkeit. Zwei Reden. Klagenfurt: Wieser 2002.

WU　Wunschloses Unglück. Erzählung.《无欲的悲歌》Frankfurt/M.: Suhrkamp 2001 (= suhrkamp taschenbuch 3287).

ZU　Zurüstungen für die Unsterblichkeit. Ein Königsdrama.《筹划生命的永恒》Frankfurt/ M.: Suhrkamp 1997.

ZW　Aber ich lebe nur von den Zwischenräumen. Ein Gespräch, geführt von Herbert Gamper.《但我只依赖中间的空间生活——赫伯特·甘珀主持的访谈》Frankfurt/M.: Suhrkamp 1990 (= suhrkamp taschenbuch 1717).

译者补录

Der Abschied des Träumers vom Neuntem Land《梦想者告别第九王国》

Der Hausierer《推销员》

Weissagung《预言》

Gerechtigkeit für Serbin《塞尔维亚的正义》

Untertagblues《地下蓝调》

Don Juan (erzählt von ihm selbst)《唐璜(自述)》

Der Versuch des Exorzismus der einen Geschichte durch eine andere.《试论使用一个故事替换另一个故事的驱邪术》

Die neuen Erfahrungen《那些新的经验》